国家战略视角下的外语与外语政策

赵蓉晖 主编

图书在版编目(CIP)数据

国家战略视角下的外语与外语政策/赵蓉晖主编．—北京：北京大学出版社，2012.2
 （外语战略研究丛书）
 ISBN 978-7-301-19713-4

Ⅰ.①国… Ⅱ.①赵… Ⅲ.①外语教学－教育政策－研究－中国 Ⅳ.①H09②G520

中国版本图书馆 CIP 数据核字(2011)第 231584 号

书　　　名：	国家战略视角下的外语与外语政策
著作责任者：	赵蓉晖　主编
责 任 编 辑：	宣　瑄
标 准 书 号：	ISBN 978-7-301-19713-4/H・2968
出 版 发 行：	北京大学出版社
地　　　址：	北京市海淀区成府路 205 号　100871
网　　　址：	http://www.pup.cn　电子信箱：zbing@pup.pku.edu.cn
电　　　话：	邮购部 62752015　发行部 62750672　编辑部 62759634
	出版部 62754962
印 刷 者：	三河市博文印刷厂
经 销 者：	新华书店
	650 毫米×980 毫米　16 开本　19.75 印张　300 千字
	2012 年 2 月第 1 版　2014 年 1 月第 2 次印刷
定　　价：	46.00 元

未经许可，不得以任何方式复制或抄袭本书之部分或全部内容。
版权所有，侵权必究
举报电话：(010)62752024　电子信箱：fd@pup.pku.edu.cn

本研究获得以下项目资助：
国家语言文字应用"十一五"科研项目重点项目(ZD115-01)
教育部哲学社会科学研究重大课题攻关项目(10JZD0043)
上海外国语大学重大科研项目(KX161017)
上海外国语大学211工程三期项目

特此致谢！

总　序
一变学路　一新学风

李宇明

（国家语委副主任、教育部语言文字信息管理司司长）

　　近些年来，不少学者一直在研究中国走向世界的外语战略，并进而提出了"国家外语能力"、"国家语言能力"等概念。衡量国家语言能力的标准，就是国家在处理海内外事务时，能否及时得到合适的语言援助；国家在经济社会的发展中能否获取足够的语言红利。

　　在处理双边和多边的国际关系中，在国际经贸活动中，在处理人类共同面临的问题中，在反恐、维和、救灾的国际合作中，在睦边戍边中，在为来华外国人员的服务与管理中，都需要外语。因此，在努力将"本土型"国家转变为"国际型"国家的现代中国，在努力争取本应拥有的国际话语权的时代，外语已经成为国家语言能力十分重要的组成部分。

　　我国是一个外语学习大国，但是国家所拥有的外语能力，却远远不能满足国家发展之需，特别是在语种布局、复合型外语人才培养、各领域精英人物的外语水平等方面，存在较大不足。解决这些问题，亟待在国家层面进行具有远见卓识的外语规划。

　　一个好的外语规划，首先需要摆正外语在国家发展中的位置，制定有利于提升国家语言能力的外语政策。要特别注意处理好外语同中华语言之间的关系，不能因为加强外语教育而损伤国人的语言感情，同时也要有大国气度，能够包容外语，重视外语，尊重外语人才。其次，要深入开展调查研究，充分考虑国内、国外各领域的外语需求，有计划地培养各种外语人才，建立并不断更新完善外语人才库。第三，要研究外语人才成长规律，完善教学体系，创新教学模式，提高教学效率。此外，还要鼓励高校和科研院所研究国际问题，例如某地区、某国家的政治、历史、经济、法律、宗教、文化、教育、科技等，某国际组织和国际会议的宗旨、架构、工作语言等。在研究国际问题时，应依据各自的学科优势和地缘优势有个大致的分工，并注意据此分工来培养不同的外语人才，发挥不同语种、不同类型的外语人才的作用。

上海外国语大学早在2007年12月就成立了中国外语战略研究中心。中心成立以来,一直关注我国的外语生活、外语战略研究,关注国际语言政策研究,创办了具有资政惠学作用的《外语战略动态》,召开了多次颇具影响的学术会议,形成了一支充满生气的研究队伍。现在,中心又组织编写《外语战略研究丛书》,体现了我国外语学界的国家意识,体现了学者对国家外语规划的战略思考。外语学界侧重于、擅长于研究语言教学,而这套丛书关注现实语言生活,从当今中国社会需求出发,显然一变学路,一新学风。相信它的出版,对我国的语言规划学大有裨益,对我国的外语规划实践亦大有裨益。

今天是农历端午,三闾大夫"路漫漫其修远兮,吾将上下而求索"的话语,久萦不去。而今,国家融入世界的道路更是漫漫修远,吾辈学人更应上下求索,为国家的长远发展做出语言学应作的贡献。

2011年端午节

出版前言

积极推进外语战略研究

曹德明

（上海外国语大学校长，中国外语战略研究中心主任）

　　外语规划是国家语言规划的一个重要组成部分，属于语言战略的范畴。语言战略研究就是要把语言学研究同国家发展的需要结合起来，把语言研究纳入国家发展的总体规划和进程之中。由于语言是一切交流和文化传播最主要的媒介，是人类世界观与价值观的载体，也是人的自我意识、个人和社会标志的基本内容，人们利用并改造环境、人际互动和融入社会的能力在很大程度上要依赖于语言的功能，因此，语言是文化的重要组成部分，是维护国家利益的重要手段，是一种特殊的战略资源，在综合国力中占有重要的一席之地，也是国家"软实力"的基本要素之一。

　　随着中国经济的快速发展，中国正被推到国际事务的前台，越来越受到国际社会的高度关注。中国在世界舞台上、在国际非政府组织和各类协会中的话语权正逐步提升，在这种大背景下，需要不断提高我们的跨文化沟通能力，有效进入国际话语体系，有效地把中国的观点立场介绍给世界；加快语言战略，特别是外语战略研究，能够更好地为国家制定语言政策提供咨询建议，为国家成功实现"走出去"战略提供服务。在中国走向世界的进程中，需要不断打破语言屏障；当中国加强软实力建设之际，需要更多的语言支持；当我国的语言生活中因外语教育和外语使用引发的争议争端不断出现时，从国家战略角度思考外语规划和外语政策就成为当务之急，从国家战略发展需要出发研究国外的语言政策和语言教育也迫在眉睫。近年来，一些有识之士积极倡导和推动语言战略研究，体现的正是知识分子的国家意识、社会责任感和战略眼光。

　　这套丛书的作者来自全国多所院校，跨越语言学、教育学、政治学、社会学、传播学、历史学、数学、管理学和计算机科学等领域和多个语种，丛书的内容涉及与外语相关的教育、管理、社会应用、心理认同、语言政策等多个方面，突出宏观视野和战略层面，方法上注重实证调查和跨学科视角。由于本丛书紧贴语言生活实际，面向国家发展大局，因此可以为政府决策部门、社会—文化—政治研究、语言政策、语言教育等领域的读者提供现实的参考，相信它在观念、视角、方法和应用性等方面都能给人以有益的启示。

　　上海外国语大学于2007年12月成立了中国外语战略研究中心，在国家语委和上海市语委等部门的指导下、在多方的关心和帮助下，对中国的外语规划、国外的语言规划开展了一系列探索性质的研究。这套丛书就是中心致力于开创外语战略研究、积极组织和谋划的直接成果。我们希望以此为平台，团结更多的有识之士，进一步推动语言战略研究，特别是以国家战略和社会需求为导向的宏观应用语言学研究的开展。相信它的出版将对我国构建和谐语言生活，为国家语言战略的研究、制定和实施发挥积极的作用。

目 录

基本理论问题

中国外语规划的若干思考 …………………………………… 李宇明(2)
关于我国外语战略与外语教育的几点思考 ………………… 蔡永良(10)
全球化背景下的跨文化沟通与国家外语战略 ……………… 顾永琦(19)
国际化进程中特殊的国家宏观外语
  需求理论初探 ……………… 李鸿斌　殷世宇　王立松(27)
中国的"关键语言" ………………………………………… 张治国(34)
云南三语现象和三语教育现状调查
  ——中小学生篇 ……………… 原一川　胡德映　巴红斌 等(42)

外语与国家发展

国家安全视域的中国外语规划 ……………………………… 赵蓉晖(51)
从国家军事安全的视角看我国的外语教育 ………………… 韦慧华(60)
新中国葡语人才培养与国家外交战略 ……………………… 李长森(67)
论英语对孙中山民主革命一生的影响 ……………………… 牛道生(76)
构建21世纪中国翻译政策 …………………………………… 滕　梅(87)
"走出去"战略视角下的"中译外"翻译 …………………… 张　蓉(96)
文化外交中的翻译问题——以中法关系为例 ……………… 李洪峰(103)

外语国情与外语生活

中国内地外语使用情况调查分析 ………………… 魏日宁　苏金智(110)
我国城镇居民外语需求调查分析与建议 ………… 鲁子问　张荣干(127)
上海市街头公共标识外语使用情况调查分析 ……………… 罗雪梅(140)
外语使用中存在的问题与对策 ……………………………… 魏　晖(147)
试论当前宁夏阿拉伯语翻译的商务化 ……………………… 金忠杰(153)

中国外语资源监测数据库系统的
　　设计与实现…………… 韩耀军　郭家堂　孔　楠　王文聿(162)

外语教育规划

科学规划外语教育　切实服务国家战略……………… 刘利民(169)
我国外语学科发展的约束与对策………… 戴炜栋　吴　菲(173)
论外语教育政策与规划的价值维度……… 沈　骑　夏　天(182)
基于多源流框架的中国外语教育政策分析：
　　历史与未来……………………………………… 韩高军(189)
中国近代历史背景下的外语教育规划…… 高晓芳　宋志明(195)
以跨文化教育为导向的外语教育：历史、现状与未来…… 张红玲(202)
社会学视域下的英语语言测试…………………… 王立群(209)
我国大学英语教学方向必须进行
　　战略调整和重新定位………………………… 蔡基刚(216)
中国中小学外语教育均衡发展的政策问题与对策……… 李娅玲(225)
外国语言文学学位论文：用什么语言写作？…………… 谢天振(233)
新疆外语教育现状和调整策略…………… 周殿生　王　莉(241)

域外启示录

美国"关键语言"战略与我国国家安全语言战略………… 王建勤(251)
摩门教的外语教育理念与实践……………………………… 王　正(259)
澳大利亚20世纪90年代以来外语教育政策倾向分析
　　及其对中国外语战略的启示………………………… 王　辉(267)
亚太经合组织外语战略计划探析………… 沈　骑　冯增俊(275)
韩国外语教育政策的考察与思考………………………… 高陆洋(283)
印度尼西亚外语政策变迁………………… 周庆生　白　娟(293)

编者后记

外语战略研究的回顾与展望……………………………… 赵蓉晖(301)

基本理论问题

中国外语规划的若干思考

李宇明

如果从清末洋务学堂的外语课程设立和广方言馆的开办算起,中国现代外语教育已经走过了一百多年的历程。外语教育为推动私塾教育向现代教育的转变、为实现现代化的国家理想,做出了不可替代的重大贡献。

一百多年来的中国外语事业,主要集中在外语教学方面。国家进入改革开放的新时期,外语教育由精英教育逐渐走入大众化教育,学生规模、学习动机、教育举措等都发生了史无前例的变化,大学、中学乃至小学都无不重视外语教学,国民教育体系之外的社会外语培训也如火如荼地发展起来,中国成为世界上最大的外语学习国度。伴随着国家的进一步改革开放,特别是进入21世纪,外语服务成为社会的新需求,并在有限领域、有限人群中逐渐开始了"有限的外语生活"。有限外语生活的出现,反过来对外语教育提出了新要求,并将有力推进外语事业的大发展。

预测未来,规划社会,是人类自古以来都在进行的社会工程。这种在"虚拟现实"基础上进行的社会理性操作,当今被称为"发展战略"或"发展规划",已经成为现代社会管理不可缺少的重要内容。当国家的外语需求发展到一个全新的阶段,当外语事业即将进入一个新的黄金时期,必须系统梳理外语观念,根据时代特点和国家发展,全方位地做好国家的外语规划。

一、影响外语规划的主要因素:国家开放

三十多年来,我国开启国门,坚持开放,由"本土型国家"正在转变为"国际型国家"。本土型国家的外语需求,主要在外交和军事、安全、翻译等较为有限的领域,培养一些高级外语人才即可满足需求。国际型国家则不同,它对外语的需求是多方面的,最主要的特点是需要外语服务甚至"外语生活"。国家的进一步开放,中国走向世界会更广泛更深入;世界对中国的了解也会更广泛更深入;并且作为发展中大国,中国还须承担愈来愈多的国际义务。做外语规划,首先应考虑国家开放对外语事业的影响。

（一）中国走向世界

外语是国家行走的先遣队,国家到哪里,外语就应当先走到哪里。过去我国能利用的外语资源,主要是国际上较为通用的语种,今而视之,这显然远远不够。在多领域的国际合作交流、出国留学、劳务输出、商贸旅游等国事与民事中,国家需要拥有更多语种的人才。而且,要世界人民了解中国,减少误解,减少冲突,就必须用各种语言介绍真实的现代中国。全世界现今有224个国家和地区,我国应能逐渐掌握这224个国家和地区的官方语言,将来再延及其他语言。

（二）世界来到中国

随着中国国际化水平的提高,科学教育事业的发展,工作就业机会增多,外国公民来华学习、工作、旅游甚至定居的情况定会越来越多,甚至会形成外国人集中居住的小区。一些大型的运动会、博览会、商贸洽谈会、学术会议等,也会来到中国召开。

对中国境内的外国公民的语言服务,将成为中国一项重要的外语事业。这些外语服务,包括公共场所的外语标示,公共交通工具的外语提示,邮政、餐饮、医疗、金融、通信、文化、教育、公共安全等方面的外语服务等。对于逐渐形成的外侨聚居区,还需要提供社区性的全套外语服务。

大型的运动会、博览会、商贸洽谈会、学术会议等的外语服务,时间是短暂的,场合是有限的。但是,对来华学习、工作甚至定居的外国公民的语言服务,却要涉及社会诸多领域,涉及许许多多的外语语种,涉及到大批社会从业人员的外语培训。

我国是外语学习大国,学过外语的和正在学习外语的人数,肯定超过三亿人,但是我国却没有真正的外语生活。而且外语学习的目的,绝大多数都是"向己型"的,即学习外国的先进科学技术和管理经验等,而语言服务则是"向他型"的。"向己型"的外语学习者,可以是社会的精英,学习的语种是世界上的通用语种;而"向他型"的外语学习者,是相关领域的从业人员,外语语种十分广泛,周边国家的语言地位会逐渐重要起来。这种变化会对外语教育、外语规划产生重要影响。

（三）履行大国的国际义务

一个国际型的大国,必须有所担待,负责任地负起国际义务。这种国际义务,首先是参与国际组织和地区组织的工作,参与世界各地的救灾、维和、调解、选举观察等任务。在这些国际事务中,不仅积极参与其游戏,更要参与游戏规则的制定,使中国有更多的国际话语权,使人类能够更多地从中国理念中受益。这就要求参与国际事务的人员不仅要懂得国际事务,而且要有高超的外语水平。

国际义务不仅表现在一般的国际事务中,而且也表现在国际文化事务和语言事业中。文化是人类心灵的居所,维护文化多样性是人类成员的共同义务。语言是文化的基石,维护文化的多样性,就必须维护语言的多样性。研究国际上古老的语言文字(如古埃及文字、梵文、拉丁文等),调查、研究全世界的语言与方言,抢救濒危语言,也会逐渐成为中国语言学家的国际义务。

中国由"本土型国家"转变为"国际型国家",会使外语的视野变得无限广阔。可以说,世界有多大,中国的外语视野就应当有多大,全世界所有的外语语种,都应逐渐纳入中国的外语规划。

二、影响外语规划的另一因素:信息化

信息化绝不仅仅是个技术概念,以其为标志所形成的信息化时代,是继农业时代、工业化时代之后人类历史上出现的新时代。信息化用数字技术为人类构筑了一个虚拟空间,并正尽多尽快地把现时空间的生活移入虚拟空间,近二十年来电子政务、电子学务(包括教育、科技的数字化)、电子商务和电子休闲娱乐等电子事务的发展,足以显示现实空间向虚拟空间迁移的速度及其对人类生活的影响。

语言负载着约80%的人类信息,虚拟空间的生活始自语言文字,语言文字的信息化水平,标志着人类信息化的水平。一方面,虚拟空间迅速地把人类的智慧网聚起来,给人类带来知识与思想观念的核裂变,从而对人类的生存方式、生活方式和学习、工作方式产生越来越大的影响;另一方面,也会产生巨大的信息鸿沟,使一些国家、一些人群被信息边缘化,造成人类社群之间新的更大的不公平。

除了硬件和技术因素之外,语言障碍是信息鸿沟产生的最重要的原因。外语及外语信息化,在克服虚拟空间的语言障碍、消弭网络信息鸿沟方面作用显著。当前中文网络发展极快,不久的将来可能占有世界网络的三分之一,中国在世界上将拥有前所未有的话语权,中文的学习价值将成倍增加。即便如此,如果没有外文,中国将失去三分之二的虚拟世界。中国的外语规划,必须充分考虑虚拟语言生活。自动翻译技术是信息化对外语事业的最大贡献。自动翻译技术的发展与应用,不仅可以大大提高翻译的效率与质量,而且可以从根本上改变"全民学外语"的局面,彻底解决语言学习能力的有限与外语语种繁丰之间的矛盾。自动翻译技术的水平,在很大程度上依赖于外语研究水平,外语学家应更加关注语言信息化的发展,将研究成果积极运用到自动翻译技术中。当然,利用现代信息技术提高外语学习和外语服务的效率,已是常识问题,此可不论。

三、外语规划应关注的几个问题

(一)了解外语方面的国情

外语应用的现状及未来的需求预测,是外语规划的基础。《中国语言生活状况报告》2005年～2008年上编发表了《英语热》、《地名牌和交通指示牌中街名转写问题》、《产品说明书语文字使用状况》、《医疗文书及药品包装用语用字状况》、《北京奥运会语言环境建设状况》、《民航语言文字使用状况》、《青藏铁路语言使用状况》、《上海世博会语言环境建设状况》、《北京涉外集贸市场语言使用状况》、《外语教育中的小语种热》、《北京奥运会多种语言使用》、《外企职场语言生活状况》、《中文菜单英译规范问题》等文章,这些文章不仅报道了近年来我国一些领域(行业)的外语使用状况,而且也展现了外语研究的新视点。"中国语言生活状况报告"课题组在四五年的工作中切实感到,当前人们对外语国情并不怎么了解,对未来的外语需求分析也很不充分,因此,制定外语规划的当务之急,是对外语国情进行全面而深入的调研。

外语使用是分领域的,外语国情的调研应当分领域(或分行业)进行,了解各领域外语应用的实际状况,比如涉及到多少外语语种,现有多少外语人才,这些外语人才的水平和知识结构如何,当前存在哪些方面的问题等等。并应根据各领域事业的发展,特别是国际化、信息化背景下的事业发展,预测外语语种的需求会发生些什么变化,对外语人才会提出些什么新要求,怎样解决业已存在的外语问题,怎样应对未来的外语新需求等等。以上情况的加和汇总,便构成了我国的外语国情。根据国情,制订规划,以保证外语事业能够满足国家发展的要求,保证外语事业的健康发展。

(二)非通用语种

非通用语种(俗称"小语种")是当前我国外语教育和外语生活中面临的大问题。非通用语种的发展,关系到国家在世界各地的顺利行走。近些年非通用语种的招生、就业都出现了新气象,并在专业开设、人才培养等方面进行了有益探讨。但是问题并未得到根本解决:

1. 非通用语种数目过千,哪些语种是我国急迫需要的,哪些语种只需要放在研究室里?哪些语种需要设置教学专业?应遵从什么样的语种顺序设置教学专业?

2. 每个非通用语种专业需要几名教师?这些教师怎样把教学同科学研究结合起来,把语言学同其他专业结合起来,把教学同对社会的其他服务结合起来？

3. 每个非通用语种专业几年招生一次、一次招生多少？非通用语种与通用语种的学习怎样结合，以培养出一种语言为基础、兼通多语的外语人才？语言学习与某些专业学习怎样结合，以培养出"外语＋专业"的复合型外语人才？

4. 对国家来说，许多非通用语种具有资源储备的性质。通用语种可以通过市场导向来发展专业，而非通用语种的专业发展在很多情况下要靠政策。国家应出台何种政策调动方方面面的积极性，扶植非通用语种可持续发展？

5. 社会各领域须重视非通用语种的应用，不能把使用英语误以为国际化的标准，更不能把外语的概念外延缩小为英语。对外领域要鼓励多语并用，比如到巴基斯坦工作的科技人员，应当懂得乌尔都语等巴基斯坦语言，到坦桑尼亚等国的孔子学院作教师的，应懂得斯瓦希利语，到巴西做经贸的，应学点葡萄牙语等等。国内的公共服务领域，应当根据服务对象来选定服务语言，比如东北的旅游业应当有懂俄语的导游，上海的机场可以有较多的日语、韩语服务等等。

（三）翻译

翻译是外语学习的主要目标，也是最为重要的外语事业。"全民学外语"并不能减弱翻译对于国家的重要性。国外文献的中文翻译，仍是翻译的主要领域，为"国际型国家"所必需。仔细想来，外国文献只有经过翻译，用本民族的语言表达它的概念、命题和思想推演，才能最终成为本民族的精神财富。一百多年来，中华民族所获得的新概念新思想，有许多都得益于翻译。由此可见翻译对于国家的重要意义。

汉语文献和中国少数民族文献，用多种语言向外译出，是中国走向世界的迫切需要，需要加大力度、精心策划。中国的科技教育，只有通过向外译出，才能加入国际大循环中；中国的文化理念、价值取向，只有通过向外译出，才能为世界人民所了解、所理解、所采纳。应从国家战略的高度进一步谋划：发展电视、广播的外语频道，增加外语报刊图书的出版，及时翻译中国的法律和科技、文化产品，用外语撰写中国的时事政治等，用世界人民习用的语言和乐见的表达方式介绍现代中国。这是当代翻译事业的国家使命。

书面翻译加上同声翻译和一般口译，再加上科技翻译，中国将拥有世界最大的翻译力量，因此应打造世界最有竞争力的翻译产业。为此就应当充分尊重翻译、特别是书面翻译的价值，在晋职晋级、科研成果统计、劳务报酬等方面给以合适对待。更应大力推进机器翻译的研究与应用,力争在若干年内,机器翻译能够进入实用阶段。

(四) 公共服务领域的外语问题

我国公共领域的外语服务,近一二十年在大中城市有了较大发展,但明显地计划性不够、规范性不够,形象价值大于实用价值。比如地名路牌的外文转写、电话问询的外语使用、产品上的外文标示及其外语说明书等,就存在着不规范、不看对象、不合国际惯例等问题。

当前的公共外语服务,基本上还是理念性的,即自我感觉这是外国人需要的,或是要树立礼仪之邦的国际化形象。出发点可嘉,但效果不一定好。应当深入进行公共外语服务的科学调查,看来华的外国公民需要哪些方面的外语服务?当前的满意度如何?应该如何改进?在调查的基础上,确定哪些行业需要提供外语服务,需要提供哪些语种的外语服务等等。在此基础上,逐步形成公共外语服务的行业要求。

为了奥运会、世博会的召开,北京、青岛、上海、江苏、杭州等省市,制定发布了有关领域的英文译写的地方标准。在此成果的基础上,国家应当制定道路交通、旅游、餐饮、文化、体育、医疗卫生、金融、邮政、电信等领域的外文译写标准,促进公共领域外文使用的规范化。当前,除了提供英文之外,在一些地方、一些领域还应当考虑俄文、日文、韩文的需求。

公共领域的外语服务,在语言文字的标准上,应当科学处理外文标准与"中国式外文"的辩证关系,在使用上更要协调好外语与母语的关系。

(五) 社区外语服务

社区外语服务的话题,还很少听到国人谈论。现实中,在一些大城市已经出现了外国人的聚居区,随着中国国际化程度的提高,这样的外侨聚居区肯定会增多。外侨聚居区的外语服务,牵涉到外侨的生活质量和国家安全,在外语规划时,必须预测在未来若干年内,会在哪些城市出现哪些语种的外侨聚居区,社会网络怎样向这些聚居区提供合适的管理和外语服务。

社区外语服务同大型会议的外语语言、公共领域的外语服务有很大的不同。这些社区通行的是外国语言文字,且往往是非通用语种;需要社会网络提供的是全方位的生活信息;管理和服务人员一般都不是外语专业人员,而是各种社会工作者,多数人都没有扎实的外语基础。这是一项有难度、无法一蹴而就的社会工程。

(六) 特殊领域的外语问题

军事、边防、国家安全等特殊领域,对外语有特殊的需求。需要有军事、边防、国家安全等方面良好素质的外语专家,也需要一般从业者具有外语的基本素养。

外语专家可以通过部队、公安等所属高校的外语院系培养,更需要与地方外语院系合作。应当建立应急的外语人才库,以解决稀缺语种、特殊任务、紧急状态时的外语需求。这些特殊领域,有许多涉及到周边语言和跨境语言,如朝鲜语、蒙古语、赫哲语、鄂温克语、图瓦语、哈萨克语、柯尔克孜语、景颇语、傈僳语、独龙语、傣语、怒语、京语等,可以考虑利用我国的跨境语言人才来解决一些外语需求。

根据军事、边防、国家安全的需要,分领域制定最为重要的"关键语言"。建立关键语言专家库,组织关键语言的民间援助团队;设置关键语言水平标准,编写关键语言培训教材,制定优惠政策鼓励有关人员学习关键语言。在这方面,美国当前的外语战略值得借鉴。

(七)公民外语素养

语言既是国家资源,也是个人发展的资本。欧盟要求其各成员国的公民应当掌握三种语言:母语和外语,另一种语言可以是外语,也可以是本国另一种语言。三语能力已经成为世界许多国家对公民的语言要求。外语能力的竞争,已经成为人才竞争的重要部分。

我国尚未制订公民语言能力标准,但从教育体制设计和现实情况看,是在大力提倡多语:提倡汉族公民具备双语:普通话加一门外语;提倡少数民族公民具备三语:民族母语、国家通用语言、外语。研究生还要学习第二外语。这表明,实践上已经把外语看作有文化的中国公民的素养了。

国家富,须藏富于民;国家智,须积智于民。在国际的共识背景下,在国家的未来发展蓝图中,在已有的外语教育实践的基础上,国家应当明确提出公民的外语素养问题。在扎实掌握母语的前提下,一般公民应掌握或粗通一门外语,提倡学习两门外语。

公民素养的培养,当在义务教育阶段完成。因此应探讨在义务教育阶段完成一门外语教育。当然,我国同世界上许多国家不同,缺乏外语生活环境,义务教育阶段完成一门外语教育,在很多地方都有困难,尽管如此,也不应当放弃这一目标。

毋庸置疑,国民教育体系是外语教育的主体,但是培养公民的外语素养,必须充分发挥非国民教育体系的作用,依照学习型社会的思路逐步构建起外语的终身教育体系。规范社会外语培训行为,发展外语培训产业,提供方便学习者的外语课程,通过政策导向鼓励公民参加外语培训、特别是非通用语种的培训。通过社会培训来保持公民的外语水平,充实国家的外语资源库存,保障特殊领域、特殊职业、特殊人群的外语学习。

四、结束语

中国是外语学习大国,但却是外语资源利用的穷国。全世界五六千种语言,较为全面介绍到我国来的语言顶多有百余种,国家能够开设的外语课程约有五六十种,国家能用的外语只有几十种,而经常使用的只有十几种。国家发展和国家安全十分需要的许多非通用语种,人才稀缺。世界上有价值的文献未能及时翻译进来。中国的外文杂志少之又少,中华文献的外文译出更是薄弱,数量少,语种少,质量也参差不齐。这与国家走出去的战略十分不相称。

这种情况,与国家没有统一的外语规划、没有统管外语的机构很有关系。要做好外语规划,使外语事业能够满足国家发展的需要,应当考虑国家有一个统管或是协调外语事业的机构。或是在国务院内设立外语局;或是提升国家语言文字工作委员会的地位,赋予它统管国家语言事务、包括外语事务的职能。同时应当积极研究外语在中国的法律地位,通过法律法规促进国家外语事业的发展,最大限度地开发国家的外语资源。

(作者单位:中华人民共和国教育部)

关于我国外语战略与外语教育的几点思考①

蔡永良

随着全球化的急剧推进,世界各民族语言文化的接触与交流日益广泛,矛盾与冲突日益复杂和激烈。我们已经不再能够单纯地从"交流思想的工具",更不能仅仅从经典语言学家书斋里的符号系统角度理解语言,而是要从它承载、传承、建构特定文化的载体和机制这一角度理解和把握它的本质特征。语言的传播意味着文化的传播,语言的交流意味着文化的交流,语言的趋同意味着文化的趋同。因此,在语言接触频繁、矛盾冲突激烈的当下,外语及其教育已经开始影响到国家利益进一步维护与拓展以及民族文化的健康发展和持续繁衍,甚至危及国家安全。外语作为一个战略问题业已摆在我们的面前,迫使我们对它做出理性的思考,以便实施有效的应对。

一、问题的提出

"外语战略"是从面世才不久的"语言战略"这一术语延伸而来的。2002年英国推出"国家语言战略"(The National Languages Strategy),大力发展外语教育。美国 2006 年出台一项名叫"国家安全语言计划"(The National Security Language Initiative)的语言战略,其目标也是通过各级各类教育提高国民的外语水平和能力。因此,当今国内外学术界热议的语言战略很大程度上就是外语战略。

作为一个问题,"外语战略"为世人所瞩目,有其复杂的背景,其中最直接的背景是美国政府自 9.11 事件后所采取的一系列"语言战略"举措。2003 年 8 月,国会议员洛士·霍尔特(Rosh Holt)向议会提交了一份《国家安全语言法案》(National Security Language Act),将语言提到"影响国家安全"的高度;2005 年 1 月美国政府发布"白皮书"《国家外语能力行动倡议书》,号召美国公民学习国家需要的"关键语言"

---

① 本文系上海外国语大学 211 三期项目《国家外语战略研究》项目、上海市教委科研创新重点项目"语言生态视角下美国的语言规划与政策研究"(10ZS100)、教育部人文社科规划项目"中美外语教育与政策对比研究 1990—2010"(10YJA70005)以及国家社科基金一般项目"新时期国家利益视角下的语言规划研究:中美个案对比"(11BYY30)阶段性成果。

(critical languages);同年5月,民主党参议员约瑟夫·利伯曼(Jesoph Lieberman)和共和党参议员拉马尔·亚历山大(Lamar Alexander)向议会提交了《2005年美中文化交流法案》,要求在5年内从联邦资金中拨款13亿美元,用于汉语教育;2006年1月5日,美国教育部与国防部联合召开全美大学校长国际教育峰会,布什总统与会并发起"国家安全语言计划",做出1.14亿美元拨款的承诺,支持包括"国家旗舰语言项目"[1]在内的一系列外语教育项目。从历史上看,美国政府高层对外语问题从未有过如此强烈的反应,虽然从表面上看,这些举动是美国政府在9.11事件中吃了"语言之亏"后所做出的相应调整,但其背后具有十分深远的战略意义,美国政府这一系列所谓"关键语言行动计划"的政策,实质是通过有效的外语战略调整以及外语教育规划,达到维护美国的国家安全,进一步维护与拓展美国在全球范围内的政治、经济、文化等国家利益,巩固和加强其国际各领域的领导地位。与美国同文同根的英国也在本世纪初一改长期以来一直只重视语言输出之常态,推出《国家语言战略》,提出"全民学外语、终身学外语"(Languages for all, languages for life)的口号,强调每一个中小学生必须学一门外语,了解其他民族的文化,计划培养英国全体公民在全球化经济体系中终身的工作和竞争能力。英美国家的外语战略调整和外语教育规划举措引起了各国政府包括我国政府的高度关注。

　　加速进展的全球化也许是外语战略问题凸现的更为深远的背景。当今世界已经进入后工业时代,全球化、信息化、媒体化是当代社会的主要特征。二战之后,尤其是冷战结束以来,世界经济、科技、信息、文化等领域的跨国化进程发展迅速。原来属于国家的资讯、金融、技术、商业、教育乃至娱乐餐饮等都不断跨越国界,与其他国家的相关领域交融汇合,形成某种与国家发展同步但社会科学一时还无法妥善处理和应对的新现象、新挑战。这种现象与挑战赋予外语前所未有的作用与担当。随全球化而到来的信息化正在为人类社会构建一个庞大的虚拟世界,以令常人无法想象的快速和高效聚合着人类的智慧之网,从而带来知识与观念的"核裂变",从根本上改变人类社会传统的学习、工作、生活以及生存方式。信息化的程度与语言文字信息化的水平息息相关。占有现代信息的竞争实际上就是语言文字信息化的竞争。当代社

---

[1] Walker, Galal. 2008. *Transfoming Chinese Education in the United States:The National Flagship Program*, China National Language Strategies Symposium 2008. Nanjing:Nanjing University Press.

会不仅是一个高度信息化的社会,而且还是一个高度传媒化的社会。由于全球传播的速度、效率、覆盖面以及穿透力都非常高,传媒将几乎所有区域性行为都能转变为全球行为,所有公共行为和事件都能变成传媒行为、传媒事件。①无论是全球化、信息化还是传媒化,外语的作用越来越重要。世界全球化、信息化和媒体化凸显语言及外语功能与作用的同时把外语教育提升至前所未有的高度。然而,经济贸易的全球化不可避免地导致了文化的全球化,文化全球化的主要特征是英语在世界范围内的广泛传播并且导致全球文化的"英美化"(Anglo-Americanization)。英语事实上已成为世界通用语,占据了极大的语言使用空间,目前世界上说英语的人数达到15亿,英语是62个国家的官方语言,70—80%的学术出版物是英文版,几乎所有的国际组织与机构以及学术会议的工作语言是英语,同时英语是国际上外语教育最主要的语言。英语在世界范围内的广泛传播导致了语言接触和交流的不平衡,引发了激烈的语言矛盾与冲突,迫使人们冷静、严肃、深入地观察和研究外语教育及其规划与政策。早在上世纪九十年代,就有学者从后帝国主义、后殖民主义理论视角剖析英语海外教育的本质特征,指出:这是一种新形势下的"帝国主义",即"语言帝国主义"②,英语海外教育是英帝国海外殖民的重要组成部分③,因此,作为英语教育的接受者,不可避免地面临"抵御语言帝国主义"的挑战。④这些思考实际上从理论高度向人们提出了国家外语战略的问题。

我国经过30多年的改革开放和经济建设,基本上摆脱了陈旧落后的农耕社会,进入了工业化社会,并正在从一个"本土型国家"转变为一个"国际型国家"。我国从"本土"向"国际"的转型,凸现不少新的外语问题和许多新的外语需求。改革开放使"中国走向世界",也让"世界来到中国"。国家的进一步开放使国际交流更加频繁、广泛和深入。随着国家经济实力的不断提升,我国的国际地位和国际话语权不断提升,同时作为国际型大国的责任与义务日趋加大。这些方面均需要我们具有"广阔的外语视野"、"多样化的外语语种"和"全面周到的外语服务"。这是国内形势对外语战略以及外语教育所提出的挑战与要求。

---

① 刘康:"如何打造丰富多彩的中国国家形象",《新闻大学》,2008年第3期。
② Phillipson, Robert. 1992. *Linguistic Imperialism*. Oxford: Oxford University Press.
③ Pennycook, Alstair. 1998. *English and the Discourses of Colonialism*. London and New York: Routledge.
④ Canagarajah, Suresh. 1999. *Resisting Imperialism in English Teaching*. Oxford: Oxford University Press.

随着改革开放国策的实施,我国外语教育有了一个长足的发展,30多年来,成绩很大,但是由于经济利益的驱使、就业压力的消减,以及对语言文化关系的认识不足等因素,也出现了不少问题,现状比较混乱,法律法规不够健全,没有比较明确的前景计划,没有比较合理的布局,也没有比较科学的管理措施,基本处在放任自流的状态。近年来,我国学术界,包括语言学界开始重视语言教育、语言传播以及语言规划等宏观方面的研究,开始从战略高度认识和把握语言传播、语言教育以及语言规划和语言政策,若干高校已开始设立语言规划与语言政策硕士和博士培养的方向,语言战略、外语战略研究中心相继成立,相应的学术刊物正在创办,已有不少文章著作面世,这一切构成了我国外语战略问题提出的国内背景。

二、理论依据

外语战略问题首先是一个理论问题。问题的依据是什么?为什么外语具有战略意义?要回答这些问题,必须从语言的定义入手。语言的定义有许多,语言学家从不同的角度对语言进行定义,有的认为语言是一个符号系统结构,有的认为语言是交流思想的工具,有的认为语言承担社会文化功能。为了便于讨论,我们这里把这三种语言观分别称作"结构论"、"工具论"和"功能论"。结构论主要在理论语言学界比较流行,现代语言学之父索绪尔认为语言是一个符号体系,是一个系统结构,语言各个不同成分都是相对而确定的。他把语言分成"语法"(la langue)和"语用"(la parole),前者指人们对某种语言所掌握的知识体系,后者是对该种语言的实际使用状况。索绪尔认为代表语言的本质特征的是前者,即作为内在系统结构的语言知识体系,而不是作为外在表现形式的语言应用状态,因此索绪尔强调语言学家应当研究"语法"结构,而不是"语用"实际。这是结构主义语言学的核心思想之一。这一思想开创了现代语言学,确立了语言学的科学地位,影响了大半个世纪的语言研究,包括美国结构主义语言学以及乔姆斯基的语言学研究,其影响至今仍然清晰可觉。

语言是一个符号体系,是一个结构系统,这是正确的,但问题是语言不仅是一个符号系统,除这一本质特征之外,它还有其他十分重要的本质特征。语言是用来交际的,语言的意义存在于交际,因此语言首先是一种交际的手段,一种沟通的途径,一种交流的工具。目前充斥市场的语言学教科书关于语言的定义大概都会这样说:语言是交际的工具。这就是工具论。语言是工具这一思想在外语教学界最为流行,源头可以追溯到上世纪70年代英语教学交际法的兴起。交际法认为语言是一种交际工具,只有在交际实践中才能学会使用这种工具。①工具论具有强烈的实用主义色彩,外语教育,主要是英语教育的专家学者比较崇尚这一观点。这一领域国际著名专家杰克·理查德(Jack Richard)甚至强调外语教师把语言教学与所教语言的文化割裂开来,把所教语言纯粹当作一种工具进行教学。②工具论也是功能语言学的理论基础,功能主义语言学认为,语言充其量是一种交际工具,表情、达意、组篇。凭借这两个领域(即外语教学和功能主义语言学)在国际语言学界的优势,工具论是目前最为流行的语言观,尤其在我国。

  功能主义语言学以及外语教育研究强调语言是一种工具,也是正确的,语言确实是一种工具,但是功能语言学家在强调语言具有表情、达意、组篇功能的同时,忽视了语言更为宏观的思维功能、文化功能和社会功能,外语教学研究专家强调习得语言这一工具的时候忽视了习得一门外语的同时习得者文化和价值观念乃至思维模式的变化。语言处在人类活动一切关系之中,影响并受其影响。当下十分活跃的认知语言学的理论基础之一是:语言是人类思维最重要的载体,和人的思维功能与机制密不可分,人们主要是通过语言认识和把握外部世界,而且在一定程度上受到语言的制约。③语言相对论认为,语言、思维以及文化具有相对性,不同的语言具有不同的思维模式和文化范式乃至意识形态。如果说人类族群思维的差异很大程度上是因为他们所操语言的不同,如果文化是人类最重要的活动——思维活动——最主要的产物,那么我们完全可以理解为什么语言是文化的载体,具有承载和传承文化的功能,同时我们还可以说语言具有建构文化的功能,不同的语言通过不同的思维活动建构不同的文化。

  语言具有思维功能和文化功能告诉我们语言既是人的本质属性又是人的社会属性。由于作为纯粹的个体的人是不存在的,人是以文化的、社会的人而存在的,因此,语言作为人的本质属性而存在必然是以人的社会属性而存在。这就是为什么语言是人们所属群体最重要的认同标记,在个体之间和群体之间起着区别异同的作用的原因;这也就是国际社会中语言扮演国家民族的标记的缘故;这也就是为什么语言接触总是同样充满"你死我活"的冲突的症结。我们以为这就是语言的社会功能。法国当

---

  ① Widdowson, H. G. 1978. *Teaching Language as Communication*. Oxford: Oxford University Press.
  ② Richard, Jack. 2006. *Communicative Language Teaching Today*. Cambridge: Cambridge University Press.
  ③ 陈平:"语言民族主义:欧洲与中国",《外语教学与研究》,2008年第1期。

代语言学家卡尔维说:"由于语言一开始就与权力纠缠在一起……语言战争成为人类历史的一部分。"①当我们看到语言的思维、文化与社会功能以及由此而衍生的语言冲突的时候,我们才能真正意识到外语战略的必要性和重要性。

三、实现途径

由于外语战略是语言战略的一部分,讨论其实现途径需从语言战略入手。实现语言战略的主要途径是语言规划与语言政策。语言规划的主体是语言之间关系以及语言总体格局的确定,包括各种相关语言的定位。语言政策可分"隐性"和"显性"两种。前者指国家明文规定的政策,如许多国家在宪法中规定国家官方语言;后者包括体现语言态度、立场以及观点的语言意识形态。②国家的"语言文化"在相当大的程度上影响、制约、甚至决定与语言相关的政策。除此之外还有面广量大的语言教育等。从许多国家的实践看,语言教育是实现语言战略的另一条重要途径。

语言规划的前提是多语现象的存在,而多语现象是人类社会的本质特征,世界上几乎所有国家都存在多语格局,有的国家有几种,有的国家有几十种,有的国家则有上百种语言,比如10亿人口、328万多平方公里面积的印度有428种语言,其中415种语言是"活着"的语言,即人们正在使用的语言;又如人口只有570万、面积46万多一点平方公里的巴布亚新几内亚有830种语言,其中820种是人们使用的语言。③国家的统一与使用的便捷迫使他们对众多语言进行规划,为各种语言进行定位,确定官方语言。有的国家确定一种为国家的官方语言,有的国家确定两种或更多,如巴布亚新几内亚的官方语言有3种:英语、土克丕辛语(Tok Pisin)、希利姆陀语(Hiri Muto)。国家的官方语言并不一定是通用语言,比如印度的官方语言是印地语,而英语却十分普遍;巴布亚新几内亚更加流行的是两种皮钦语,他们把它们称作"国家语言"(national languages)。语言规划既是一个确定语言关系的共时现象,又是一个随语言关系不断变化的历时发展的过程,前者被学者称为"地位规划"(status planning);后者既包括地位规划,又包括"本体规划"(corpus planning)。一种处于弱势的民族语言被确定为官方语言,需要扶持和培育,赋予更大的生命

---

① Calvet, Louis-Jean. 1998. *Language Wars and Linguistic Politics* (Translated by Michel Petheram). Oxford: Oxford University Press.
② Schiffman, Harold F. 1996. *Linguistic Culture and Language Policy*. London and NY: Routledge.
③ Ethnologue. 2008. *Languages of the World*, at http://www.ethnologue.com.

力,如巴布亚新几内亚的希利姆陀语;而英语成为印度通用语言和巴布亚新几内亚官方语言是历史原因造成的,经历了漫长的历史过程。这一过程就是所谓的本体规划。语言规划还有一个十分重要的内容,叫做"习得规划"(acquisition planning),指的是语言教育。当今世界的语言教育,外语教育占据主要内容。语言的习得规划主要是外语教育的规划。本世纪以来欧美发达国家外语教育的战略调整就是一个明证。按照托勒夫森(Tollefson)①的观点,语言规划本质上是不平等的,很简单,在实践层面上,一个国家不可能把所有的语言确定成官方语言,而且也没有可能这个国家所有的语言都能约定俗成为通用语言。然而,国家的统一和使用的便捷都是比较复杂的概念,国家的统一是否需要绝对的语言统一加以保障?所有国家所确定的官方语言是否都是使用最便捷的语言?这些问题的答案并不是简单的"是"与"否"两个字。这大概就是几乎所有国家多少都存在语言矛盾与冲突的缘故,而处理这种语言矛盾与冲突,决定取舍,区分轻重,布局定格等这一系列构成语言规划核心的内容,同时又是国家语言战略的外在体现。

　　如果说语言规划是实现语言战略的一个动态过程,那么我们可以把语言政策看成是语言战略直接的标记。语言政策可以分成显性和隐性两种,显性政策还可以分成总体和具体两种。许多国家在其宪法中明文规定某一种语言为官方语言,这就是总体政策。国家有时候也会对某一种与语言相关的现象做出具体的规定,比如上世纪末我国对外来词语的使用做出了一些规定,强调汉语普通话的标准等,这就是具体的语言政策。所谓隐性政策指的是没有明文规定的而同样能够实现语言战略的途径。许多研究语言规划与语言政策的专家多次提到"美国是否有语言政策?"斯切夫曼认为,美国的语言政策更多地体现于隐性层面,②其中最典型的例子莫过于新生美国政府用英语作为美国宪法的语言的决定,赫南德兹-夏维兹(Hernandez-Chavez)认为美国政府选择英语撰写美国宪法开始了将英语强加于其他语言之上并压迫其他语言的政策。③然而无论是语言的总体政策还是具体政策,也无论是语言的显性政策还是隐性政策都是在不同程度地实现一个国家由特定思想或原则支配下的语言战略。支配

---

　　① Tollefson, James. 1991. *Planning Language, Planning Inequality*. New York: Longman.
　　② Calvet, Louis-Jean. 1998. *Language Wars and Linguistic Politics* (Translated by Michel Petheram). Oxford: Oxford University Press.
　　③ Hernandez-Chavez, Eduardo. 1995. *Language Policy in the United States: A History of Cultural Genocide*. Phillipson, Robert et al 1995 (eds.) *Linguistic Human Rights: Overcoming Linguistic Discrimination*. Berlin and NY: Mouton de Gruyter, pp. 135—140.

语言战略的思想与原则便是与相关国家的理论基础、指导思想、意识形态以及社会文化紧密相连的语言战略思想。

语言教育是实现语言战略另一个十分重要的途径。语言教育虽然以语言为主体,但本质上是同语言战略息息相关的文化手段。语言教育并不是外语教学研究的专家所断言的那样仅仅是某种语言的教学和习得的过程。首先语言的选择本身就说明了语言的战略选择。在学校里教学语言甲而不教学语言乙或语言丙并不是随机抽样的结果,而是深思熟虑的政策。美国19世纪下半叶曾经对原住民实施过封闭式的惟英语教育,他们把原住民的孩子集中到千里之外的寄宿学校,只准他们说英语,不准他们说母语,试图"清除他们野蛮的母语,使他们习得文明的英语,把他们培养成美国社会有用的文明人",其目的是"统一语言,同化蛮夷"[1],这一时期美国对原住民实施的惟英语教育充分体现了当时美国的语言战略。

当代语言教育,外语教育比重很大。外语的选择同样是由外语战略所决定的,比如,上文提及的美国"关键语言"教育以及英国"全民学外语、终身学外语"政策充分反映了新时期英美发达国家的外语战略。作为教学外语取舍的原因有多种多样,比如我国上世纪60年代前选用俄语是出于意识形态以及同苏联关系的考虑,"文革"之后选用英语出于改革开放,经济发展的需要。然而这些考虑和需要都属于外语战略的范围。作为外语接受国家,他们必须从战略的角度对外语做出取舍,对于外语输出国,外语教育的战略意义也许更大。英语海外教育是一个最典型的例子。宾尼库克(Alastair Pennycook)认为海外英语教育是"语言殖民主义"[2];菲利普逊(Robert Phillipson)谴责海外英语教育为"语言帝国主义",英国文化委员会把英语推广到世界的每一个角落,赚回无数英镑的同时,替代了当年称霸海洋的坚船利炮,继续发扬大不列颠帝国的光耀。[3]毫无疑问,当今以外语教育为主要内容的语言教育是国家实现国家语言以及外语教育战略重要阵地。

四、战略展望

我国的外语教育历史悠久,若从有史料记载的元朝"回回国子学"算起,已有720多年的历史。然而,外语教育的长足发展出现于我国改革开放以来的30多年间。由于英语的特殊地位,我国外语教育实际上成了英

---

[1] 蔡永良:《美国的语言教育与语言政策》,上海:上海三联书店,2007。
[2] Pennycook, Alastair. 1998. *English and Discourse of Colonialism*. London and NY: Routledge.
[3] Phillipson, Robert. 1992. *Linguistic Imperialism*. Oxford: Oxford University Press.

语教育的代名词。英语教育十分普及,几乎贯穿了国民系列非国民系列教育体系各个层面,还有许多形形色色的培训项目。据不完全统计,全国设有外语学院或外语系的院校近千所,英语专业学生在校人数逾百万。除此之外是面广量大的大学英语学习者队伍,以及社会各阶层各年龄段自主学习的群体。因此,有人估计中国目前学英语的人数超过3亿,这不是一个夸张的估计。

平心而论,自1979年至今这一股英语教育的热潮给我国改革开放、经济发展的贡献是不可低估的,但是问题也很多。比如,教育资源浪费极大,低水平的重复劳动几乎在教材、教学设备、课程设置、教育过程等各个层面都很严重,造成的浪费不可估量。北京外国语大学教授刘润清抨击大学英语教育浪费现象,触及了一个不可否认的事实。更加严重的问题是英语文化的渗透,毫无限制的英语教育,尤其是在学生母语教育尚未完成、民族文化意识尚未确立之前,将会严重影响受教育者民族语言文化包括思想意识的形成和健康发展。在世界范围内通过广泛的英语教育传播英语文化是英语国家的语言战略,而我们却很少有人把英语教育放在语言战略高度来认识。此外,我国毫无限制的英语教育现状说明我国的外语教育还处在无序状态,这与缺乏外语战略有关。许多国家和地区在外语教育方面均有比较系统的计划和严格的规定,比如日本、以色列、以及北欧国家等,即便我国台湾省,也在2007年规定禁止在幼稚园教学英语。我国外语教育的无序和外语战略的缺失状态亟待改变。

面对我国外语战略与外语教育现状,我们应该认真思考和研究下列问题:(1)外语教育与新时期我国国家利益的进一步维护与拓展之间的关系是什么?(2)改革开放和经济发展需要多少外语人才?需要什么样的人才?(3)通过什么样的途径培养这些人才?(4)国民系列教育哪一个阶段开设外语为宜?开设多少种外语?非国民系列教育体系中的外语教育如何规划与实施?(5)外语教育中英语与其他外语合理比重和格局是什么?(6)是否应该确定我国的"关键性外语"?我国关键性语言有哪些?(7)母语教育与外语教育的合理关系是什么?如何处理好这一关系?(8)如何在外语教育过程中抵制和消解外语文化的负面影响?这些问题既是外语教育问题,又是外语战略问题,有待语言学者、语言教育专家以及语言政策制定者进一步探讨研究。

(作者单位:上海海事大学)

全球化背景下的跨文化沟通与国家外语战略

顾永琦

一、国家战略环境

20世纪80年代末90年代初,改革开放初见成效,然而随之而来的种种弊端也几乎把国家推到了崩溃的边缘。邓小平环顾国内外和平与发展的主流局势,看到了为中国争得快速崛起的战略机遇,提出"冷静观察、稳住阵脚、沉着应付"的方针,并总结出"善于守拙、决不当头、韬光养晦、有所作为"的十六字战略,为此后二十年的稳定与发展奠定了基础。

今天,中国的战略环境发生了根本的改变。我们的国内生产总值已名列前茅。在全球性经济危机的2009年,中国成了带领世界走出经济危机的火车头。与此同时,我们在国际事务中的影响力也与日俱增。虽然我们依然希望坚持韬光养晦的国策,但是世界的聚光灯已经照在我们的头顶。

对国家战略环境来说,2010年是令人眼花缭乱的一年。金融危机刚刚尘埃落定,美欧等发达国家缓过神来,得到了喘息之机。危机中几乎唯一幸免并保持了经济高速增长的中国自然成了世界关注的焦点。奥巴马不做世界第二的声音刚刚落地,美国的航母、核潜艇就开到了中国的周边。于是乎,许多与中国有领土领海争端的近邻也都跃跃欲试、动作频频。与此同时,围绕人民币的货币战战场硝烟弥漫。一时间中国的上空乌云滚滚、风雨欲来。不可否认的是,中国的发展壮大与传统西方势力的没落同时进行,客观上为零和游戏论提供了弹药。世界似乎已经发展到了不重新洗牌不足以平复传统利益集团的战略焦虑。

情况发展到这一步,除去外部原因,中国自身的政策也难辞其咎。前不久,著名未来学家,《大趋势》、《中国大趋势》作者奈斯比特(John Naisbit)说,他发现很多西方人眼中的中国太简单化,究其原因一个是缺乏讯息,另一个就是欠缺沟通。在他看来,中国向外国表达自己的能力很糟糕。让听众听懂的责任不在听众,而在表达者。道理似乎很简单,遗憾的是,中国与外界的沟通真的太差、太少。

中国崛起的速度太快,快到让世界为之惊愕!曾经有一批巴西的年轻官员问我:"中国要到哪里去?世界害怕中国,中国知道吗?"的确,"文革"十年的闭关锁国以及之后的韬光养晦给中国蒙上了神秘的色彩。当世界突然意识到一个神秘的沉睡的巨人已经醒来并不声不响地出现在他们身边时,其惊讶的程度是可想而知的。和谐、双赢的中国理念,世界没有听到,而且也听不懂。

无论喜欢与否,中国的崛起已经逐渐成为事实。世界也因此而加紧适应或制衡中国。在友好目光的期盼下,我们需要介绍中国经验或"中国模式";在猜忌目光的注视中,我们需要解释中国意图;在敌意的刀光剑影中,我们需要化解战略制衡与"中国威胁论"。

二、新形势下的话语权

此时此刻,中国已经被迫站在国际风云的风口浪尖上。这种被动表现在我国在外交上的疲于应付和国家战略上的守势,以及在是否坚持韬光养晦的问题上举棋不定。也就是说,中国太希望继续我们的发展模式,也因此似乎并没有做好准备,去更积极地扮演世界级的角色[①]。

可喜的是,亡羊补牢,犹未为晚。我们已经发现了沟通理解的重要。熊光楷将军从对韬光养晦的翻译上看到了外语的战略作用[②]。外交部副部长傅莹在北京外国语大学公共外交研究中心成立大会上的致辞中说:"外部世界对中国的了解还是有限的,看法片面,总是在高估和低估中国之间徘徊,看到中国成功的地方就想到'中国威胁',看到中国的问题又担心'中国崩溃'"[③]。2010年9月23日,温家宝总理在第65届联大一般性辩论上,以"认识一个真实的中国"为题,动之以情、晓之以理,为世界补课。

多交流才能多理解、多包涵、少猜忌、少仇恨。互利共赢、同舟共济、和谐世界的中国理念一旦用大家听得懂的语言传达开来,其声音远胜枪炮炸弹。交流的主要载体是语言。更确切地说,外语,特别是作为当今世界主要交流语言的英语,在中国与外部世界的沟通中有着举足轻重的战略地位。

---

① 郝雨凡:"用大战略打破中国外交被动",环球网,2010年9月17日,http://opinion.huanqiu.com/roll/2010—09/1110936.html。

② 熊光楷:"'韬光养晦'翻译的外交战略意义",《公共外交季刊》,2010年。http://www.china.com.cn/international/zhuanti/2010—06/02/content_20169574.htm。

③ 傅莹:为什么公共外交那么重要——在北京外国语大学公共外交研究中心成立大会上的致辞(2010年9月11日),环球网,2010年9月14日,Retrieved from http://opinion.huanqiu.com/roll/2010—09/1098647.html。

蓦然回首,当国家需要的时候突然发现我们多年培养的外语人才集体失声。中国人对世界的了解大多停留在皮毛上,而世界对中国的了解却连皮毛都算不上。造成这一结果既有每一个外语人的责任,更是国家缺乏外语战略的必然结局。中央电视台形象片《让世界倾听我们的声音》以一曲悠扬的茉莉花音乐为符号,畅想着中国的声音从大江南北飘扬到世界各地,感动着不同肤色的人们。回到现实,我们不禁要问:国家有没有足够的为这一战略目标服务的外语人才?这些人才有没有能力用外国人听得懂的语言发出中国的声音,为民族争取理解与尊严、为国家争取和平与发展?遗憾的是,我们的回答没有底气。毫不夸张地说,在许多涉及中国核心利益的问题上,中国的声音苍白无力,而世界主流媒体对中国的误解、扭曲与妖魔化直接或间接造成了国家在国际关系上的战略被动。从领土与主权(如涉台、涉藏、涉疆、南海等)到人民币汇率和纺织品出口,世界几乎听不到中国的声音!换句话说,在全球化的平台上,我们最大的问题不是没有说话的权利,而是缺乏用世界听得懂的语言清晰地表达中国立场与理念的高级外语人才。

三、战略调整中的外语政策

解放后,外语长期为社会主义建设服务,少数外语人才的工作范畴局限在口译笔译等领域。改革开放以来,外语政策为四个现代化服务、为经济建设服务。学外语的目的是单向的、为学习西方先进的科学技术服务的。在为和平崛起、和谐世界服务的今天,现有政策所培养的工具型、翻译型外语人才已经不能满足国家的需要(见表1)。我们既需要复合型也需要通识型外语人才。这些人的工作范畴既包括向西方学习也包括让世界在政治、经济、军事、文化等领域全方位了解中国。他们能真正做到胸怀祖国、服务世界、影响世界。

1. 从"高级外语人才"到"熟练运用外语的各级人才"

随着改革开放的深入,如果说90年代国际贸易等各行各业对外语人才的需求量猛增使我们意识到"复合型外语人才"在"21世纪的社会主义市场经济体制"中的重要性,2009年之后,"被崛起"的中国明确意识到我们急缺大批具有国际视野、通晓国际规则、能够在国际舞台上熟练使用外语参与国际事务与国际竞争的国际化人才。国际组织中需要来自中国的各级管理人才;跨国企业和走出去的中国企业都需要中国的高管;中外军队的交流与联合演习、海军的索马里护航等都对每一个军官与士兵的外语水平提出了严格的要求。换句话说,我们已经从对"高级外语人才"的需求转移到对"熟练运用外语的各级人才"的需求。

表 1　国家战略与外语教育

时期	国家战略重点与外语教育	外语人才	外语运用
1949—1978	外语为社会主义建设服务	单一外语人才	翻译
1979—1998	• 教育为实现四个现代化服务 • 外语教育为改革开放服务	单一外语人才	单向： • 向西方学习 • 翻译
1999—2008	外语教育为社会主义市场经济服务	复合型外语人才	单向转双向： • 向西方学习 • 为经济建设服务
2009—	外语教育为和平崛起、和谐世界服务	• 复合型 • 通识型	双向： • 让中国了解世界 • 让世界了解中国 全方位： • 政治经济军事文化教育等

2. 中国的人才战略调整与外语的地位

国家的发展直接取决于人才的到位。人才的培养与发展被提高到国家战略的高度也就不足为奇了。中共中央政治局2010年2月22日召开会议，审议《国家中长期人才发展规划纲要（2010—2020年）》。2010年5月25日至26日，中共中央、国务院在北京召开全国人才工作会议。然而，翻遍人才规划纲要，外语人才并不在其中。人才的培养来源于教育。经过两轮公开意见征求，中央政治局2010年6月21日会议通过《国家中长期教育改革和发展规划纲要（2010—2020年）》。作为国家教育发展战略性文件的教育规划纲要最终版本也于2010年7月29日正式公布。遗憾的是，外语教育也不在教育规划纲要之中。

显然，外语人才的培养与教育并不在最高决策层的战略雷达之上。鉴于本文对外语在现阶段国家发展中重要性的分析，笔者强烈建议把外语政策提高到国家战略高度加以重视，建立国家外语统筹机构、在政策与教学等方面统一协调国家外语行为。

把外语提高到战略高度就是要：（1）总体规划，明确外语在国家政治、经济、军事、外交、文化、教育之中的位置。对why, what, who, how进行统一计划、部署、监察与统筹。（2）厘清国家外语战略目标、统筹外语教育资源，按照不同目标，确立不同类别的外语人才培养要求与方式。

3. 外语政策的误区

外语不是什么高科技,但却是千千万万人花费多年的财力和精力都学不好的东西。正因为如此,政策的制定上就有着一定的盲目性。多年的盲目重视加上长期学不好的挫折感造成了社会上不少人对外语政策的极度反感。如果把外语提高到战略高度,许多人会走不出一些似是而非的误区。

(1)"外语只是工具。外语学者的任务就是研究如何能教好外语,让更多的人更快更好地学好外语。没必要把外语政治化。"

外语既是一个学习工具,也是一个表达工具。几十年来,我国从来都是把外语拿来学习的,而不是拿来运用的。的确,我们没必要在十三亿中国人之间用外语。而且,在全球化、互联网、与中国迅速崛起之前,也没有太多机会和场合与外界交流。不过,时代不同了!在我们还没有准备好之前,一个不愿抛头露面、只想埋头发展的中国已经被推到了世界的聚光灯下。换句话说,国家今天有了太多运用外语的机会与需要,却突然发现我们已经习惯了把外语当作学习工具而不是运用工具。

外语从来没有和政治脱离过关系,国外是如此,国内更是如此。1953到1954年,出于意识形态的喜好,大量英语系停办、英语教师流失,学习俄语的人数则急剧增长。60年代初,中苏关系的恶化暴露了解放初外语政策的弊端。1964年,国务院成立了外语规划小组,首次对国家外语政策进行了系统规划,重新确定了英语的第一外语地位。值得说明的是,这次的外语统筹规划是由中央统一领导,由高教部、教育部、外交部、外贸部等外事部门参加的。设立外国语学校的建议则是由中宣部提出的。由此可见,外语远远超过教育的范畴,是与国家政治、经济、外交需要与长远的教育事业需要紧密结合在一起的。

(2)"外语不过是学校里的一个学科罢了。数学不需要提高到国家战略高度,为什么要把外语提高到战略高度?国家不设物理化学统筹机构,为什么要设立外语统筹机构?"

把外语等同于其他学科,忽视了语言作为人类基本生存工具的重要性与必要性。一个人出生之始,除了呼吸与吸吮吞咽等少数与生俱来的能力外,走路与说话是我们必须首先学会的技能,最初的学校学习也是从读写与算数开始的。此后的所有学校学习与高层次思考都是以语言为载体进行的。同时,人类的社会性也决定了语言作为人与人之间交流与理解最主要媒介的功能。

如果说母语是我们日常生活中必不可少的工具,外语就是国家政体之间、中国人与外国人之间交流与理解的基本媒介。把外语等同于其他学科,忽视了外语作为国家间在政治、军事、经济、社会、文化、教育等方面交流与理解的基本工具的重要性。国家与国家之间在民间、半官方以及官方层面的语言与情感交流能减少猜忌与仇恨。真正和谐世界的理念是用语言、用大家听得懂的语言,而不是用飞机大炮和航空母舰达成的。在这个意义上讲,外语是与国家战略紧紧联系在一起的。

(3)"国际事务中的话语权是个国际政治的问题,是国家综合实力的问题,不是用什么语言说话的问题。没有国家综合实力,说外语也没人听。"

我们不是美国。我们的综合国力远没有达到美国的程度。美国人讲外星人的语言全世界也要想办法听懂。不过,美国人在经历了极端恐怖主义威胁后意识到外语人才的缺乏,并在 9·11 以后把外语提高到国家安全的战略高度。这倒不是为了用外语向世界解释什么,而是要减轻恐怖主义的危害,提升国家安全。与此同时,英语作为世界唯一超级大国的超级载体无时无刻不在把西方思维、西方观念包装为普世价值向全世界推销。

中国崛起的速度让世界眼花缭乱、无所适从。上到习惯了冷战零和思维方式的大国政客,下到对中国充满傲慢与偏见的媒体和平民,很多人害怕一个富强了的中国会改变世界秩序、抢走他们的资源与饭碗。于是,中国威胁论、中国强硬论、中国傲慢论纷纷出炉,遏制中国发展成了堂而皇之的国家战略。即便是许多小国和友好国家,也有不少人害怕中国走上老牌殖民主义的掠夺之路,对中国投来关注的目光。在这种情况下,向外部世界解释中国"只有发展梦、没有霸权梦"的意图①,为国家争取和平发展空间,同时宣扬和谐双赢的中国理念是我们必须做却做得太少的事情。话语权不只是一个有没有说话权利的问题,更是一个你说了话别人听不听、懂不懂、接不接受的问题。

(4)"国家领导人、国务院、外交部、驻各国使馆、新闻媒体都在为国家利益进行着不懈的努力。这些还不够吗?这跟外语政策有什么关系?"

跳出国内媒体,世界上充满了怀疑和指责中国的声音。从国家政治体制到民族关系和宗教信仰,从金融危机、人民币汇率到中国玩具和纺织品,谩骂中国、妖魔化中国几乎成了政治正确、既时髦又廉价的把戏。在绝大多数"不明真相"、"不了解中国"的西方人眼里,"红色中国"与西班牙

---

① 王文:"外交部官员:中国没野心没霸权梦 只有发展梦",《环球时报》,2010 年 6 月 16 日。http://mil.huanqiu.com/Observation/2010—07/932555.html。

斗牛眼里的红布没什么两样。中国官方的声音有几个人听得进、几个人听得到,又有几个人能听得懂呢?

中国的声音需要在政治、经济、军事、文化等方面以政府、半官方、民间、个人等渠道在国内与世界各地以中国特有的风格全方位表达出来。中国的声音更需要以世界愿意听、听得进和听得懂的方式让世界所接受。这就与外语政策有直接关系了。

(5)"我们说汉语外国人听不到吗?"

当然听得见,但是听不懂。世界上讲汉语的人虽多,但绝大多数都在中国。学汉语的外国人虽然越来越多,但汉语水平有限,能读懂中文、听懂汉语,并能以中文与我们进行高档次交流的外国人就更是凤毛麟角了。

(6)"国内外对外汉语教学加大了力度。孔子学院雨后春笋般的发展明显有着国家语言战略的考量。当外国人都学会了中文的时候,我们还用把外语提高到国家战略的高度吗?"

对外汉语教学与外语教学目标人群不同,没有任何冲突,完全可以双管齐下,两条腿走路。更何况中国人学外语,无论从人数、普及率还是从平均程度上说都要远远超过外国人学中文。

全世界都在学英语,美国依然要把外语提高到战略高度。我们只能控制自己培养什么样的外语人才,却不能保证外国人的汉语人才一定会把中国的声音准确无误地传达给世界。

(7)"把外语提高到战略高度就是要重视外语。国家对外语已经很重视了,再提高外语的地位社会就会反弹。"

重视外语不是毫无选择的全方位、全民学外语,更不是大面积推广以外语作为教学语言的所谓"双语教学"。恰恰相反,把外语提高到战略高度就是要厘清国家外语战略目标、统筹外语教育资源,按照不同目标,确立不同类别的外语人才培养要求与方式。社会对外语的反感是对不分青红皂白全民学外语的反感,也是对大范围滥用外语测试的反感。全民学外语不但造成社会资源的严重浪费,长此以往还会造成崇洋媚外等不同层次的社会心理扭曲。建立国家外语统筹机构的目的就是要在国家战略高度重视、研究与解决此类问题。

(8)"外语教育的中心就是要想尽一切办法让学生学好外语。外语人才就是外语听说读写译基本功扎实的人才。"

这是一种过时的外语人才观。在解放后相当长的一段时间内,国家急需的外语人才是和翻译人才画等号的。改革开放后的外语人才也主要是为四个现代化和社会主义市场经济服务的。在这种形势下,外语是学习西方先进技术和科学理念的工具。因此,传统的外语人才外语基本功扎实,却缺乏独立思维能力和独立工作能力的训练①。在中国崛起后的今天,我们最需要的不是会说话的鹦鹉,而是大批为国家利益服务的、既爱国又不局限于狭隘的民族主义,既有国际视野又不崇洋媚外的,专业精、外语好的外语人才。

四、结束语

在全球化与中国迅速崛起的背景下,话语权已经成为国家综合实力的标志。而中国在话语权上的被动局面也已经日益凸显出来②。让国人了解世界、让世界了解中国既是每一个外语人的责任,更是决策者所必须重视的问题。中国的声音需要在政治、经济、军事、文化等方面以官方、半官方、民间、个人等方式在国内外以中国特有的风格全方位表达出来,中国的声音更需要以世界听得进和听得懂的方式让世界所接受。

语言就是力量。我们必须主动出击,宣扬我们互利共赢、同舟共济、和谐世界的理念,为国家争取延长和平与发展的战略机遇。要做到这一点,就要与时俱进,把外语提到国家战略高度,搞好国家外语语言规划,根据时代需求重新定位外语人才的培养目标③。翻译型、工具型外语人才已经完成了他们的历史使命。国家目前所需要的是为国家利益服务的、有国际视野的,懂得尊重包容、自尊自爱的,有见地、有能力,能够独当一面的涉外外语人才。

(作者单位:新西兰惠灵顿维多利亚大学)

---

① 文秋芳,王建卿,赵彩然,刘艳萍,王海妹:"构建我国外语类大学生思辨能力量具的理论框架",《外语界》,2009(1):37—43。文秋芳,周燕:"评述外语专业学生思维能力的发展",《外语学刊》,2006(5):76—80。

② 李宇明:"中国的话语权问题",《河北大学学报(哲学社会科学版)》,2006,31(6),1—4。

③ 陈琳:"从战略高度以科学发展观规划我国外语教育",《光明日报》,2009年1月21日。Retrieved from http://www.21stcentury.com.cn/story/49159.html。

国际化进程中特殊的国家宏观外语需求理论初探[①]

李鸿斌　殷世宇　王立松

语言规划(language planning)是宏观社会语言学中重要的研究内容,分为语言地位规划(status planning)和语言本体的规划(corpus planning)。在我国,外语教育颇受争议,其实质是外语规划出了问题。近几年,山东中医药大学校长王新陆给全国两会三次提案,建议高考取消外语考试,并且征集到三十个委员的签名,由此引发社会热议,他们对中国"英语热"的质疑与外语界要求加强外语教育的呼声形成鲜明的反差,这在很大程度上反映了我国对外语语言规划研究不够,学术界在此领域缺乏可信的、可行的研究成果,也就是我国外语教育整体规划缺失,从而无法在此问题上达成共识。要解决这个问题,学术界首先就要明确外语在中国的语言地位。要规划外语在我国的地位,就要研究我国的实际外语需求。过去,学者们对外语需求的普遍共识是:在全球化和国际化背景下,我国的政治、外交、经济、文化等要求加强外语教育。由于众多研究者都是外语学者,主要从语言学维度进行研究,而对中国外语需求的论述是笼统模糊的,缺乏系统的理论分析;另外,正如有些学者[②]所言,我国外语学科以往的研究过多局限于对西方语言文学的译介和诠释,外语学科研究在我国日益繁荣的哲学和社会科学研究中,正越来越走向边缘化,在我国社会经济建设和发展的重大问题上,外语学科陷入长期失语状态,因此,外语研究要加大综合研究,扩大交叉研究及社会实际应用研究。为此,本文将尝试从社会语言学角度,结合我国在政治、经济、外交、文化交流、移民等国家宏观领域的实际情况,初步地分析我国在这些方面的外语需求的一些特殊原因和需求内容,为我国外语规划提供一定的理论支撑。

一、外语需求理论分析

外语需求研究涉及对外语需求原因、需求具体形式等诸多内容的研

[①] 本文受天津大学自主创新基金、天津大学实践教学改革项目及教育部人文社会科学研究项目"中国崛起与国家独特宏观外语资源需求理论及实证研究(11YJA740043)"资助。
[②] 南佐民,范谊:"论外语学科研究范式创新",《外语界》,2007第5期。

究，而人们通常把外语需求狭义地理解为仅对外语人才的需求，外语需求实际也包括众多涉及外语的产品和服务的需求。在外语教学研究中，外语需求研究是对外语学习者个人外语需求分析研究，是在制定外语培训大纲计划中，对要接受外语培训的学习者个人的外语需求进行分析，目的是在大纲中体现学习者在培训中对外语知识、技能的不同需求内容和层次需求，这是个人的、具体的、微观的外语需求研究。另外一种常见的外语需求研究是笼统的社会外语需求研究，是从国家、社会整体语言生活的角度笼统地研究外语需求，在这类研究中，学者以"外语的重要性"来表达这种需求的原因，目前，这个方向的研究还未对外语需求进行详细的分类和分析研究，有学者把外语需求分为两种：社会需求和个人需求，在大量的外语教学研究中，研究者把这两种需求看作加强改进外语教学和加强外语学科发展的主要原因。研究者主要关注个人外语学习的动机或者其需求原因，或者是简单地表述国家、社会的外语需求，还没有系统的理论和具体详细的国家、社会的外语需求研究。外语需求是一个极其复杂的论题，之所以有外语需求，是因为外语也是一种资源。根据资源学，资源有物质资源和人力资源之分，以往，外语需求多指对掌握一定外语知识、文化和交际技能的外语人才的需求，这是对外语资源的一种狭义理解，它还应包括一切与外语有关的或者以外语为手段或为表现形态的知识、产品、服务，这些与外语有关的资源既可以是面向国内需求者的，也可是面对国际的需求者，也可以是同时面向国内国际的双向外语服务。

外语需求可根据不同的划分标准划分为不同类别。首先，可从需求的主体来划分，有国家需求、社会组织和机构需求及个人的需求，国家需求还可分为中央政府需求和地方政府需求，社会组织和机构需求还可分为社会事业团体需求和企业需求；国家外语需求还可分为国家宏观战略需求——即影响国家全局的政治、外交、经济、文化、军事、教育等领域的战略性、政策性、全局性外语需求——和国家在具体领域的微观具体的外语需求，如某行业的一些具体外语要求；外语需求也可根据外语使用的区域划分为国际需求和国内需求，国际需求指直接参与国际交流与合作的外语需求，国内需求指在国内的通过外语进行的一些活动时的外语需求；从时间角度，外语需求可分为长期外语需求、短期外语需求及临时外语需求；由于国际化程度不同，不同的地理区域、城市也有不同的外语需求，如大都市、旅游城市有较大的外语需求，从而产生区域外语需求分类；根据外语需求的表现清晰程度，可分为隐性需求和显性需求，有些人的外语需求是明确的，而有些人，如不懂外语的人，内心十分渴望通过掌握外语而接触外国文化,这是隐性外语需求;有直接外语需求,如直接与外国人进行交往的外语需求,也有间接需求,如通过译员与国外进行交往,或通过译语文本获取外域信息;理性和非理性需求,没有实际意义和明确使用目的,或者成本太高的外语需求是非理性的;根据一个人的具体生活和工作情况,他的外语需求可分为工作外语需求、学习外语需求和生活外语需求;不同行业也有不同的外语需求等。

本文着重分析我国的宏观外语需求,从需求原因和具体需求的内容两个方面分析我国宏观外语需求。一个国家宏观外语需求不仅受常规国内因素的影响,更受国际因素及该国在国际社会中的特殊地位和作用的影响。因此,国际化是重要的研究因素。

二、中国的国际化进程与外语需求分析

外语需求的根本原因是不同语言文化的国家和民族间的交往,外语是他们交流合作的前提,无论是用外语直接交流,还是借助口笔译的间接交流,外语是国际间跨语言文化交往的必备工具和条件。

在国际化、全球化的大背景下,全世界都参与到国际大分工与协作的世界统一市场体系中,这是中国加入世界统一市场的共同背景,为此,中国对外语资源的需求的原因和具体内容与其他国家有共性,特别是在经济、贸易、科技、通信、交通等领域,需要通过国际共通语(主要是英语)来交流[①],因为全世界15个国家以英语为母语,约4亿人口,32个国家以英语为官方语言,约4亿人,还有难以计数的世界人口把英语作外语学习,在许多高新科技领域,英语是主要语言,据1981年的统计数据显示,世界80%的知识和信息已用英语出版和检索,世界新闻媒介和娱乐业(包括新闻、广播、电视、杂志、录音、录像)、旅游事业、广告网络、国际救援、空中和海上交通管理等等,都在使用英语。随着全球化和国际化还会不断的加深,外语需求在全世界会更加普遍和迫切。外语需求在中国持续的增长也受到中国国际化的助推。由于中国目前及未来发展水平和世界地位的变化,中国外语需求有其特殊的原因和内容。在经济领域,中国已成为世界大国,中国2008年国内生产总值为38600亿美元,相当于美国的27.2%,日本的78.6%,2008年中国的外汇储备达到19460亿美元,成为世界第一外汇储备大国,进出口贸易总额仅次于美国和德国,居世界第三位,占世界贸易总额的7.9%,中国目前被认为是世界上发展最快的新兴

---

① 熊金才:"论英美国际政治地位对英语市场价值的影响",《江苏外语教学研究》,1999第2期。

的大国之一。清华大学国际战略与发展研究所根据2007年的中美经济发展数据推测,早则在21世纪20年代后期,晚则在40年代中期,中国经济总量将超过美国①。总之,中国将成为经济贸易大国,中国的企业要与世界各国合作,我们需要大量具有外语知识技能的人才,要获取世界各地的经济贸易信息,进口各国的产品和服务,同时也要输出相应的信息、产品和服务,这些活动或产品都会需要外语这个载体才能进行和存在。

在中国成长为经济大国的过程中及之后,中国在世界的政治、外交、文化等舞台上也应有更大的作为,否则,中国在经济、科技等领域就无法获得世界大国的地位。中国不仅要发展自己国内的政治、经济、社会,中国还必须与世界各国进行各层次的交往,建立密切的合作关系,在各个领域与世界各国通力合作,中国也要不断承担越来越多的国际责任和义务,在国际舞台上扮演大国角色,要有自己的话语权,这一切要求中国在各个领域不仅要有大量的熟知外语语言文化的、具有国际视野和人文情怀的专业人才,也要制定生成大量的关于世界事务的政策、规范的外语文本,这些都决定未来中国外语需求在数量和质量上会有更高要求,中国对外语产品、服务、人才的需求比任何其他国家都要广泛。

三、中国国家特殊宏观外语需求在具体领域的分析

要成为世界级的大国,必须在经济力量、军事力量、全球政治和文化影响四个方面中达到三个或三个以上"综合国力",才能真正成为具有全球影响力的世界超级大国②。中国在通往世界大国的道路上,要不断增进与世界各国的了解和友谊,建立相互的信任关系,在和谐的世界中,进行持久的、稳定的、长期的合作,中国才能更好地发展,获得更多更大的话语权,担当好大国的角色,履行大国的义务,同时中国也要不断增强中国的软硬实力,与世界各国和谐相处,和平地共同发展,这不仅是中国发展的需求,也是世界对中国的要求,毫无疑问,在全球化、国际化的生态中,外语资源将是必不可少的媒介和产品。中国有许多特殊性,因而,在国际化的进程中有着自己独特的外语需求。

1. 经济、贸易和金融领域的特殊外语需求

首先,中国作为进出口贸易大国,它的生产经营活动都离不开外语资源。从国外市场的开拓、建立到产品的生产、销售,都离不开对外语资源的开发和利用。现在,在中国即将成为世界第一出口大国的时候,世界经

---

① 清华大学国际战略研究与发展研究所:"上升的中国国力、国际地位与作用",《国际经济评论》,2009第11期,第12期。

② 同上。

济发展放缓,增速放缓,贸易的外部环境更加严峻,发展中国家会群体崛起,发达国家会再"工业化",全球贸易与投资保护主义抬头,世界各国开展"环境气候游戏",而在中国外贸中,外资企业占主导,本土企业竞争力小,加工贸易占主导,一般贸易发展落后,服务业落后,许多企业缺乏国际战略眼光等,许多问题制约着中国在世界出口总量和所占比上更进一步[①]。在这方面,印度值得我国学习,它有很多在国外有影响力的企业,美国硅谷三分之一的工程师是印度人,40%的公司是印度企业家创建,每14个公司中就有一位印度首席执行官,在一定程度上,这与英语在印度的语言地位和教育有关,印度有一大批流利使用英语的专业技术人员,印度IT行业能获得更多的IT外包业,原因之一是印度工程师有较好的英语交流能力,便于与业主和客户的交流。

要进一步提升中国经济贸易,就要解决这些深层次的问题,要有一大批懂外语的技术人员,要参与世界市场规则的制定,要提供以外语为形态的产品和服务,建立一大批国际知名企业和广泛地参与世界市场,这不是企业自身能完成的,必须有国家宏观外语政策的支持。

2. 政治外交等领域的特殊外语需求

中国是社会主义国家,与西方国家的政治制度、意识形态、司法体系等有很大差异,不论从历史看,还是从理论上分析,这两个阵营都会长期存在分歧、对立甚至冲突。虽然近些年,我国在对外交往中回避这些领域,但问题总会存在的。在苏联解体、东欧剧变之后,中国的社会主义有着重要的世界意义。社会主义在中国的成功,他们(西方)不仅是忧虑,更是恐惧。在中外国家之间,如中美关系中有一些意识形态的因素,比如人权问题等,这些都是一些没有解决的老问题,会不时出现,造成一些麻烦。而在世界对"中国模式"在猜测和舆论纷纷的时候,我们需要有清醒的头脑,不断在实践和理论上创新,与世界心平气和的对话,获得自己的话语权,所以需要大量的有外语素质的社会主义的政治理论家和官员,创造和利用外语形态的中国政治、思想、和文化成果,走向世界,与世界各国进行长期的心平气和的交流,让世界了解中国,和平共处,共同发展。

在外交上,我国首先要处理好周边关系。中国所处地理位置的重要性使它成为亚欧大陆东端、西太平洋地区最重要的国家,同时又是当今世界地缘环境最为复杂而又相对不利的国家之一,中国需要一个和平稳定的周边环境以保证安全和发展,但中国是世界上邻国最多的国家,有21

---

① 商务部2009年重大课题"后危机时代中国外贸发展战略"课题组:"后危机时代中国外贸发展战略之抉择",《国际贸易》,2010第1期。

个国家与中国陆地或海洋相邻,周边环境有许多不确定因素。我国一直实行"友好睦邻关系",在新世纪,更要加强与邻国交流合作,在语言方面,还要加强国内对邻国非通用外语资源的研究和利用,为处理周边关系提供良好的外语环境。在世界外交领域,我国始终走"和平外交"道路,与世界各国发展友好关系。中国已进入新一轮外交转型,其核心是由普通国家外交转变为大国外交,由弱势外交转变为强势外交,由消极被动外交转变为积极主动外交,具体包括积极参与地区事务、护航、承诺责任大国、展示中国文化。这一切都要求中国需要利用英语及许多不同语种外语资源来实现。

3. 在建立中国新型国际地位和国家形象中的特殊外语需求

中国正在走向世界,世界正在了解中国,国家形象至关重要。中国在近代有着屈辱的历史,对我国国际形象有极大的负面影响;中国五千年独特的东方文化与伊斯兰文化、基督文化等众多异域文化长期共存,在世界文化多元化的时代,不断加强中华自身文化的发展和与各国文化间的交流,对我国国家形象建设意义非凡;我国是新兴的世界经济大国,世界对我们充满了猜测和期待,老牌大国、新兴大国、许多发展中国家都对我国有一个了解、接受、合作、共存的过程,因此,政府应重视我国国家形象建设,在政治、经济、文化、科技、文化、军事、体育、环境、社会各领域成就个体、群体及相关事物,打造"国家名片",推动国家形象工程[①]。而我国恰恰在有些领域,如体育、文艺等最能自然地促进各国人民间交流和了解的领域,由于各种原因,从业人员外语素质相对薄弱,限制了他们发挥文化使者的作用,如果他们精湛的技艺再加上一定的外语文化技能,他们给世界不仅展现的是高超的专业技艺,还有中国人友好、和平、聪慧等美德。中国政府应该通过外语政策的制定推动国家形象塑造和宣传。

4. 中国外语资源的现状与英美及印度等国相比的相对短缺

英、美等国享有英语为母语的天然优势,再则,它们中很多国家是移民国家,多元移民也给他们带来相对丰富的外语资源,这些国家近些年也在加强外语教育,美国1996年颁布了《外语学习标准:为21世纪做准备》,2002年英国教育技能部颁布了《语言学习》,欧洲很多小学开设数门外语,美国大学开设多达153门外语。我们的邻国印度也有英语资源优势。中国外语资源天生匮乏,国家更要抓住时机,培养外语人才,开发利用外语资源,服务国家发展需要。

---

① 金正昆、徐庆超:"国家形象的塑造:中国外交新课题",《中国人民大学学报》,2010第2期。

5. 国际人口流动带来的中国特殊外语需求

随着我国对外开放和加入世贸组织,资本的自由流动之后必然有人口的流动,特别是我国国民的国际劳务输出及双向的国际移民。伴随着移民,不同的族群就可能发生冲突,外来移民(及后裔)与主体民族之间在经济与权益上不可避免地竞争,就可能转化为民族、文化冲突并且爆发出来,倘若再加上别有用心者的挑拨,或遇到经济危机的火上浇油,或是揉入极端宗教主义,冲突不但不可避免,甚至能激化到你死我活的状态。近几年,我国在西班牙、俄罗斯等国的经商者都与当地居民和政府有冲突。要解决这些问题,两国政府和双方公民都要做很多工作,我国商人应当了解当地的国情、民风,融入当地社会,但由于我国侨民、劳工不通当地的语言,无法与当地人进行正常的日常交往和交流,紧急时刻,没有语言交流是很危险的。网上报道,在意大利,我国商人生意做得不错,但不通外语,来了警察只好让自己的小孩做翻译;也有报道,改革开放后去国外做生意的商人现在生活好了,把长期留守在国内的小孩接到国外,由于小孩在国内没有接触当地的语言教育,到了国外,在当地学校学习跟不上,只好辍学回家,跟父母做生意,没有良好教育,他们未来将不能融入当地社会,不会有更好的工作和生活,而这些问题是他们自己解决不了的。我国有关政府应审时度势,在外语政策制定中应考虑这些人口的特殊外语文化需求,为他们和子女解决一定的外语问题,从而为这些闯世界的商海弄潮儿创造有利的条件,他们在异国生活顺利,也是我们对国人、对世界的巨大贡献。

四、结语

把握中国特殊的宏观外语需求,制定科学合理的外语政策,科学发展外语教育和国际交流及合作,为我国和世界提供丰富的外语文化产品和服务,这是外语学科对我国和世界发展的贡献。

(作者单位:天津大学)

中国的"关键语言"①

张治国

一、引言

一个国家的外语教育政策首先需要处理的问题是本国外语语种的选择问题。根据联合国教科文组织(2003)的报告,世界上有大约6000种语言。任何国家的外语教育都只能选择其中的一小部分作为本国的目标语。美国为了解决目前所面临的国家安全和经济发展等主要问题于2006年制定了"关键语言"计划。所谓"关键语言"就是在国际舞台中关乎到国家的政治稳定、外交通畅、信息安全、经济发展、民族团结、文化交流、教育合作等重要领域的外国语。自我国实行改革开放政策以来,外语教育进行得如火如荼,可是,我国至今尚未确定自己的"关键语言",中国作为一个大国非常有必要对自己的"关键语言"进行研究。

二、影响中国"关键语言"选择的因素

1. 政治因素

一般来说,任何一项新的语言政策的宣布都是建立在统一的政治基础之上的。在实际环境中,任何语言政策的制定都少不了政治因素。21世纪是后现代社会,其特点之一是世界的多样性和政治的多极化。政治上的取向必然要影响到国家外语教育政策的制定。因此,在我国"关键语言"的选择中,政治是一个不可忽视的重要因素。限于篇幅,本文仅从以下六个比较典型的政治组织来探悉中国在国际政治中需要经常接触到的国家。

(1) 上海合作组织

上海合作组织成员国总面积占欧亚大陆面积的五分之三,人口占世界总人口的四分之一。该组织对我国的边境安全和边境贸易意义重大。成员国是中国、俄罗斯、哈萨克斯坦、吉尔吉斯斯坦、塔吉克斯坦、乌兹别

---

① 本文为国家语言文字应用"十一五"科研项目重点项目"国家外语发展战略研究"(项目编号:ZD115-01)的阶段性成果,同时受上海外国语大学重大科研项目基金及211工程三期项目基金资助。

克斯坦。观察员国是蒙古、伊朗、巴基斯坦和印度。对话伙伴国是斯里兰卡和白俄罗斯。

（2）东南亚联盟"10＋3"会议

1996年我国成为东盟全面对话伙伴国。近年来,我国同东盟关系顺利发展,高层往来频繁,政治关系日益密切。东盟国家是我国的友好近邻、重要的贸易伙伴和华人华侨的主要聚集地之一,其重要性不言而喻。东盟的成员国是：马来西亚、菲律宾、泰国、文莱、柬埔寨、印度尼西亚、老挝、缅甸、新加坡和越南。观察员国：巴布亚新几内亚。候选国：东帝汶。

（3）20国集团

20国集团主要是一个以政治为基础的国际经济发展论坛,它的GDP总量约占世界的85％,人口约有40亿。这些国家都是世界上比较强大,而且具有地区代表性的国家。因此,该组织对于我国的国际政治是非常重要的。其成员国有：美国、日本、德国、法国、英国、意大利、加拿大、俄罗斯、中国、阿根廷、澳大利亚、巴西、印度、印度尼西亚、墨西哥、沙特阿拉伯、南非、韩国、土耳其和欧盟。

（4）金砖四国

金砖四国是指巴西（"世界原料基地"）、俄罗斯（"世界加油站"）、印度（"世界办公室"）和中国（"世界工厂"）四个新兴经济体。四国面积占世界领土总面积的26％,人口占全球总人口的42％。当前,四国经济快速发展,互补性强,其国际影响力与日俱增。

（5）中阿合作论坛

中阿合作论坛成立于2004年,阿拉伯国家联盟是石油和政治的敏感中心,它对我国的影响很大。阿盟有22个成员国：约旦、阿联酋、巴林、突尼斯、阿尔及利亚、吉布提、沙特、苏丹、叙利亚、索马里、伊拉克、阿曼、巴勒斯坦、卡塔尔、科摩罗、科威特、黎巴嫩、利比亚、埃及、摩洛哥、毛里塔尼亚和也门。

（6）中非合作论坛

中非合作论坛是中国与非洲友好国家建立的集体磋商与对话平台。通过政治对话与经贸合作促进彼此的了解和发展。其成员国有50个国家：中国、阿尔及利亚、埃及、埃塞俄比亚、安哥拉、贝宁、博茨瓦纳、布隆迪、赤道几内亚、多哥、厄立特里亚、佛得角、刚果（布）、刚果（金）、吉布提、几内亚、几内亚比绍、加纳、加蓬、津巴布韦、喀麦隆、科摩罗、科特迪瓦、肯尼亚、莱索托、利比里亚、利比亚、卢旺达、马达加斯加、马里、马拉维、毛里求斯、毛里塔尼亚、摩洛哥、莫桑比克、纳米比亚、南非、尼日尔、尼日利亚、塞拉利昂、塞内加尔、塞舌尔、苏丹、索马里、坦桑尼亚、突尼斯、乌干达、赞比亚、中非和乍得。

(7) 中美战略对话

中美战略对话(2009年后改为中美战略与经济对话)是中美两国在经贸、反恐、朝核等重要领域的磋商、合作与协调而形成的一种机制。每年一次的高层对话有利于中美双方的沟通与合作。

2. 经济因素

经济是各国保持永久交往与合作的基础,有了经济的双赢为基础,其他各方面的发展也将得到保障。下面从中国的主要贸易国家与地区、来华投资国家与地区和中国海外投资国家与地区来分析影响中国经济的主要国家。

(1) 中国主要的贸易国家与地区

根据中国商务部统计,2004—2008年五年间中国主要的贸易伙伴国家和地区是:欧盟、美国、日本、东盟、香港、韩国、台湾、澳大利亚、俄罗斯、印度和加拿大。

根据中国商务部统计,2004—2008年五年间中国主要的进口来源地是:日本、欧盟、东盟、韩国、台湾、美国、澳大利亚、沙特阿拉伯、巴西、俄罗斯和香港。

根据中国商务部统计,2004—2008年五年间中国主要的出口市场国家或地区是:欧盟、美国、香港、东盟、日本、韩国、印度、俄罗斯、台湾、阿联酋、加拿大和澳大利亚。

(2) 来华投资的主要国家与地区

在我国投资的国家和地区达170多个,按实际投入资金排名前十的国家和地区是香港、台湾、美国、日本、新加坡、韩国、英国、德国、法国和泰国。

(3) 中国海外投资的主要国家与地区

根据中国商务部统计,从境外企业的地区分布看,2006年底,中国的近万家境外企业共分布在全球172个国家和地区,占全球国家(地区)的71%。亚洲是中国最大的海外投资目的地,其次是北美、非洲和南美,最后是欧洲(主要集中在中东欧)。其中亚洲、非洲地区投资覆盖率分别达到91%和81%。从境外企业的国别(地区)分布来看,香港、美国、俄罗斯、日本、阿联酋、越南、澳大利亚、德国的聚集程度最高,集中了近一半的境外企业。

(4) 旅游业

据世界旅游组织统计,近几年中国一直是世界第四大旅游目的国,第五大客源输出国。据世界旅游组织预测,2020年中国将成为世界第一大旅游目的国和第四大客源输出国。下面从游客输入和输出两方面来分析中国在旅游业方面接触较多的国家。

第一,来华旅游的主要客源国。根据国家旅游局统计,来华旅游的客源主要来自亚洲,其所占比例超过一半多,其次是欧洲(见表1)。

表1 2008—2009年各大洲来华旅游人数所占比例表

洲名	亚洲	欧洲	美洲	大洋洲	非洲
2008年所占比例	59.9%	25.1%	10.6%	2.8%	1.6%
2009年所占比例	62.8	20.9%	11.4%	3.1%	1.8%

(资料来源:中华人民共和国国家旅游局,www.cnta.com/)

具体而言,根据中国国家旅游局统计,2008和2009两年来华旅游的主要客源国是:韩国、日本、俄罗斯、美国、马来西亚、新加坡、菲律宾、蒙古、澳大利亚、泰国和加拿大。

第二,中国人出境游的主要目的国。根据近几年的《中国出境旅游发展年度报告》,中国人出境旅游目的国和地区达到104个,但主要目的国和地区是港澳台、日本、韩国、东南亚国家、美国和西欧国家。

3. 综合国力与教育因素

综合国力包括一个国家的政治、经济、军事、科技、教育、人口等因素。一般综合国力强的国家更能吸引外国留学生。因此,本文把这两个因素放在一起来分析。

(1) 综合国力最强的前十一个国家

中国社会科学院发布的《国际形势黄皮书》指出,2009—2010年综合国力前十一的国家是:美国、日本、德国、加拿大、法国、俄罗斯、中国、英国、印度、意大利和巴西。

(2) 来华留学的主要生源国和中国人海外留学的主要目的国。

教育是国家的基础,也是国家的未来。教育是改善和影响国家间的意识形态和未来发展的重要因素。中国在教育上既要"引进来",也要"走出去"。在这个双向交流中,掌握与我们交往密切国家的语言是至关重要的。根据中国教育部年鉴,2000—2006年来华留学的主要生源国是:韩国、日本、美国、越南、印度尼西亚、印度、泰国、俄罗斯、法国、巴基斯坦、德国、尼泊尔、蒙古、澳大利亚和加拿大。近年来,中国留学最多的前十个国家是:美国、英国、澳大利亚、日本、法国、加拿大、德国、新加坡、新西兰和瑞典。

4. 信息安全因素

信息安全涉及国际安全与稳定以及各国的国计民生。在安全威胁日益多元化、非传统安全因素上升的新形势下，信息安全已成为国际安全领域面临的一项重要课题。英国知名保险公司希思可（Hiscox）的一项研究报告显示，最近十年，海外遭绑架最多的是中国人。根据中国外交部公布的国人在外遇险的信息而统计整理近六年的数据显示，中国人在亚洲国家发生的安全事件最多。根据外交部领事司2009年"中国人海外安全报告"，2009年中国人在海外发生较大安全事故的国家有：阿尔及利亚、几个有东突恐怖组织的国家、澳大利亚、俄罗斯、印度、索马里。

5. 地理因素

（1）中国的邻国

中国实行"与邻为善、以邻为伴"的邻国政策。熟悉"伙伴"的语言可以增进彼此的了解和友谊。同世界其他大国相比，中国的周边地缘环境最为复杂：中国是世界上拥有邻国最多的国家，陆地边界和海岸线都比较长，周边国家多。中国的陆上邻国有俄罗斯、哈萨克斯坦、吉尔吉斯斯坦、塔吉克斯坦、蒙古、朝鲜、越南、老挝、阿富汗、尼泊尔、巴基斯坦、印度、不丹和缅甸。中国的海上邻国有日本、韩国、菲律宾、马来西亚、文莱和印度尼西亚。

（2）海外华人华侨最多的十个国家

海外华人华侨遍布世界各地，这是中国的宝贵资源。他们对母国的国际形象、经济发展、文化传播、国际合作等都可以做出很大的贡献。海外华人华侨多的国家往往会成为与中国交往与合作更多的国家。因此，我们非常有必要重视这些国家的语言，以便今后的交往。根据暨南大学海外华语中心统计，海外华人人口前十的国家是印度尼西亚、泰国、马来西亚、美国、新加坡、加拿大、秘鲁、越南、菲律宾和缅甸。

6. 语言本身的因素

语言本没有好坏之别，却有强弱之差。语言的生命在很大程度上取决于该语言使用人数的多少和该语言使用领域的大小。

（1）使用人口最多的十种语言

根据联合国教科文《信使》（UNESCO Courier, 2000）第4期，全球使用人数最多的前十组语言是：英语、汉语；印地语、乌尔都语；西班牙语；俄语；阿拉伯语；孟加拉语；葡萄牙语；马来语、印尼语；日语；法语、德语；旁遮普语。根据《民族语》（Ethnologue）和《微软百科全书》（Encarta）的统计，全球作为母语使用人数最多的前十种语言是：汉语、西班牙语、英语、印地语(乌尔都语)、阿拉伯语、孟加拉语、葡萄牙语、俄语、日语和德语。

(2) 使用领域最大的十二种语言

荷兰社会学家德斯万(de Swaan)根据语言使用的领域(从小到大)把世界上的语言分为边缘语言(peripheral language)、中心语言(central language)、核心语言(super-central language)和超核心语言(hypercentral language)。核心语言有十二种：阿拉伯语、汉语、英语、法语、德语、印地语、日语、马来语、葡萄牙语、俄语、西班牙语和斯瓦希里语。超核心语言只有一种——英语。

(3) 网络中使用人数最多的十大语言

根据世界网络统计(internetworldstats)显示，网络中使用人数最多的十大语言是：英语、汉语、西班牙语、日语、葡萄牙语、德语、阿拉伯语、法语、俄语和韩语。

三、中国"关键语言"候选名单的提出

统计说明：第一，在统计中把中国内地和港澳台地区排除在外，因此相应的汉语也就没有列出；第二，上述名单中每出现"欧盟"和"东盟"时就给相应的国家统计上一次。第三，虽然上述影响因素有很大的变项，有些数据的来源在权威性和准确性方面也可能存在不够令人信服的地方，但这对本文中国"关键语言"候选名单的获得影响不大。第四，由于马来语和印尼语，乌尔都语和印地语都属于大同小异的语言，以及波斯语现有三种变体：在伊朗叫现代波斯语或法尔西语(Farsi)，在阿富汗叫达里语(Dari)，在塔吉克斯坦叫塔吉克语(Tajik)。因此，本文在统计时暂且把它们视为三种语言。第五，至于中国"关键语言"的具体数量可以视国家财力以及国内外形势的变化而变化。

1. 国家与国语(或官方语言)及其出现次数的统计名单

上面各个影响因素中出现的国家达113个，现将这些国家的国名、国语或官方语言以及上述因素中提到这些国家的次数分别罗列(按汉语拼音字母顺序)如下：

阿根廷(西班牙语/1)、阿富汗(普什图语、达里语/1)、阿尔及利亚(阿拉伯语、法语/2)、阿联酋(阿拉伯语、英语/3)、阿曼(阿拉伯语、英语/1)、埃及(阿拉伯语、英语、法语/2)、埃塞俄比亚(阿姆哈拉语、英语/1)、安哥拉(葡萄牙语/1)、澳大利亚(英语/8)、巴林(阿拉伯语、英语/1)、巴勒斯坦(阿拉伯语/1)、巴西(葡萄牙语/4)、巴基斯坦(乌尔都语、英语/3)、巴布亚新几内亚(英语/1)、白俄罗斯(白俄罗斯语、俄语/1)、贝宁(法语/1)、博茨

瓦纳(茨瓦纳语、英语/1)、布隆迪(基隆迪语、法语/1)、不丹(宗卡语、英语/1)、赤道几内亚(西班牙语、法语/1)、朝鲜(朝鲜语/1)、德国(德语/9)、东帝汶(德顿语、印尼语、葡萄牙语/1)、多哥(法语/1)、俄罗斯(俄语/11)、厄立特里亚(阿拉伯语、英语/1)、法国(法语/8)、菲律宾(菲律宾语、英语/7)、佛得角(葡萄牙语/1)、刚果(布)(法语/1)、刚果(金)(法语/1)、哈萨克斯坦(哈萨克语、俄语/2)、韩国(韩语/10)、吉尔吉斯斯坦(吉尔吉斯语、俄语/2)、吉布提(法语、阿拉伯语/2)、几内亚(法语/1)、几内亚比绍(葡萄牙语/1)、加拿大(英语、法语/8)、加纳(英语/1)、加蓬(法语/1)、津巴布韦(绍纳语、恩德贝莱语、英语/1)、柬埔寨(高棉语、英语、法语/4)、喀麦隆(法语、英语/1)、卡塔尔(阿拉伯语、英语/1)、科威特(阿拉伯语、英语/1)、科摩罗(科摩罗语、法语、阿拉伯语/2)、科特迪瓦(法语/1)、肯尼亚(斯瓦希里语、英语/1)、老挝(老挝语/5)、莱索托(英语/1)、黎巴嫩(阿拉伯语、英语、法语/1)、利比里亚(英语/1)、利比亚(阿拉伯语、英语/2)、卢旺达(卢旺达语、英语、法语/1)、马来西亚(马来语、英语/7)、马达加斯加(马达加斯加语、法语/1)、马里(法语/1)、马拉维(奇契瓦语、英语/1)、毛里求斯(英语、法语/1)、毛里塔尼亚(阿拉伯语、法语/2)、摩洛哥(阿拉伯语、法语/2)、莫桑比克(葡萄牙语/1)、美国(英语/13)、蒙古(蒙古语/4)、缅甸(缅甸语/6)、墨西哥(西班牙语/1)、秘鲁(西班牙语/1)、纳米比亚(英语、南非荷兰语/1)、南非(英语、南非荷兰语/2)、尼日尔(豪萨语、法语/1)、尼日利亚(豪萨语、英语/1)、尼泊尔(尼泊尔语、英语/2)、日本(日语/13)、瑞典(瑞典语/1)、沙特阿拉伯(阿拉伯语、英语/3)、斯里兰卡(僧伽罗语、泰米尔语、英语/1)、塞拉利昂(英语/1)、塞内加尔(沃洛夫语、法语/1)、塞舌尔(英语、法语/1)、苏丹(阿拉伯语、英语/2)、索马里(索马里语、阿拉伯语、英语、意大利语/2)、塔吉克斯坦(塔吉克语、俄语/2)、泰国(泰语/8)、坦桑尼亚(斯瓦希里语、英语/1)、突尼斯(阿拉伯语、法语/2)、土耳其(土耳其语/1)、文莱(马来语、英语/5)、乌兹别克斯坦(乌兹别克语、俄语/1)、乌干达(斯瓦希里语、英语/1)、新加坡(英语、马来语、泰米尔语/6)、新西兰(英语、毛利语/1)、叙利亚(阿拉伯语、英语、法语/1)、也门(阿拉伯语/1)、意大利(意大利语/5)、伊拉克(阿拉伯语、库尔德语、英语/1)、伊朗(法尔西语即波斯语/1)、印度(印地语、英语/8)、印度尼西亚(印尼语/8)、英国(英语/8)、约旦(阿拉伯语、英语/1)、越南(越南语/8)、赞比亚(英语/1)、中非(法语、桑戈语/1)、乍得(法语、阿拉伯语/1)。

另外,根据语言本身的强弱因素把主要语言出现的次数小结如下:英语/4、德语/4、葡萄牙语/4、西班牙语/4、俄语/4、日语/4、阿拉伯语/4、法语/3、印地语(乌尔都语)/3、马来语(印尼语)/2、孟加拉语/2、斯瓦希里语/1、旁遮普语/1、韩语/1。

2. 上述主要语言的统计名单

上述113个国家涉及到的主要语言达55种,这些语言在上述各个影响因素中出现的次数累计如下:第一,有26种语言只出现过1次,这说明这些语言对于中国不是特别重要。本文在此就不逐一列出。第二,有29种语言出现的次数在2次或2次以上。这些语言以及它们出现的次数从多到少依次是:英语/127、法语/57、阿拉伯语/42、马来语(印尼语)/29、俄语/23、日语/17、印地语(乌尔都语)/14、德语/13、葡萄牙语/13、朝鲜语(韩语)/12、泰语/8、越南语/8、西班牙语/7、菲律宾语/7、泰米尔语/7、意大利语/7、缅甸语/6、老挝语/5、波斯语(法尔西语、达里语、塔吉克语)/4、蒙古语/4、斯瓦希里语/4、高棉语/4、南非荷兰语/3、豪萨语/2、孟加拉语/2、尼泊尔语/2、哈萨克语/2、吉尔吉斯语/2、索马里语/2。

3. 中国"关键语言"的统计名单

在上面提到的29种语言中,泰米尔语和南非荷兰语虽然分别出现过7次和3次,说明它们是比较重要的语言。但是,由于泰米尔语在新加坡、斯里兰卡和印度都不是国语,而只是排在第二或第三的官方语言(这些国家都把英语作为第一官方语言),因此,泰米尔语在这些国家的使用也不是十分广泛,本文暂且取消它成为中国"关键语言"的可能。同理,南非荷兰语只是作为南非和纳米比亚的第二官方语言,本文也把它排除在中国"关键语言"名单之外。另外,由于蒙古语、哈萨克语和吉尔吉斯语都是我国的跨境语言,我国内蒙和新疆不缺懂这两门语言的人才,而且,哈萨克斯坦和吉尔吉斯斯坦都通用俄语。因此,本文也暂且不把它们划为中国的"关键语言"。

因此,本文认为以下24种语言可以成为中国"关键语言"的候选目标。它们(从高到低)是:英语、法语、马来语(印尼语)、俄语、阿拉伯语、日语、印地语(乌尔都语)、德语、葡萄牙语、朝鲜语(韩语)、泰语、越南语、西班牙语、菲律宾语、意大利语、缅甸语、老挝语、波斯语(法尔西语、达里语、塔吉克语)、斯瓦希里语、高棉语、豪萨语、孟加拉语、尼泊尔语和索马里语。

(作者单位:上海海事大学)

云南三语现象和三语教育现状调查
——中小学生篇[①]

原一川　胡德映　巴红斌　李　鹏　尚　云　原　源

1. 引言

本研究致力于深入了解中国少数民族集聚区的三语现象和三语教育情况。自2001年教育部为促进全国英语教育发展,颁布英语课程标准以来,人们对于三语现象和三语教育众说纷纭。有关这一新领域的研究也相继出现,但这些研究大多仅限于某一个地区或教育机构。此外,还尚无研究分析过三语现象和三语教育的总体情况以及对三语现象和三语教育的形成因素和实施情况,现实课堂语言分配的语言类型学以及与三语现象利益相关各方的观点和态度有过一个比较全面的了解。此研究力图做一些开拓性探索。

2. 文献综述

2.1 国外研究

从有关三语现象和三语教育的研究文献中,我们不难看出研究者们有一个共识:与单语者相比,双语者在学习第三种语言时通常都学得更好,在认知方面也更占有优势。塞诺兹(Cenoz)[②]通过实证研究表明,在英语学习上,双语学生(西班牙语与巴斯克语)比那些只会一种语言的西班牙学生能够习得更高的英语水平。贝克(Baker)[③]认为,卡明斯(Cummins)(1986,2000)的相互依存假说可以解释这一现象。相互依存假说认为学术语言水平中语音、句法和语用三方面的能力可在不同的语言内迁移。

[①] 本研究为2010年度国家哲学社会科学基金资助项目,项目名称为"云南跨境民族三语教育成效与外语教育规划研究",项目编号:10BYY030。在本调查中,香港教育学院 Bob Adamson 教授、英国 Bangor 大学 Anwei Feng 教授给予了大量的指导,曲靖师范学院外语学院朱宏华教授、王进军博士参加了部分调查工作,在此对他们的贡献表示感谢。

[②] Cenoz, J. and Jessner, U. (eds.) 2000. *English in Europe: The Acquisition of a Third Language*. Clevedon: Multilingual matters.

[③] Baker, C. 2006. *Foundations of Bilingualism and Bilingual Education*. Clevedon: Multilingual Matters.

2.2 国内研究

在中国刚刚兴起的三语教育研究文献中我们发现,支持多语者在语言学习上比单语者占优势的假设的研究结果寥寥无几,而许多专家和学者却认为实际情况恰恰相反。他们发现,少数民族学生在学习第三种语言时非但没有认知上的优势,反而遇到许多认知、文化和心理上的困难。因此,有人认为应该为少数民族学生制定特殊的政策,即在外语课程设置中降低水平要求。在阐述这一观点时,这些教育工作者似乎忽略了一个显而易见的后果,即一旦制定这些特殊的政策,因学校里一门越来越重要的课程被降低了标准,少数民族学生将难免发现自己在寻求教育和工作机会时会遇到更大的困难;他们也可能因此被进一步边缘化。

为研究该问题,冯安伟(Feng, A. W)[1]等对新疆、广西和四川的三个少数民族集聚区进行了实证和档案研究。他们的研究结果引起了人们的关注。首先,大多数少数民族学生在语言能力发展方面会遇到困难。因此,许多少数民族学生没能习得与他们年龄相符的民族母语和汉语。根据门槛理论(Threshold Theory),由于未能在这两种语言上达到与年龄相符的语言水平,这些学生就有可能受到双语现象负面的影响。这一理论在 Feng 和 Sunuodula 等人的研究中也得到证实。其次,有的少数民族集聚区已经通过增加英语课时的比重来响应教育部 2001 年颁布的英语课程设置标准,而有的地区却似乎只做表面文章,他们的重点依旧还是加强汉语的教学。在少数民族学生学习外语,尤其是英语学习动机方面,他们的实证研究也表明在研究文献与现实之间还存在着空白。

不难看出,亚当斯(Adamson)[2]等人的研究在深度、广度以及严密性方面还未尽如人意。他们研究的目的是想了解少数民族学生聚集的学校和大学或有少数民族学生的学校和大学对新课标有什么反应。但是,由于受实际情况的限制,他们选择的调查对象主要是大学里的学生和老师。其他与三语教育相关人员,如各级决策者,小学和初中的校长、教师、学生、学生家长等并未在调查对象之列。虽然 Adamson 和 Feng 等人的研

---

[1] Feng, A. W. and Sunuodula, M. 2009. *Analysing Language Education Policy for China's Minority Groups in its Entirety*. International Journal of Bilingual Education and Bilingualism, Vol. 12, No. 6, November 2009, pp. 685—704.

[2] Adamson, B. and Feng, A. W. 2009. *A Comparison of Trilingual Education Policies for Ethnic Minorities in China*. Compare: A Journal of Comparative and International Education, Volume 39, Issue 3 May, pp. 321—333.

究为三语现象和三语教育方面的研究带来了新的发现,但由于我国民族众多,国土辽阔,我们还需要开展全国性的调查研究才能对三语现象和三语教育情况有一个综观的了解。

2.3 研究问题

本研究旨在解决以下两个问题:

1) 在同一地区不同地方学校的课堂中,语言分配的语言类型学是什么样子的?

2) 少数民族教育利益者——学生怎样看待三语教育?

3. 研究方法

3.1 背景

云南省位于中国西南地区,是一个多民族省份,且与越南、老挝和缅甸接壤。除汉族外,云南省还居住着 25 个少数民族。据 2002 年的人口普查显示,这 25 个少数民族的总人口约为 1400 万,占全省总人口的 33.4%。大部分少数民族分布在边境地区或省内的山区,其中大部分地区是教育落后的高寒地区。

3.2 抽样

本研究始于 2009 年 9 月,涉及到中国西南地区云南省的四个少数民族地区,即昆明市、下关市、石林彝族自治县和师宗县。801 名来自于七所小学、初中和高中学校的学生参加了此次调研。

3.3 研究工具

研究工具由 Adamson 和 Feng[①](2009)设计的 3 个问卷组成,大部分含有一个"强烈反对"和一个"完全同意"的 5 级 Likert Scale 量表;问卷同时也包含一些开放式和封闭式问题。问卷内容主要与受试学生对语言和语言教育的看法有关。

3.4 数据处理

本研究的所有数据都用 SPSS 统计数据分析系统处理。

1) 频率用于测量开放式和封闭式指标的百分比。

2) 描述统计用于检测 Likert Scale 量表项目的平均值和标准差。

4. 结果和分析

4.1 学生的背景信息

从表 1A 和表 1B 可以看出,总共有 801 名学生参加了此次调研,其

---

① Adamson, B. and Feng, A. W. 2009. *A Comparison of Trilingual Education Policies for Ethnic Minorities in China*. Compare: A Journal of Comparative and International Education, Volume 39, Issue 3 May, pp. 321—333.

中 373 名为男生,428 名为女生。就样本而言,被调查人数最多的三个少数民族依次为白族(260)、彝族(142)和壮族(115)。这三个民族占被调查对象总人数的 64.6%。

表 1A 性别和族别

性别 总人数 801		族别 总族别数 13						
男	女	汉	白	彝	壮	回	哈尼	蒙古
373	428	238	260	142	115	22	4	3
46.6%	53.4%	29.7%	32.5%	17.7%	14.4%	2.7%	0.5%	0.4%

表 1B 性别和族别(接上表)

族别							
纳西	傈僳	傣	苗	拉祜	藏	阿昌	基诺
3	3	2	2	1	1	1	1
0.4%	0.4%	0.2%	0.2%	0.1%	0.1%	0.1%	0.1%

总的看来,在这 801 名受试对象中,405 名是高中学生,99 名是初中学生,189 名是小学生。

被调查的学校有七所,其中 2 所是小学(1 所在村寨里,1 所在镇上),1 所是镇上的初中,4 所是城里的高中。

在语言背景方面,表 2 表明,绝大多数的学生认为自己的汉语和少数民族母语"流利"或"可以",自己的英语"有限"(467),对其他语言要么知道的"有限",要么"根本就不知道"。

表 2 语言背景

语言	流利	可以	有限	根本就不知道	缺失
汉语	257	524	12	4(普通话)	4
百分比	32.1	65.5	1.5	0.5	0.5
少数民族语	520	116	79	58	28
百分比	64.9	14.5	9.9	7.2	3.5
英语	14	279	467	31	10
百分比	1.7	34.8	58.3	3.9	1.2
其他	12	63	290	278	158
百分比	1.5	7.9	36.2	34.7	19.7

4.2 学生对学校三语现象和三语教育现状的看法

1) 你所在的学校用少数民族语讲授所有课程吗?

表 3

		频率	百分比	有效百分比	累积百分比
有效	是	85	10.6	10.6	10.6
	否	714	89.1	89.4	100.0
	总数	799	99.8	100.0	
	缺失	2	0.2		
总数		801	100.0		

在表 3 中,有 10.6% 的学生称所在学校用少数民族语讲授一些课程。但是,据 Feng Anwei、Adamson、王进军和朱宏华在两所小学的实际听课情况来看,少数民族教师只是偶尔使用少数民族语来解释用汉语解释不清楚的课文内容。另外,课题组在三所中学进行实地调研时发现,在初中和高中课堂上并没有教师使用少数民族语来讲授课文。

2) 你认为所在学校重视少数民族学生的民族语和文化吗?

表 4

		频率	百分比	有效百分比	累积百分比
有效	是	418	52.2	52.7	52.7
	否	375	46.8	47.3	100.0
	总数	793	99.0	100.0	
	缺失	8	1.0		
总数		801	100.0		

表 4 显示,52.2% 的学生认为所在学校非常重视和珍视他们自己的少数民族语和文化,但是有 46.8% 的学生却不这样认为。

3) 你是否认为所在学校在对待少数民族学生和汉族学生上没有区别?

表 5

		频率	百分比	有效百分比	累积百分比
有效	是	732	91.4	91.6	91.6
	否	67	8.4	8.4	100.0
	总数	799	99.8	100.0	
	缺失	2	0.2		
总数		801	100.0		

如表 5 所示,91.4% 的学生认为他们与汉族学生一样,享受到了同等的语言政策待遇。

4) 你是否认为所在的学校对少数民族语、汉语和英语都很重视?

表 6

		频率	百分比	有效百分比	累积百分比
有效	是	628	78.4	79.4	79.4
	否	163	20.3	20.6	100.0
	总数	791	98.8	100.0	
	缺失	10	1.2		
总数		801	100.0		

如表6所示,78.4%的学生赞同所在学校对少数民族语、汉语和英语都给予足够的重视这一说法。但仍有20.3%的学生"不赞成"这一说法。

4.3 学生对语言和语言教育的看法

在学生对语言和语言教育的看法方面,学生给项目6的分数最高(平均值4.51),也就是说学校需要配置更多的教学设备。其他得分较高的依次是项目2与项目3,它们各为4.10和4.35,这意味着大多数学生认为自己的汉语和英语水平有待于进一步提高和改善。据此推断,他们对自己的学习环境并不满意。项目7得到第四多的分数(4.01),这意味着被调查对象更喜欢在多民族共同学习的学校里学习,而不是那些只有民族学生的学校。学生给项目10的分数最少,为1.85,第二少的和第三少的依次为项目9(2.28)和项目5(2.54)。这些数据表明,与汉族同学一样,被调查对象在学校要求的英语课程学习中有很强的民族身份认同和自信心。另外,被调查对象认为在校少数民族教师人数(项目4,3.22)比汉族教师(项目5,2.54)人数多有着重要的意义。被调查对象还认为学校应加强推广民族母语的教学(项目1,3.47)。

表 7 学生对语言教育的看法

问卷项目	人数	最小值	最大值	平均值	标准差
1. 自己所在的学校应更多地推广少数民族语言的教学。	794	1	5	3.47	.988
2. 自己所在学校应进一步加强汉语的教学。	790	1	5	4.10	.869
3. 自己所在的学校应进一步完善英语的教学。	788	1	5	4.35	.858
4. 自己所在学校应招聘更多的少数民族教师,因为这些教师能更好地了解少数民族学生。	789	1	5	3.22	.981

续表

问卷项目	人数	最小值	最大值	平均值	标准差
5. 自己所在学校应招聘更多的汉族教师,因为这些教师比少数民族教师更优秀。	790	1	5	2.54	1.232
6. 自己所在学校应该配备更多的计算机和语音室。	791	1	5	4.51	.784
7. 为了让少数民族学生更好地融合相处,应该多开办具有多民族学生共同就读的学校。	790	1	5	4.01	.927
8. 即使在同一个学校,汉族学生和少数民族学生应该有不同的课程大纲,因为他们的学习能力不一样。	792	1	5	2.28	1.207
9. 少数民族学生应该首先懂得自己本民族的语言,然后才是汉语和英语。	792	1	5	3.12	1.205
10. 少数民族学生不能像汉族学生那样学习英语,因此英语应该从他们的课程当中取消。	788	1	5	1.85	1.182

4.4 少数民族学生对三语教育的看法

表8表明,少数民族学生给项目4和项目6的分很高(4.32,4.18)。这意味着他们认为他们能像汉族学生那样学好英语,还能把自己的母语、汉语和英语三种语言都学好。另外,少数民族学生给项目1和2的分数很低(3.88,1.66)。这表明他们认为自己的少数民族语言很有用且很有价值,认为他们可以把它掌握好。

表8 学生对少数民族语言学习的看法

问卷项目	人数	最小值	最大值	平均值	标准差
1. 我喜欢自己的少数民族语言,并且希望把它学好。	638	1	5	3.88	.949
2. 我对自己少数民族语言并不在意,因为它在未来没有用处。	637	1	5	1.66	.854
3. 我的父母希望我学习自己的民族语言和汉语。	637	1	5	3.70	1.034
4. 我认为英语重要。我们应该也可以像汉族学生那样将它学好。	636	1	5	4.32	.892

续表

问卷项目	人数	最小值	最大值	平均值	标准差
5. 我认为汉语最重要。我们应该只注重汉语学习。	634	1	5	3.07	1.018
6. 我认为能把自己的母语、汉语和英语三种语言都学好。	635	1	5	4.18	.922

5. 结论

本研究通过问卷的形式对云南少数民族地区的学生展开调查,调查的内容主要涉及三语利益攸关各方的语言背景,对所在学校的了解和对语言与语言教学的看法这三个方面。在对相关数据进行分析和处理后,我们得到的结论如下:

在语言背景方面,绝大多数的学生认为自己的汉语和少数民族母语"流利"或"可以",自己的英语"有限",对其他语言要么知道的"有限",要么"根本就不知道"。

在对学校的了解上,绝大多数被调查的学生认为学校里所有的课程都是用汉语教授的,因为除了在英语课堂上英语老师用英语作为上课媒介外,所有其他的学科都是用汉语教授的。82%的被调查的学生认为学校并未专门为少数民族学生开设英语课,而他们是与汉族学生一起学习英语的。超过一半的学生认为所在学校非常重视和珍视他们自己的少数民族语和文化。大部分的学生认为他们与汉族学生一样,享受到了同等的待遇。78.4%的学生认为所在学校对少数民族语、汉语和英语都给予足够的重视。18%的被调查的教师称自己偶尔在课堂上会用少数民族母语解释比较难懂的课文内容,这有助于少数民族学生更好地理解课文。

在有关语言和语言教学的看法上,被调查的学生认为学校需要更多的教学设备,都更喜欢多民族共同就读的学校。另外,他们都认为与汉族学生一样,少数民族学生在学校要求的英语课程学习中有很强的民族身份认同和自信心。大多数的学生认为自己的汉语和英语水平有待于进一步的提高和改善,他们对自己的学习环境并不满意;认为自己的少数民族语言很有用且很有价值,相信能像汉族学生那样不仅能学好英语,还能把自己的母语和汉语学好。学生赞同语言同化行不通,但更多的双语/三语教育是可行的,说明我们应提倡双语/三语教育,而不是同化。被调查的学生认为所在学校聘用的少数民族教师人数应多于汉族教师人数,所在学校应在用少数民族语进行教学方面加大推广力度。

(作者单位:云南师范大学)

外语与国家发展

国家安全视域的中国外语规划[①]

赵蓉晖

1. 新时期国家安全需求与外语规划的目标

语言是人类最重要的交际工具和最重要的思维载体,也是维护生存和发展的有力武器。在经济全球化时代,国家间交往的机会大大增加,相互依存度逐渐提高,国家安全环境变得更加复杂。同时,中国的国际地位不断上升,国际角色发生了重大变化,正在由"本土型国家"转变为"国际型国家",中国公民的国际活动空间扩大,国家利益内容增加,国际话语权问题凸现,国内语言生活的国际化程度也在不断提高,各类安全隐患则随之增加。外语在国家安全结构中的地位因此变得日益重要。因此,中国的外语规划当如何适应新世纪维护国家安全的需要,如何制定科学的外语战略,就成为亟待解决的问题。

新中国成立 60 年以来,我国的国家安全观已经从最初以"反侵略、反颠覆"为核心的传统安全观,发展到目前涵盖政治、经济、国防、信息、文化、能源和粮食等战略物资安全的全方位的"大安全观"。作为国际地位日渐提高、实力不断增长的发展中大国,维护国家统一、维护社会主义制度、维护国家经济科技发展的安全,是由我国国情决定的基本安全需求[②]。这种大安全观和国家安全的基本需求给外语规划提出了明确的目标——中国的外语发展应满足国家现代化建设的需要,服务于维护国家统一和社会稳定的大局,为中国创造良好的国际环境提供语言支撑。外语应成为维护中国国家安全利益的有力手段。

当前,外语已直接关系到我国社会生活的许多方面,在国家现代化和走向世界的进程中、在国家安全体系中具有重要的、不可替代的作用。在当前和可以预测的将来,我国的外语需求逐渐增大,需求内容和应用形式将更加多样,这给新形势下的外语规划提出了诸多挑战。外语规划的内

---

① 本文为国家语言文字应用"十一五"科研项目重点项目"国家外语发展战略研究"(项目编号:ZD115-01)的阶段性成果,同时受上海外国语大学重大科研项目基金及 211 工程三期项目基金资助。

② 杨毅:《国家安全战略理论》,时事出版社,2008 年。

容很丰富,具体包括外语的地位规划、管理机制规划、语种规划、翻译规划、教育规划、外语生活规划等等。本文讨论与国家安全关系最为密切、当前关注和争议最多的三个方面。

2. 外语地位规划

近年来有不少关于外语的争论,已成为我国语言生活中的不和谐音符。这些争论大都涉及到如何看待外语在中国的地位,暴露出一些值得深思的问题。

2.1 关于中国人学习外语的必要性

中国人掌握外语的必要性,绝不是由单纯的经济或文化因素决定的,而是历史的经验和教训带来的深刻认识。汉唐以来的两大盛世,都是在中西文化交流频繁的背景下出现的,当时的国人对外语、外国文化都抱有宽容与接受的心态。俄国的彼得大帝改革和日本的明治维新也同样是以学习西方语言文化为基础开展的。而鸦片战争前的清朝夜郎自大,自诩"天朝文明",非"夷狄之邦"所能比拟,其闭关锁国、盲目排外的政策使中国错失了了解世界、及时变革的历史机遇。据史料记载,1793年英国特使团访华之后,英国人就开始着力培养精通汉语的人才,他们最终在中英战争和后续的外交谈判中为英国赢得了巨大的利益,而清廷却因缺少合格的外语翻译而损失了大量信息,以致错失了战机[①]。清政府对外语的使用起初依靠那些会讲中国语言的外国神甫和商人,但这些外国人往往本着袒护本国的初衷蒙蔽中国人,直到泄密、隐瞒、误传等恶性事件不断发生之后,清政府才痛下决心培养自己的外语人才,京师同文馆等外语教学机构正是在这一背景下建立的[②]。

在新中国的发展史上,外语的发展也和国家的命运息息相关,今天更显现出了重要的政治、经济、军事和文化价值。如果国人不具备足够的外语能力,无疑将失去面向国际社会的耳朵和嘴巴,将无法真正理解和利用国际规则,更无法维护全球化浪潮冲击下的国家安全,无法争取国际社会的话语权。不少发达国家都在纷纷制定外语战略计划,提升公民的外语能力,以提高国家的综合竞争力、维护国家安全。甚至连美、英这样的英语国家和法国这样倡导"法语至上"的国家都意识到了外语的重要性而积极采取了行动[③]。当前一些人试图否定外语的重要性,或是因为没有看到外语在国家发展和安全稳定中的重要价值,或是过度夸大了目前存在

---

① 牛道生:《英语与中国》,中国社会科学出版社,2008年。
② 季压西、陈伟民:《从"同文三馆"起步》,学苑出版社,2007年。
③ 上海外国语大学中国外语战略研究中心:《外语战略动态》,2009年1—4期。

的问题和不足,都是战略短视的表现。

2.2 关于外语和中国语言的关系

国家语委副主任李宇明在回顾新中国语言文字工作时指出,母语和外语的矛盾是当前需要解决的 5 个问题之一[①]。目前的确有人担心外语会挤占本国语言的空间,威胁母语的生存安全,甚至呼吁采取各种措施限制外语的学习和使用。因此,我们探讨外语的地位,必须面对中外语言关系问题。

首先,我们必须清楚地意识到,中国各民族语言是中国语言资源体系不可动摇的主体,对这些语言的保护和开发构成了我国语言规划的基本任务。出于各种需要而学习和使用的外语应当被看做是我国语言资源中的特殊部分,是一种副资源[②]。外语在我国的存在和发展首先取决于其应用价值,取决于我国的实际需要和人为的语言政策、教育规划,这一点和本国语言的自然生存环境与代际传承方式有本质的不同。外语阶段性的快速发展和在有限领域内被强调,是由现实需求和外语的实用价值共同决定的。上世纪 50—60 年代俄语在我国从盛极一时到急速衰落,近年来"小语种"的走俏,体现的正是这种规律。因此,外语不可能从根本上改变其在我国语言资源体系中的"配角"地位。当前强调外语的重要,只是为了提高"弱者"地位的手段,反而说明了人为因素对其发展的决定性影响。

其次,从语言学角度看,任何语言都不可能"自给自足",语言接触是语言丰富和发展的必要途径。历史上汉语曾从梵语、日语、俄语、英语等外国语言中借用了大量词汇,现代汉语的语法甚至也因此发生了一些变化[③]。据统计,中国今天使用的社会和人文科学的术语有 70% 来自于日语,科技方面的词汇则大多借自英语。没有语言接触带来的"新鲜血液",汉语不可能及时跟上时代变化,不可能这样充满活力。近年来有人认为,"GDP、B 超、VIP 卡"之类的现象是外语(英语)"污染"汉语的表现,如果能从语言发展规律着眼,不妨把它看做是汉语词汇借用的新现象,是近年来汉外语言频繁接触和外语教育普及带来的结果。

2.3 关于外语在个人能力评价体系中的作用

社会上对外语频频"发难"的另一个重要原因,是外语在个人能力评

---

① 李宇明,段晴:"多元文明碰撞中语言的流变、认同与保护",《中华读书报》,2007 年 9 月 19 日。
② 陈章太:"我国的语言资源",《郑州大学学报(哲学社会科学版)》,2008 年第 1 期。
③ 贺阳:《现代汉语欧化语法现象研究》,商务印书馆,2008 年。

价体系中权重过大,特别是职称评定和招生就业等领域,外语成绩常常拥有"一票否决"的特权,这已不是单纯的语言问题。在我国历史上,外语好的人往往能获得较高的收入和社会评价。因此在社会认同中,外语能力经常和高素质、高收入、高地位联系在一起。例如早在明朝永乐年间,精通外国语言就已经成为人们进入仕途的捷径[①];改革开放之初,由于外语人才是四化建设急需的稀缺资源,"外语好"一度成为评判个人能力的重要指标。20世纪80年代颁布的一些政府文件中,就曾明确规定对外语人才的使用和待遇要给予特别照顾。当今中国快速融入世界的进程对外语的需求进一步提升了它的使用价值,国人对外部世界的关注和认同提升了它的文化价值。各类对外语能力的规定和要求,是社会心理和实际需求这两种因素共同作用在政策层面上的结果,而当前者的影响因子大大超过后者时,就不免引发矛盾,成为社会稳定的隐患。这也正是科学的外语规划缺失的表现之一。

综上所述,外语是我国全面发展和维护国家安全不可缺少的一种重要战略资源,外语和中国语言应是中国语言资源体系的有机组成部分,外语不仅不可能撼动中国语言的主体地位,而且应当为我国语言的丰富和发展提供养分和支撑。外语的科学规划事关国家安全大局,它不仅要为国家走向世界的目标服务,同时也关系到国内语言生活的和谐与社会稳定。

3. 外语语种规划

全世界的语言总数超过6千,我国应选择哪些语言来学习和使用,从国家安全角度看,又有哪些语言具有特别的价值,这些都是外语语种规划的基本课题。

3.1 语种规模问题

从历史发展看,我国的外语语种数量总体呈上升趋势。以外语教育情况为例,19世纪下半叶清朝时期的外语学堂教授5种语言,20世纪上半叶的国民党时期增加至7种,1964年新中国的外语院系教授36种语言,1984年下降到34种,2008年发展到46种,2009年已经有54种之多。据统计,截止到2009年底,我国已经设课教授的54种外语中,有欧洲语言25种、亚洲语言26种、非洲语言2种、人工语言1种(世界语);国际广播电台共使用59种播音语言(含方言);网站语言已达59种;翻译公司通常能提供20—30种语言的服务,个别虽然号称可提供100种语言的笔译

[①] 付克:《中国外语教育史》,上海外语教育出版社,1986年。

服务,但实际上很难做到。

我国现有的语种规模还不够理想,与发达国家尚有不小的差距。例如美国可教授的语种有 153 个,仅哈佛大学一家就能为学生提供 70 多种外语的课程(www.harvard.edu);美国国家安全局专门建立了涵盖 500 多种外国语言(含方言)的资料库,并能对这些语言进行基本的语音识别和必要的培训(www.nsa.gov)。相比之下,我国开设语种最多的北京外国语大学目前还只教授 43 种语言,其他院校均不超过 30 种。依据现有情况推断,军队、国家安全等特殊领域内能够使用的语言不会超过 60 种。一些重要的语言变体,例如英语的国别变体(特别是印度英语)、重要国家语言的重要方言、边境地区主要的外语方言等,几乎连基本的研究和描述都没有。

从一定意义上讲,一个国家所掌握的外语语种总量可代表该国获取外部信息的能力和国际战略空间范围。中国作为一个世界大国,应该有与其地位相匹配的情报能力和跨文化沟通能力,这一点在"软实力"的作用越来越重要的当代世界显得特别重要。从现有的语种和国家全面发展的需要来看,欧盟、拉美、非洲、南亚、南海国家的语言人才应优先培养,对世界语言状况的知识储备应尽快扩大。

3.2 语种结构问题

近些年来,我国的就业、教育等领域出现了一股持续升温的"小语种热",引起了多方关注。所谓"小语种",是指国际交往中通用程度较小的语言,一般指非英语语种。外语界则用"非通用语种"来指代英、俄、德、法、西、日、阿语之外的其他所有语种。本文采用前一种理解。"小语种"这个称谓本身和"小语种热"的出现说明,当前我国外语语种规划的问题不仅出在语种数量方面,还有严重的结构性矛盾。

根据 1999～2001 年进行的"中国语言文字使用情况调查"的统计数据,当时具有初中文化且学过外语的人口中,学习的主要语种和所占比重分别是:英语 93.8%、俄语 7.07%、日语 2.54%、法语 0.29%、阿拉伯语 0.13%、德语 0.13%、西班牙语 0.05%、其他 0.16%(这个统计应包括了多语情况)[①]。目前的问题在于:第一,学习的语言集中在国际交往中使用范围广泛的通用语种上;第二,在通用语种中英语又占了绝对优势,在教育体系的一些层面甚至出现了英语唯一化的局面。当中国政府为了政治和经济安全的需要加强了同欧盟、拉美、东盟、非洲的关系之后,非英语

[①] 《中国语言文字使用情况调查资料》,语文出版社,2006。

国家的重要性日益凸显,英语之外的语言需求大大增加,而外语人口结构中语种失衡的问题立刻在多个领域显露出来,造成了延续到今天的"小语种"人才荒。

外语语种结构的失衡还表现在语种分布上。首先,我国幅员辽阔,邻国众多,省市间的经济发展水平、经济结构、历史传统、地缘安全特点等差别很大,对外语的需求也很不相同。例如,在毗邻俄罗斯的黑龙江和地处中亚的新疆,俄语需求十分旺盛;与日本、韩国隔海相望的辽宁、山东、天津,日语和朝鲜语是比较热门的语言;广西身处中国—东盟自由贸易区,特别需要东盟国家的语言人才。其次,行业的语种需求也不尽相同,例如国际组织的工作人员一般要通英语和法语,国际贸易中英语是最常用的工作语言,航空航天业用英语、俄语多,精密机器制造业用德语多,艺术行业有法语、意大利语的需求,研究佛教的要懂梵语,伊斯兰教离不开阿拉伯语,搞西方哲学的必须学习古希腊语、拉丁语,云南边境缉毒要懂缅语、越语、老挝语等等。如果忽视语种需求的不均衡性,按照一个模式发展外语,肯定会出问题。

目前,我国的高考、考研中基本只考通用语种,高考中非英语考生择校范围极其有限,社会外语水平考试的语种也很有限,"小语种"的教育规模小、连续性不够,这些都不利于改善我国外语的语种结构。

3.3 跨境语言问题

外语语种规划方面很少有人提及的一个重要问题是,跨境语言的学习和掌握尚未引起足够的重视,而这可能会给我国的周边安全和社会稳定带来极大隐患。

我国是世界上拥有邻国最多的国家,有周边国家近 30 个,直接接壤的国家 14 个。而邻国越多,国家周边安全的不稳定性就越大,安全隐患就越多。当前困扰世界许多国家和地区的安全问题中,相当一部分是与跨界民族有关的,波黑内战、科索沃战争、非洲种族冲突、西亚库尔德人问题、俄格战争等等都是如此。因此,对跨界民族和他们的语言都应予以特别关注,跨境语言应成为国家安全视域中外语规划的一个特殊方面。

所谓"跨境语言"是指,当一些民族因历史的变迁跨国而居,成为跨界民族后,他们的语言就成为跨境语言。我国跨界民族的具体情况是:在东北方向,我国与朝、俄、蒙三国之间有 5 个跨界民族;在西北方向,与蒙、俄、哈萨克斯坦、塔吉克斯坦、阿富汗、巴基斯坦和印度之间有 8 个跨界民族;在西南方向,与阿富汗、印度、尼泊尔、锡金、不丹之间有 4 个跨界民族;在东南方向,与缅甸、老挝、越南之间有十几个跨界民族。跨界民族和跨境语言的总数超过了 30 个。由于跨境语言的特殊性，我国的外语规划几乎从不关注它们，目前进入我国外语教育体系的只有俄语、朝鲜语、泰语(傣语)、蒙古语、越语(京语)这 5 种语言，而绝大部分跨境语言的教育都局限在民族教育系统，且数量有限，人才结构不甚合理，远远不能适应当前国家安全形势的需要。

我国的跨界民族多居住在边境地区，且与境外同一民族有着各种密切联系。他们与国家安全的关系具有明显的双重性：一方面，他们是对外交流的重要渠道，是巩固国防的天然屏障和重要力量；另一方面，又是境外反华势力实行分化和渗透的重灾区，极易产生各种安全隐患。以美国为首的西方国家推行新干涉主义，借民族、宗教问题干涉别国内政，跨界民族往往是他们拉拢的对象。冷战结束后，民族扩张主义与泛民族主义已成为破坏世界稳定的重要原因。泛伊斯兰主义、泛突厥主义、"三蒙统一"思潮、"藏独"思想等都在我国边疆地区产生了程度不同的影响。此外，我西北、西南边境毒品走私犯罪猖獗，西南边境政治渗透和情报活动频繁。当这些不稳定因素和跨境语言结合在一起，形成了一个个拥有语言屏障的势力范围圈时，就会给国家的安全和稳定带来极大威胁。因此，必须制定政策措施，研究和学习跨境语言，及时培养出安全可靠的跨境语言人才，为国家安全提供军事、情报、公安等领域的特殊服务。如果能通过学习非本民族语言而达到相互的沟通和理解，对国家安全而言更是一大幸事。

除上述内容外，外语语种规划还需进一步深化、细化。例如，在军事、反谍报、公安等特殊领域，经常遇到方言识别问题，对领域语言的精确把握也很重要。我们调查过的一些人反映，在学校学到的标准音到了工作岗位几乎派不上用场，因为现实中的人说起话来是南腔北调的。美国高级语言研究中心(CASL)专门设置了一些研究"关键语言"方言和行业语言的项目，美国国家安全局的语言数据库也收集了一些重要语言的方言资料，这种做法值得我们学习和借鉴。

4. 外语教育规划

在我国，外语教育是实施外语发展战略最重要的途径和手段，这也是近年来受人关注和争议最多的领域之一。在纪念改革开放政策实施 30 周年和建国 60 周年之际，外语界对中国外语发展的历史和经验进行了系统的回顾与总结[①]，本文仅从国家安全角度谈谈外语教育中的两个问题。

---

① 戴炜栋，胡文仲主编：《新中国成立 60 周年外语教育发展研究丛书》，上海外语教育出版社，2009。

4.1 外语教育的指导思想

从不同历史阶段的发展情况来看,我国实施外语教育的指导思想,改革开放前偏重于政治需要,近 30 年来则以经济发展为指针,主要依靠市场调节,而维护国家安全的意识普遍比较淡漠,导致的直接结果就是前面谈到的外语语种规模、结构不合理等现象。目前的情况基本是,什么语言、专业的就业形势好,就必然引来众多追随者,而国家安全必须的偏门语种和专业则应者寥寥。如果从维护国家安全利益的角度出发,外语教育规划不能一味地迎合市场需要,而必须依靠一定的行政手段和政策调控。这就要求有目的地培养和储存一批具有安全战略价值的语种的教师,给这些语言的学习者设计合理的课程,适当地提供经济补助和就业上的扶持等等。自 1997 年 7 月起,教育部率先在 4 所部属院校发放"小语种特殊津贴",2001 年起建立了 8 个非通用语种本科人才培养基地。这些措施在维护战略语种人才储备方面发挥了积极的作用。在语种的地区分布上,应照顾到各地安全形势的具体需要予以适当的政策调整,例如把周边国家语言纳入高考、考研、职称、晋升考试的科目中等等。

4.2 外语教育与现实的关系

外语教育和研究应特别关注语言和现实的关系。中国人学习外语的根本目的在于使用,外语教育应始终把满足现实的需要作为最高目标。按照这个原则,与使用息息相关的一系列问题大都应在教育过程中得到解决,这就要求相关的研究必须及时跟上。这些问题涉及语言与文化、语言与交际、语言的社会变体和地域变体、不同领域内的语言特点等等。只有把这些研究成果及时地运用到教学中去,外语教学的实际效果才可能得到保证。而目前的问题是,外语教育(特别是高等院校)的设计和评价标准偏重学术化,现实的考量非常缺乏。其中的一个重要原因就是大部分教师的生活工作经历都局限在校园内,缺乏语言实际应用的经验和感受。2007 年的上海特奥会、2008 年的北京奥运会期间,很多外语学院的学生都停课参加了志愿服务,而教师却大多利用这些时间休假、旅行、写论文,没有把参与这些活动当成了解语言使用情况的良机。

国外的一些经验非常值得我们借鉴,例如,俄罗斯军事院校要求教师必须利用寒暑假时间到本专业的工作一线去实习、走访,以便了解知识的实际应用情况,改进教学。近年来,外语教育费时低效的问题屡受诟病,一个重要的原因恐怕就在于教学和应用的严重脱节。这一问题在国家安全领域内尤显严重。笔者曾访问过一些边防部队和公共安全系统的外语工作人员,他们对学校教育最大的不满就在于学用脱节,工作岗位上必备的领域语言知识、语言地域和社会变体的知识等,几乎全部依靠老同志在实践中积累的经验。近些年来,越来越多的中国公民到海外发展,但由于语言文化和交际知识的缺乏,屡屡发生触犯所在国文化禁忌的现象,导致绑架、伤害案件不断,直接威胁到我国公民的人身安全和我国的海外利益安全。这些都应当引起外语教育规划者的关注。

5. 结束语

根据最新的报道,中国各省区经济对外贸易的依赖度平均已达60%(中国之声广播电台,2010/1/26),中国融入世界的进程不可阻挡。在我国的经济安全、政治安全、科技安全、文化安全、信息安全、社会安全等方面,国际因素在不断增加,外语的作用日益凸显。因此,外语规划必须紧扣国家安全这个主题,成为维护国家安全利益的有力武器。

(作者单位:上海外国语大学)

从国家军事安全的视角看我国的外语教育

韦慧华

1. 外语对于国家军事安全的意义

国家安全是经济安全、军事安全、政治安全、信息安全以及环境安全等诸多方面的有机统一,在经济全球化的今天,虽然国与国之间的相互联系和相互依赖不断加强,但面对始终存在战争危险的世界,没有哪个国家敢于放弃军事安全的考虑。谈到国家安全问题必然首先想到军事问题,其次是外交问题。因此,军事安全仍然是国家安全的支柱,是一个国家生存和发展的根本保障,也是最低要求。

随着国家战略的调整,军队既要能够通过特定的作战行动维护国家主权和领土完整,又要能够通过非战争军事行动来维护国家安全和发展利益。现代军人将会越来越多地走出国门,履行保卫国家军事安全和利益的使命任务。可以说,"关起门来搞军事建设的时代已经一去不复返了"[1]。在我国军队走向世界的步伐不断加快之时,外语对于国家军事安全的作用也受到越来越多的关注。从维和行动、联合军演、人道救援、反恐斗争、到外军研究以及军事外宣等,外语已成为我军履新的历史使命、遂行多样化军事使命任务的重要工具,成为展示我军良好形象和素质的重要媒介。可以说,外语能力是我军新型军事人才所必须具备的一项基本能力。在现代高技术战争中,外语能力已成为军队战斗力的重要组成部分。

1.1 外语是获取军事情报的重要工具

随着通讯技术的发展,军事情报的积累和占有,往往是取得战争主动权的关键。在战争实施过程中,大到战略情报的获取、心理战的宣传、多国部队的协调指挥,小到前线情报的获取,外语的作用显得直接和紧要。现代高技术战争虽然可以通过高科技手段打破时空障碍获得军事情报,但是语言是获取信息情报的最后一道屏障,只有打破语言屏障,通过高科技手段所获取的情报才会变得有价值。在海湾战争中,美国情报机构因

---

[1] 彭光谦:"国家安全战略指导重心与对外关系战略基点的转变",《世界经济与政治》,2006年第8期。

缺乏懂阿拉伯语的人员而使情报达不到应有的效率。2001年9月10日,美国国家安全局监听到了"基地"组织成员暗示袭击的言论,其中包括"明天是发动进攻时刻",但由于当时美国政府部门懂阿拉伯语的人存在很大缺口,这盘录音带直到9·11事件之后才被翻译出来。有鉴于此,提高新型军事人才掌握第一手情报信息的外语能力十分重要。

1.2 外语是跟踪世界军事科技发展的重要工具

英语是世界上使用范围最广的语言,也是军事方面使用最广的语言。据统计,世界上80%以上的科技文献是以英语为载体的,世界军火市场销售的军火78%有英文说明,世界上60%左右的军事书刊是用英语出版的。英语中大约有500个单词与战争关系密切,1000个左右的单词源于战争。如果能够克服语言障碍直接进入专业领域,就能够及时有效地跟踪和吸收世界军事科技的最新成果,直接、全面、快捷地了解新装备,驾驭新装备,从而使这些新技术和新装备转化为实际战斗力。

1.3 外语是对外军事交流与合作的重要工具

军事合作与交流已经成为国家外交的一个重要方面。近年来,我军的对外开放与国际交流也不断扩大,并呈现不断深化的趋势。我军不仅积极地参与联合国的维和行动,对外派出了联合国观察员和维和部队,还组织和参加了多次联合军事演习,为索马里海域过往船只提供护航也逐渐常态化,全方位、多层次、宽领域的军事外交新格局已经形成。截至2008年6月下旬,中国共参加了18项维和行动,派遣维和人员10000余人次。到目前为止,我国共向索马里海域派出七批护航编队,我国海军先后派出30多支舰艇编队共40多艘军舰,出访了五大洲的30多个国家。外语尤其是英语在军队的对外交流与合作中发挥着越来越重要的作用。

1.4 外语是研究外军战略思想和战术手段的重要途径

外语不仅能够帮助我们获得军事情报信息,还能够帮助我们更加直接快捷和客观地了解外军,学习和研究外军的作战思想、战略战术特点和作战指挥体系的建设,有的放矢地制定合作方略和攻防之策。同时,外语还可以帮助我们了解外军的战争态度、战场心理、战后心态以及战争对于社会、政治和文化等多方面的影响,从而更为全面深入地了解外军概况;探求战争与政治、经济、文化等多方面的关系问题,从而研究、解释纯军事领域无法解释的现象,获得军事事务新的观察点。外语还能够帮助我们更好地学习外军的管理方法,学习和借鉴外军变革的有益经验和成果,提高军队的建设层次和起点。

2. 外语资源与国家军事安全需求不相匹配的矛盾及其原因

然而,随着对外军事交流与合作的不断增多,以及先进武器装备陆续装备部队,我军官兵外语能力的不足和现实需要不断增长的矛盾却日益凸显。2006年,在一次中外联合军演中,由于参演官兵外语能力的不足,竟动用翻译人员数百人,极大地影响了作战效能。某空军代表团出国考察时候参观某外国空军基地,尽管外方工作人员对先进战机的性能和战法进行了详细介绍,然而,由于代表团成员大多数不懂英语,只能跟在一旁看热闹。李洪乾①曾对中国军事维和人员的外语能力进行了调查,发现在我派出的维和人员中,67%以上的维和军官在参与军事会议方面有较大语言障碍,75%以上的受访的外国军官认为我维和军官的口语交际能力尚可,但仅停留在日常生活交流层面,50%以上的维和参谋军官在英语输出方面有很大困难,具体表现在军事会议上无法顺利交流,难以把握外军发言要点,不能准确阐述自己的观点,难以胜任各种公文写作。因此,在司令部工作的我维和参谋军官大多在语言上困难重重,导致工作的开展举步维艰。联合国负责维和事务的官员说,"英语不熟练已成为妨碍中国维和部队在海外执行任务的主要因素之一。"①2010年初,笔者赴海军作战部队调研,与部队的军官进行了座谈,同时开展了问卷调查。在所调查的军官中98%以上通过了大学英语四级或六级,他们的毕业时间大多集中在1998—2007年之间,但是他们中有85%的人对自己目前的英语水平不满意,82%的人对自己能否用英语进行专业层面的交流没有自信心。在座谈中,他们向笔者讲述了许多在执行任务的过程中亲身经历的因为外语水平的欠缺导致不得不推迟军事行动,甚至因为语言沟通不畅引起误会从而导致局势紧张差点引发军事冲突的事例。一位曾参加索马里护航的军官在问卷调查中这样写道,"护航期间经常遇到与外国军舰与商船联络的情况,有时只是些简单的对话都非常困难,所以交流时都得用翻译,这与我们(海军)国际性军种的身份及不相称"。

我军官兵外语能力的不足和现实需要不断增长的矛盾,笔者认为主要有以下几个方面的原因。

2.1 对于外语于国家军事安全的意义认识尚不足

近十多年,我国外语教育受到前所未有的重视,原国务院副总理李岚清以及原教育部副部长吴启迪等都曾对英语教育的重要性发表重要的讲话,外语教育已被提升到民族振兴、提升国家的国际竞争力的高度来认识。外语对于国家军事安全的重要性虽也在一定的层面引起了重视,但到目前为止,外语于国家军事安全的意义还没有引起国家或军队

---

① 李洪乾:"中国军事维和人员外语技能培养现状及其途径研究——以UNIFIL为例",《高等教育研究学报》,2009年第6期。

高层的重视,具体体现在:国家或军队还没有一部法律法规明确外语对于国家军事安全的作用,国家军事安全的目标也没有被纳入国家的外语教育规划之中,还没有符合国家军事安全需要的外语教育政策。1995 年颁布的《教育法》,1997 年颁布的《国防法》和 2001 年颁布的《国防教育法》中,均未体现出国防教育和国防观念中"外语学习与国家安全"的意识。《国防教育法》全部 6 章 38 条都没有提及外语教学与国家军事安全的作用。

相比之下,美国外语教育政策都是以国家安全为取向的,是美国所处形势的战略性回应,体现了以国家安全为出发点的特征。特别是在经历了 9·11 事件以及伊拉克战争的惨痛教训之后,美国政府意识到,外语与地区性知识与先进的武器装备同样重要,是一种"关键的战斗力"。2005 年 1 月美国国防部出台了《国防语言转型路线图》,明确提出了未来军事外语能力建设的主要指标。同年,美国国防部还发表了"国家外语能力行动倡议"白皮书,以适应"国家外语和文化能力的迫切要求"。2006 年美国政府发布了以国家安全为直接目标的语言政策——《国家安全语言启动计划》(NSLI)。美国总统布什率国务卿、国防部长、国家情报局局长、教育部部长等政要出席了这项计划的启动仪式。在启动仪式上,布什明确表示他的出场是为了表示对"国家安全语言计划"的"坚定支持",其重视程度可见一斑。

笔者认为,造成这种认识不足的原因,一是由于我国长期处于和平环境,和平环境容易让人缺乏危机意识,对于未来现代战争对我军官兵的外语能力有什么要求这一问题也缺乏深入研究和前瞻性的思考,因此,外语在军事斗争准备中的重要作用没有得到足够的重视。其次是目前我国在外语于国家军事安全的意义的研究大多停留在一般性的理论探讨,对外语可能对国家军事安全产生的影响缺乏深入研究,对我国军队究竟哪些岗位真正需要具有外语素质的军事人才,以及这些不同的岗位分别需要怎样的外语素质缺乏广泛而深入的调查,以至于难以形成对军事安全外语需求的科学判断。这也是没有引起国家或军队高层重视的原因之一。

2.2 军队外语教育缺乏顶层设计和科学规划

目前,除了一部分国防生通用外语能力的培养由地方院校来承担以外,军队人员外语能力的培养主要由各军队院校负责。但是,由于军队内部还没有一个强有力的外语教学规划指导机构专门管理和协调全军的外语教育,使得军队的外语教育缺乏顶层设计和科学规划,在一定程度上影

响了军队外语教学的协调发展,使得军队外语教学落后于军队建设的需求。这主要表现在以下方面:

第一,对国防关键语言的确立以及军队人员外语的实际需求缺少论证。迄今为止,我国还没有建立起关系国家军事安全的关键语言目录,因而无法对国家军事安全所需要的外语语种进行科学的规划与布局,开展服务于国家军事安全的外语教学。对于我军哪些岗位需要具有外语素质的军事人才,这些岗位究竟需要怎样的外语素质,以及应该培养和储备什么样的外语人才这样的问题尚缺乏深入的调查和研究。导致目前我军各个层次外语教学的内容标准、教学计划和评估手段缺乏"指向性"和"前瞻性",人才培养定位与军事岗位对应关系脱节。

第二,对军事外语教学重视不够。军事外语是以通用外语为基础,服务于军队的一种特殊的行业外语。军队人员必须具备一定的军事外语能力才能完成军事环境的一些任务。多年来,我军的外语教学一直存在重通用外语轻军事外语的现象。在总部下发的《军队院校教学工作评价方案》将大学英语四级的通过率作为考评指标,因此军队院校通用外语教学的真正"指挥棒"是大学英语四、六级考试。一些院校将英语统测等级证书与毕业证书和学位证书挂钩,一方面学校和学生在重视考级证书的同时也重视了英语教学,同时也造成了教学双方片面追求通过率,使得军队大学英语教学具有很强的功利性。许多学员一旦通过考级,他们学习英语的热情就会明显降低,这在一定程度上违背了英语教学的规律,影响了军队院校大学外语教学提高阶段军事外语教学的效果。全军的军事外语教学在相当一部分院校中流于形式,甚至长期被"边缘化"。这一情况直接造成军队外语教学在一定程度上训用脱节,学员在毕业后无法用英语进行专业层面的交流,无法胜任自己的军事岗位。

第三,对我军任职外语教育缺乏论证和规划。2004年第十五次全军院校会议对军队院校体制编制进行了调整,初步建立了以岗位任职教育为主体、基础学历教育与岗位任职教育相对分离的新型院校体系,标志着我军院校教育的中心由以学历教育为主体向以任职教育为主体的转型。任职外语教育因此成了军队院校转型后的一个新事物、新课题。从全军的范围来看,军队院校外语教学的转型还缺乏宏观上的思考和设计,也没有具体政策的规范和指导。有关任职外语教育的课程定位、课程体系、教材编写以及师资建设、教学方法和手段、评估考核方法等的研究都相当缺乏,已发表的关于任职外语教育的论文也只有寥寥几篇。对于军队任职院校是否需要开设外语课或怎样开设外语课,以及如何开展"4+1"学员的任职外语教育都没有统一认识和规划。全军相关院校的外语教育转型,无论在课程设置,教学方法等方面都处于"各自为政"的状态。对于任职官兵外语水平的维持和继续提高也缺乏论证与规划,对于是否需要保持和提高任职官兵的现有外语水平,以及在保持和提高任职军人外语水平的制度建设方面都还几乎是空白。

3. 制定符合国家军事安全目标的外语教育政策

要解决以上矛盾,还需要从战略层面来系统规划,建立和健全符合国家军事安全目标的外语教育政策。

3.1 以法律的形式确立外语教育对于国家军事安全的重要作用

外语的军事价值虽已受到越来越多的关注,但到目前为止,我国还没有系统的外语政策,更谈不上具有明确的国家军事安全目标。相比之下,随着全球一体化的加速,国际交往更加密切,世界很多国家都十分重视外语教育政策的制定,将外语视为提高国际竞争力适应全球化发展的重要工具。因此,要继续加大对于"外语与国家军事安全"的系统研究力度,形成对军事安全外语需求的科学判断,为国家制定外语战略提供科学的依据。尽快确立外语在国家军事安全中的地位,构建符合我国军事安全需要的外语政策,使外语的军事价值通过一些法律法规的形式体现出来。同时,发挥外语政策的导向性作用和协调功能,根据国家军事安全的需要,确立国防安全关键语言,以及我国外语教育的国家军事安全目标。考虑到英语在全世界军事领域的广泛使用,我国外语政策应确保英语有限发展的地位,合理规划和布局国家军事安全所需要的外语语种,对一些国家军事安全所必需的小语种给予政策上的扶持。

3.2 以军事安全为目标整合与配置我国的外语教育与人力资源

长期以来由于国家和军队对于外语教学与研究都缺乏一个权威的管理协调机构,军队与地方,以及军队内部在外语教学与研究方面的合作受到一定程度的影响,国家的一些外语教育资源没有很好地实现军地共享,甚至军队内部的一些外语教育与研究资源都未能很好地实现流动与共享。一些地方的外语教育科研成果也没能很好地服务于国防外语教育,在一定程度上造成重复建设和资源浪费。一方面,我们要从国家战略的层面建立起国家军事安全所需要的外语人才库;另一方面,我们需要打破一些思想观念的束缚,加强制度建设,拓宽依托国民教育发展军队职业外语教育的途径,充分利用地方外语教育与研究资源,实现军队外语教育与科研的横向拓展。在这方面我们可以借鉴美国的经验。2003年成立的马里兰大学语言高级研究中心是一个由美国政府资助的地方语言研究机构,但是,通过严格的保密制度,这个研究中心能够很好地服务于国家军事安全。

3.3 加大军队外语教学的改革力度

军队外语教学是全国外语教学的一个重要组成部分。从前面的论述中我们不难看出,军队院校通用外语教学在一定程度上反映了中国外语教学存在的突出问题,如"应试倾向明显","缺乏能力培养"等[①]。笔者认为,军队院校大学外语教学,除了通用外语教学部分要顺应当前大学英语教学改革的潮流,还必须加强外语教学与军事的结合,重视军事外语课的课程建设,构建大学外语、军事外语相结合的课程体系,培养更多具有较高外语素质的军事人才。同时,军队的外语教学必须重视军队任职外语教学,加强任职外语教学的顶层设计,重视军队人员外语水平的维持和提高,尽快探索出一条符合我国军事安全目标的任职外语教学的新路子。

(作者单位:海军兵种指挥学院)

---

① 束定芳:《外语教学改革:问题与对策》,上海外语教育出版社,2004,第5页。

新中国葡语人才培养与国家外交战略

李长森

一、新中国外语院校葡语专业产生的背景

中葡关系可以追溯到5个世纪前的明朝正德年间,历史悠久,源远流长,但自1949年中华人民共和国诞生至60年代初的十多年中,中国并没有从事葡萄牙语的专门翻译,更无培训中葡翻译的高等院校或专业。建国初期,以美国为首的西方国家对新中国采取敌视态度,同中国有外交关系的国家为数不多,但绝大多数国家的共产党及工人党组织却同中国共产党保持密切联系,包括巴西共产党和葡萄牙共产党。因此,为满足接待上述国家共产党等左翼政党负责人及友好人士来华访问的需要,中国只能安排西班牙语甚至英语译员担任会见或会谈时的传译工作。

60年代初,毛泽东主席尚未正式提出"三个世界"理论[①],但已多次提到"两个空间地带"问题,即可以团结的西方国家(第二世界)为一个空间地带,应该支持的发展中国家(第三世界)为另一个空间地带,以此孤立美苏两个超级大国。在实践中即开始部署新的国际外交战略,建立国际统一战线,反对美苏两国争霸,争取中间力量,团结一切可以团结的国家及国际组织,支持争取民族独立国家人民的反殖反帝斗争,给开展武装斗争的民族解放运动组织切实的援助,同时支持新兴独立的发展中国家发展经济建设。

当时与中国友好的国家绝大多数是贫穷落后的发展中国家,使用各种各样的非通用语言,中国在推行外交战略时小语种翻译人才奇缺。为改变此种状况,除调整已有外语院校通用语种的结构及分工,大幅度缩小俄语培训规模,在发展英、法、俄、西、阿等通用外语教学的同时,加强对小语种或非通用语种的人才培养。于是,先后设立了北京广播学院和北京第二外国语学院两所以外语教学为主要任务的高等学校。

以北京广播学院为例,从1960年起,先后开设了土耳其语、波斯语、

---

① 1974年2月22日,中共中央主席毛泽东在会见赞比亚总统卡翁达时,正式提出划分"三个世界"的理论,号召联合起来反对霸权主义。根据这一理论,美苏两国是第一世界,发展中国家属第三世界,而其他分别依附于美苏两国的西方国家或东欧国家属第二世界。

孟加拉语、泰米尔语、乌尔都语、尼泊尔语、印地语、老挝语、斯瓦西里语、意大利语、豪萨语、荷兰语、瑞典语、他伽禄语、僧伽罗语、祖鲁语、希腊语等23种外语专业。而中国的葡语教学正是在此种背景下于1960年诞生的。从那时起至今半个世纪,中国培训了近千名掌握葡萄牙语言文化的人才。

二、葡语本科专业的设立

北京广播学院(现中国传媒大学)前身是中央广播事业局干训班,成立于1954年。随着广播事业特别是电视事业的开创与发展,于1959年由国家正式批准在原干训班基础上组建北京广播学院。除培养广播技术人员、新闻编采人员及播音员,还根据国家外交战略及对发展中国家广播宣传工作的需要[1],开设外语系,先后设立23种非通用语专业,其中包括葡萄牙语[2],使该院成为60年代中国培养非通用语人才的主要外语院校。

由于当时中国同任何葡语国家均无外交关系,更何况巴西和葡萄牙政府对中国采取敌视态度[3],聘请外籍教师十分困难。第一批来自巴西的教师便是由巴西共产党推荐,克服重重困难以特殊方式来华的。其中有些人须通过第三国才能来到中国,以避免产生外交上的麻烦。最初的教学更是困难,由于没有懂葡语的中国教师,需要调配懂西班牙语的教师协助开展教学工作,如编制教材,对学生答疑等。有不少早期的教师就是通过此种方法从西班牙语转为葡萄牙语的,成为优秀的葡语教学及研究人才。

北京广播学院第一个葡语班共招收20名来自北京、上海、山东、河南、河北等地的学生组成60—3班,从此,中国有了学制为四年的葡萄牙语言文化专业的本科(学士)外语专业。该班学生毕业后,差不多有一半充实到对外广播事业,其余到外交部及新华通讯社等单位工作。由于师

---

[1] 当时国际上意识形态宣传的竞争亦十分激烈。美国之音海外广播语言达60多种,而莫斯科广播电台对外广播语言达81种,对华广播甚至包括上海方言及客家方言。相对而言,中国北京广播电台的对外广播无论在广播时间、功率及语种方面均处劣势,至1970年,对外广播语言有38种。

[2] 根据"三个世界"理论,葡萄牙应属于第二世界,但当时中国同葡萄牙并无外交来往,工作重点在争取民族独立解放运动的非洲葡语国家,如安哥拉、莫桑比克、几内亚比绍和佛德角等。因此,国家将该语种人才的培训任务交给北京广播学院。

[3] 典型事例是,1964年中国贸促会派出王耀庭为首的9人代表团赴巴西举办贸易展览会,右翼军人布朗库元帅发动军事政变推翻政府,将9名中国工作人员以间谍罪名逮捕投入监狱。中国政府与世界各友好国家及团体联合展开营救,终于迫使巴西军政府当局释放中国代表团成员。详见郑志编著《九颗红心向祖国:九同志在巴西反政治迫害斗争纪实》,作家出版社,北京,1965年。

资条件限制,待该班毕业后,才于1964年招收第二个葡语班级,编号为64—7班,共22名学生。然而,由于非洲葡属殖民地相继开展武装斗争,对葡语人才需求大增,该院于1965年同时招收两个班级,编号分别为65—12和65—13,每班亦为20人,分别学习巴西葡语和非洲葡语。

1966年爆发"文化大革命",所有大学停止招生,北京广播学院更被"四人帮"打成"培养资本主义苗子的黑基地"而于1970年被迫关闭[①]。除极少数毕业生被国家急需部门挑选"对口"分配外,大部分毕业生被分配至基层接受工农兵再教育,以便"改造小资产阶级思想"[②],后被迫改行从事其他工作,造成外语人才流失。

北京外国语学院是一所历史悠久的外语院校,由于葡语人才奇缺,该院于北京广播学院开办本科葡语专业的同年12月,亦开办了一个小型葡语班,但仅为学制两年半的强化班,10名学生均选自俄语专业的毕业生或年轻翻译。北外葡语本科专业的正式开办是1961年9月,但学制为5年,较广播学院长。最初设想每5年招收一班。然而,由于"文化大革命"的影响,该61级葡语班并未按时毕业,而且就此停止招生,直至7年后各大学恢复招生后才重设该专业,分别于1973年和1975年招收两班经过基层锻炼的工农兵学员学习葡语。"文革"结束后,政府宣布恢复高考,北外开始在应届高中毕业生中招收学生。至今,已培养400多名葡语人才,成为中国培训葡语人才最多的高等院校。

上海外国语学院早于1960年即有开设葡语专业设想,以便成为华东地区培养葡语人才的基地,并为此开始培训师资。但由于"文化大革命"影响,该计划被迫搁置,葡语专业未能创办。"文革"后期该计划再次提出,并于1974年招收3名学员组成一个特殊的"迷你"班,进行为期三年的师资培训,以便成为该校第一批葡语教师。经过一系列周密准备,终于在1978年招收首批10名高中毕业生学习葡语。从此,上外正式有了葡语专业,成为中国培养葡语人才的另一重要基地。

国家外交战略迫切需要葡语翻译,但培养翻译人才不能一蹴而就,必须按教学计划循序进行,周期较长,需时多年。况且由于中国葡语专业开设之初师资特别是外教资源严重缺乏,不可能每年招生,因此,仅靠国内

---

① 江青在总参1969年选派北京广播学院斯瓦希里语毕业学生到坦桑尼亚从事援助工作的批示中提到"北京大学、清华大学、北京广播学院和北京外贸学院是北京市委彭真等复辟资本主义的黑基地",要求各单位"慎用",至使国家经数年努力培养的大量非通用语外语人才流失。

② "文化大革命"期间,毛泽东指示"知识分子应当接受工农兵的再教育"。详见《中共中央、国务院、中央军委、中央文革关于一九六八年大专院校毕业生分配问题的通知》。

力量培训人才显然无法解决外交上的燃眉之急。为此,澳门南光贸易公司①在协助内地培训葡语人才方面发挥了重大作用。具体做法是从一些大学在校英语或俄语学生中选拔一批学生秘密派往澳门,在南光公司内部"关门办班",聘请当地葡人或澳门土生人教授葡语。从1960年至1978年,中国政府通过此种渠道共培养5批葡语翻译40多人。其中许多人成为党政军各部门葡文翻译的中坚力量,有力地配合了中国孤立美苏,团结中间力量,支持第三世界国家的外交战略。

葡萄牙里斯本大学社会科学学院教授莫伊斯·费尔南德斯(Moíses Silva Fernandes)曾在《中葡关系中的澳门:1949—1979》一文中对此作过较为深刻的分析:"出于对以葡语为官方语言的非洲国家解放运动施加影响的迫切需要,该国(指中国)共产党在澳门开办学习及进修葡萄牙语的课程,使中国官员熟悉葡人的文化和社会行为。在澳门接受培训的官员中,包括外交部外交官、北京广播电台的播音员和节目主持人、官方刊物(宣传机关的杂志和书刊)的翻译员以及国防部政治军事教官。"②说明澳门在为新中国推行国际外交战略过程中培训所需葡语翻译人才的作法已在世界范围产生影响。

在上个世纪60—70年代计划经济时期培养的葡语人才属稀缺人才,主要配合国家的外交战略,因此绝大多数毕业生被分配至国家重要党政机关及意识形态和文化宣传部门工作。政府部门主要有外交部、经贸部、教育部、文化部、国家科委等;中央机关有中联部、中调部、编译局等;宣传部门有北京广播电台、新华社、外文局、人民日报等单位;军事机关主要有国防部外事局、总参、国防大学以及部分军兵种总部。

为了援助亚非国家发展农业及改善医疗卫生状况,农业部和卫生部自20世纪60年代即不断向非洲国家派出农业专家组和医疗队,对翻译人员需求量较大。由于非洲葡语国家的农业和卫生援外项目主要由四川省和湖北省承担,上述两部便委托川鄂两省自行解决翻译问题,于是由四川省卫生厅出面设立非本科学位的葡语培训中心,对学员进行为期两年的培训。虽然该中心规模不大,不可与外语院校四年制的正规教育同日而语,但却在当时为培养葡语翻译做出了重大贡献,经过非洲多年的翻译实践和锻炼,其中许多人葡语水平与"正牌"翻译不相伯仲,尤其是他们中有些人本来就是农业或者卫生方面的专家,学习葡语后如虎添翼,与当地

---

① 南光贸易公司虽为澳门注册商业公司,但实则中国政府设于澳门的代表机构。
② Moíses Silva Fernandes, 1999, *Macau nas Relações Sino-Portuguesas*: 1949—1979, Revista Administração, n° 46, SAFP, Macau, p. 997.

民众沟通效果更佳。

铁道部则采取另外一种做法。80年代初该部与巴西小门德斯公司在中东地区伊拉克合作兴建公路、铁路、水坝等大型工程项目,急需葡语翻译。在需要量大而无法自筹的情况下,采取借调办法。由于待遇较优厚,颇具吸引力,在短期内即从各单位抽调数十名翻译,并在民间寻访曾学过葡语但由于"文革"影响而流失的人才,以解燃眉之急。

三、外语人才与外交战略

20世纪60—70年代,高等教育的外语人才培养始终服务于中国的外交战略。葡语人才的培养与使用就是很好的范例,主要体现在以下几个方面:向外交部门及其他相关政府部门输入急需葡语人才,直接为制订及实行国家外交战略及政策服务;加强意识形态领域葡语宣传工作,充实对葡语国家的广播及出版机构的外语人才;支持争取民族独立的非洲葡语国家开展武装斗争;向新兴独立的葡语发展中国家提供经济援助。

外交部是具体执行国家外交战略最主要的政府部门。由于葡语国家分布广泛,外交部西欧司、美大司及非洲司均需不断补充葡语翻译。非洲葡语国家独立后,由于设立更多驻外机构,对葡语翻译的需求缺口更大。各外语院校每届毕业的葡语学生供不应求,多数被选送至外交部。经过多年工作实践,大多成为外交官,甚至成为驻外大使。

对外意识形态宣传工作是推行国家外交战略的重要方面,一直受到国家的特别重视,对葡语人才需求一直很大。其中最重要的是北京广播电台(现国际广播电台)和外文局。北京广播电台于1960年4月15日正式以短波信号开始对葡语国家广播,每天分别向东非、西非、西欧及拉美各广播一次,每次半小时,至今已半个世纪。葡语广播开办时,尚无葡语人才,主要播音任务由外聘的巴西人担当。直至1964年北京广播学院首批葡语毕业生完成学业,将其一半学生充实到广播电台,才基本改善人员紧张情况,并将原来每天半小时的广播节目改为一小时。从葡语节目开办至今半个世纪中,近40人先后在此工作,承担葡语广播节目的采访、编辑、翻译、播音、节目制作等工作。时至今日,该广播电台仍是吸纳葡语人才的重要部门。

外文局全称中国外文出版发行事业局,是中国宣传意识形态领域另一重要机构,负责出版各种外文图书及期刊。外文局图书社葡文部成立于60年代,主要配合国家对外宣传,翻译出版葡文书籍。成立不久即遇文化大革命,期间出版的主要书籍有毛泽东著作的葡文版单行本及《毛主席语录》等。后为配合非洲葡语国家开展武装斗争,出版了葡文版的《毛泽东军事文选》。在期刊方面,至"文革"后期才在工农兵学员中招聘到翻译人员,其中绝大多数是西班牙语毕业生。他们在实践中边工作边学习,逐渐掌握葡文,先后编辑翻译出版了葡文版《北京周报》和《中国建设》(后改名《今日中国》)杂志。有力地配合了当时的中国外交战略。

在支持争取民族独立的非洲葡语国家开展武装斗争方面,葡语翻译发挥了更大作用,在非通用语言翻译队伍中颇具代表性,集中体现了外语为国家外交战略服务的特点,为新中国外交史写下光辉一页。上个世纪60年代初,非洲葡语国家纷纷开展民族解放运动,争取民族独立,并成立各种组织开展武装斗争。中国政府不仅积极声援这些国家的正义斗争,而且采取具体措施,通过非洲统一组织(OUA)向他们提供必要的军事援助,包括物资援助及军事训练。从60年代末至70年代中期,从广州军区和沈阳军区抽调优秀军事专家和顾问分别到设在坦桑尼亚南部伊林加(Iringa)和南钦圭(Nachingwea)两个地区的游击训练中心,对来自莫桑比克和安哥拉以及罗得西亚(现津巴布韦)的武装人员进行军事和政治培训。

安哥拉人民解放运动(MPLA)成立于1956年底,1960年开展武装斗争。中国政府坚决支持安哥拉人民反对殖民统治、争取民族独立的解放运动。中国培训葡语人才及对葡语国家广播正是在这一年开始的。在安哥拉斗争最艰难的时期,中国派出翻译人员及广州军区的军事专家亲赴非洲前线支持他们的民族解放事业。中国翻译人员与安哥拉游击战士一起在人迹罕至的丛林中摸爬滚打,讲解军事技术。为了在游击战士中树立自力更生的人民战争思想,他们与军事专家一起在丛林中垦荒种地,伐木建屋,养猪栽菜,作自给自足的榜样。他们克服热带疾病、蚊虫叮咬、猛兽袭击、水土不服等困扰,冒着山泥倾泻、葡特潜入、训练事故、军事意外等危险,将有限的青春贡献给非洲的民族解放事业,为实现国家的外交战略而竭尽全力,功不可没。当时的安哥拉人民解放运动主席阿戈斯蒂纽·内图(Agostinho Neto)访问训练营时对中国年轻翻译人员的表现十分称赞,认为并不懂军事的文弱书生刚刚走出大学门槛,就能在如此困难的环境中与非洲游击战士同甘苦共患难,实属不易,精神可嘉。

莫桑比克解放阵线(FRELIMO)成立于1962年,随即举起武装斗争大旗,在坦桑尼亚南部边境地区建立根据地,并开展军事训练。为支持莫桑比克人民反殖斗争,总参派出多批葡语翻译参与南钦圭游击训练中心的莫解武装力量的培训活动。莫方游击队员训练结业后,即渡过鲁伏马河潜回国内开展武装斗争。南钦圭位于莫坦两国交界处,草高林密,瘴气弥漫,疾病流行,生活条件十分恶劣。有军事专家因恶性疟疾而猝死训练场地,亦有葡语翻译染上热带疾病,但他们克服重重困难,坚持到斗争的最后胜利。

毫无疑问,中国培养的葡语翻译人员在上述活动中发挥了重要作用,有些人甚至成为通晓军事的专家。伊林加和南钦圭两个军事训练基地常年保持至少6名葡语翻译,每名翻译须承担一门政治课及两到三门军事技术课的翻译任务。在后期,由于军事翻译需求量大,轮换不及,国防部外事局甚至派出女性葡语翻译参与军事训练,十分感人。1974年4月25日葡萄牙发生革命政变结束非洲战事,非洲葡语国家纷纷独立。虽然葡国"四·二五康乃馨革命"是非洲战事压力的结果,但这种压力的不断增加与中国军事专家及翻译人员的努力不无关系。

中国在上述营地的训练工作是在秘密状态下进行的,但由于对葡属领地争取民族独立运动影响重大,不能不使西方国家有所察觉并感到震惊。学者阿兰(Alan Hutchinson)对此作过深入研究,认为中国的政治思想工作者和军事专家在坦桑尼亚、刚果(布)、加纳和几内亚设有军事训练营地,专门培训以葡语为官方语言的非洲国家解放运动组织的游击队员。① 虽然这种看法似乎夸大了中国在非洲提供军事援助的规模,但也表明西方对中国军事人员在非洲存在的恐惧。由于中国军事专家并不懂外语,而军事训练有其特殊性,训练科目的复杂及示范作业的危险均需大量翻译员在场协助。因此,各训练基地长期驻扎多名葡语翻译。遇危险作业时,须多名翻译同时到场,训练紧张时,两营地翻译会互相支持,与军事专家的比例会达到1:1,可见葡语翻译之重要。

向新兴的独立发展中国家提供经济援助是中国20世纪60—70年代外交战略的基石,也是外交工作的重点。1963年12月至1964年2月,周恩来总理和外交部长陈毅元帅先后访问了埃及、阿尔及利亚、摩洛哥、突尼斯、加纳、马里、几内亚、苏丹、埃塞俄比亚和索马里等非洲国家。周总理将他那次对非洲10国的访问称为寻求友谊、增进了解、互相学习之旅。周总理与非洲10国领导人分别举行了会谈,并提出了中国与非洲和阿拉伯国家相互关系的五项原则和中国对外援助的八项原则。

根据上述对非国家政策,中国开始大规模向发展中的非洲国家提供经济援助。中国支持非洲国家的最大行动就是从60年代末开始派出数万名中国工人远涉重洋修建从坦桑尼亚的达累斯萨拉姆至赞比亚的新卡

---

① 关于该方面的研究及论述详见 Alan Hutchinson. 1976. *China's African Revolution*, Boulder, Co, EU: Westview Press.

比里姆博希全长1860公里的坦赞铁路,以实际行动支持南部非洲地区人民反帝反殖、争取民族解放的斗争,并摆脱对南非与南罗得西亚白人种族主义政权的南部出海通道的依赖。

在对非洲葡语国家经济援助方面,葡语人才亦发挥了重要作用。绝大多数现在50岁以上的葡语翻译,都有亲临非洲葡语国家参与经济援助工作的经历。中国在莫桑比克独立初期援建了许多项目,包括四川援建的搪瓷厂项目、北部省份的林业合作项目等。为解决该国干旱地区缺水问题和贫困地区医疗问题,中国不断派出打井队和医疗队。中方还承担了议会大厦、军队营房、外交大楼、会议中心等16个成套项目及服装厂等11个技术合作项目的建设。根据中莫签署的医疗卫生议定书,中方先后向莫桑比克派出15批医疗队,共231人次。上述所有项目从策划到实施都离不开中方翻译人员的协助,有些翻译甚至献身异乡,再现古人"青山处处埋忠骨,何须马革裹尸还"的铮铮浩气①。

几内亚比绍独立后积极与中国发展关系,中国在20世纪70—80年代曾对这个仅有100万人口的国家提供了大量经济援助,包括在北部卡松果建设医院并由四川省派出医疗队,在中部加布地区建设农场,在首都比绍建体育场等等。根据两国签订的中国向几比派遣医疗队的议定书,中国四川省自1976年起向该国先后派遣11批医疗队,共162名医护人员。在上述援助项目中,中国国际广播电台、外文出版局以及四川、湖北、河北等省均派出葡文翻译参与有关援助项目的工作。

西非另一个葡语国家佛得角在几内亚和佛得角非洲独立党(PAIGC)的领导下开展争取民族独立的解放运动。"四·二五革命"后,葡萄牙政府于1974年12月被迫同非洲独立党签订佛得角独立协议。1975年7月5日正式宣布国家独立,成立佛得角共和国,并于1976年4月25日同中国建交。中国同佛得角的关系一直十分良好。自独立后,该国领导人曾多次访华,中国亦不断向该群岛提供各种经济援助,包括建设议会大厦、体育场等基建项目,并向该国派出医疗队。葡语翻译在上述活动中亦做出重大贡献。

1974年"四·二五革命"后,葡当局同圣多美和普林西比(简称圣普)解放运动达成独立协议。1975年7月12日宣告独立,当日便宣布同中

---

① 80年代初,援建莫桑比克经济项目的一位葡语翻译在执行任务途中遭该国反政府武装力量伏击中弹牺牲。"青山处处埋忠骨"源于杭州西湖岳王墓石柱对联中"青山有幸埋忠骨","何须马革裹尸还"出自清徐锡麟《出塞》一诗:"军歌应唱大刀环,誓灭胡奴出玉关。只解沙场为国死,何须马革裹尸还!"周恩来总理用"青山处处埋忠骨"赞扬在非洲工作的援外专家不怕牺牲的精神。

国建交。中国曾向圣普提供经济援助,包括建设人民宫、设立竹草编培训中心等经济援助项目。1975年两国签署贸易协议。1983年两国签订易货贸易议定书。从1976年起,中国总共向圣普派遣12批医疗队共171名医务人员,在这一过程中,国际广播电台和外文出版局亦派出女性翻译人员协助医疗队开展工作。

四、结论

20世纪60年代是新中国成立后外交发展的重要时期。西方国家对中国的封锁与孤立,中苏意识形态的分歧加剧,第三世界争取民族独立解放运动的风起云涌,美苏两国的争霸,促使中国在采取独立自主外交政策的同时,强调对第三世界发展中国家的支持与团结。为配合国家新的外交战略,中国在外语教学方面做了重大调整,开始重视非通用语及小语种外语人才的培养。实践证明,该策略取得极大成功,培养出来的斯瓦西里语、乌尔都语、印地语、僧伽罗语、葡萄牙语等非通用语种专门人才无论在捍卫国家安全方面,还是在支持第三世界国家争取民族独立及发展经济建设方面,均发挥了重要作用。1971年10月25日,第26届联合国大会以压倒多数票通过恢复中华人民共和国在联合国一切合法权利的提案。当时这一提案由阿尔巴尼亚等23个国家提出,几乎全部是接受我国援助的发展中国家。毛泽东主席在听到消息后兴奋地说:"是第三世界国家把我国抬进了联合国!"这一重大事件,标志我国援外工作紧密配合外交斗争取得的历史性胜利,说明新中国上个世纪后半叶对外语人才的培养密切配合了国家外交战略。

(作者单位:澳门理工学院)

论英语对孙中山民主革命一生的影响[①]

牛道生

众所周知,被毛泽东誉为"伟大的革命先行者"[②]的孙中山先生,曾领导了中国近代史上最重大的社会变革——辛亥革命,推翻清王朝,建立了中华民国;而鲜为人知的是,英语曾对孙中山民主革命的一生产生过重大影响。在他30多年的民主革命生涯中,时时处处可以发现他娴熟巧妙地运用英语,在人类知识海洋中求是,与敌人不屈不挠斗争的动人事迹。马克思说:"外国语是人生斗争的一种武器。"[③]这一点在孙中山革命一生中体现得淋漓尽致。英语深刻影响着孙中山民主革命的一生。

一、留学海外,借助英语树立民主革命思想

1. 留学檀香山,奠定扎实英语基础

1879年,13岁的孙中山随母亲赴檀香山投奔哥哥,并进入夏威夷历史上最早的一所英国教会学校——意奥兰尼学校读书。教师中除一名教基础英语的为夏威夷人外,其余都是受过正规教育的英国人。刚进校时,孙中山不识一个英文字母,更听不懂教师用英语讲课。在教师的因势利导下孙中山很快适应英语课堂环境,并发现英文每个单词都可分成若干字母,英文千变万化,无非是26个字母的不同组合。这个新发现激发起了他学习英语的浓厚兴趣。

孙中山课外喜欢阅读英文传记读物,对美国的华盛顿、林肯等伟人勋业尤其景仰。因此促使他英文进步神速,学习成绩在班上很快名列前茅。据说有一次,一位华侨与人打官司,一时找不到合适的翻译,孙中山便毛遂自荐,主动去当法庭翻译。在法庭上他准确、流利、机敏的翻译,有力地协助华侨打赢了官司,华侨纷纷赞扬他的英语才智。1882年7月,孙中山圆满完成学业,英文文法毕业成绩名列全校第二。在毕业典礼上夏威夷国王架剌鸠亲自向他颁奖;孙中山毕业后于1883年回国。

---

① 2002年国家社会科学基金项目:现代国际英语的发展趋势及其对中国的影响研究,批准号:02EYY002。
② 《毛泽东选集》第5卷,人民出版社,1977,第311页。
③ 保尔·拉法格:《回忆马克思恩格斯》,人民出版社,1973,第6页。

檀香山近5年的英美式教育对他一生的生活、社会交往、思想价值观念都产生了深远影响。他不但打下了良好的英语基础,还研读了英美文化科学知识,从英美老师那里获得了对英美历史和现状的初步了解,耳闻目睹了夏威夷人民反对美国吞并的激烈斗争。这一切促使他青年时期就萌发了反对外国侵略干涉、主张民族独立的思想,为他后来借鉴英美国家模式,构建中国民主共和国制度的政治取向奠定基础,成为他酝酿和创立中国民主革命思想理论的发酵剂。

2. 留学香港,英文书籍启迪弃医从政

孙中山从檀香山回国后,1883—1886年,继续求学于香港拔萃书室和中央书院。1886年秋毕业后,他进入广州博济医院南华医学堂学习西医,后转入香港西医书院继续深造。正如他所述:

"予在广州学医甫一年,闻香港有英文医校开设,予以其学课较优,而比较自由,可以鼓吹革命,故投香港学校肄业。数年之间,每于学课余暇,皆致力于革命之鼓吹,常往来于香港、澳门之间,大放厥词,无所忌讳。"①

1883—1892年间,孙中山在港穗两地充分利用英国统治下的香港容易获得最新英文版图书的有利条件,凭借自己高超的英文阅读能力,除攻读西医专业外还广泛研读了西方政治、历史、军事、科学书籍,并较早地阅读了有关达尔文进化论的英文书籍,因而成为当时中国少数了解达尔文学说的先驱之一;而达尔文的进化论思想最终启迪他萌生弃医从政的民主革命思想。

孙中山自述在西医书院时的思想活动时说:

"继思医术救人,所济有限,其他慈善亦然。若夫最大权力者,无如政治。政治之势力,可为大善,亦能为大恶,吾国人民之艰苦,皆不良之政治为之。若欲救国救人,非锄去此恶劣政府必不可,而革命思潮遂时时涌现于心中。"②正是有了这种思想观念,他可以充分利用在香港的自由空间鼓吹革命。

孙中山还经常对照阅读译成英文的中国古代经史文集,从汉英双向思维的角度来重新审视和理解中国古代典籍的深刻思想。例如,南华医学堂图书室有一部英汉对照的"四书",孙中山对此很感兴趣,觉得其中的英文翻译注释,较宋代朱熹的注释更为明了,就借来经常研读,通过英汉对照使他对"四书"的理解更为深刻了。

香港留学生活更加夯实他的英语功底,为他今后在人类知识海洋中搏击,探寻民主革命真理开辟了广阔前景。

---

① 《孙中山全集》第6卷,中华书局,1985,第229页。
② 《孙中山全集》第2卷,中华书局,1982,第359页。

二、流亡海外,借助英语探寻革命真理

1892年,孙中山从香港西医书院毕业,先在澳门行医两年,然后辗转于檀香山、美国、日本、英国、加拿大、法国、德国、比利时、新加坡、吉隆坡、越南、暹罗等地,过着流亡生活。在海外困苦颠连的流亡岁月,他娴熟地借助英语这一人生斗争武器,在危难中与敌人巧妙周旋,为中国民主革命探寻真理。

1. 伦敦遇难,写英文求救信脱险

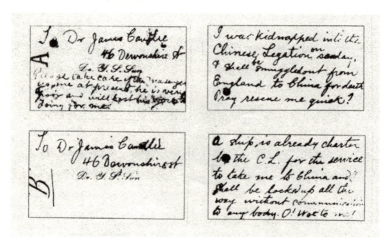

图 1　孙中山在伦敦被清公使馆幽禁时写给康德黎的求救卡片①

1896年10月11日,孙中山在英国流亡时不幸被中国驻伦敦公使馆绑架,并把他以策划广州暴动的罪名严密囚禁起来,外界无人知晓。他曾多次试图通过公使馆仆役捎信给他在香港西医书院读书时的老师康德黎博士,结果前几次都失败了。接着他获悉,清公使馆已高价雇了一艘轮船,准备把他捆绑起来当作精神病患者偷运回中国;如果此计不成则将就地秘密处死他。在九死一生关头,他在英文名片上写了一封英文求救短信(见图1),央求在公使馆工作的英国清洁工柯尔设法秘密送给康德黎。当康德黎收到孙中山的求救信之后,立即四处奔走营救。10月22日下午,伦敦《地球报》首先披露这一令人震惊的新闻,立刻引起英国社会关注。当天英国官方立即出面干预,下令清公使馆马上放人,并于次日派人前往清公使馆迎接他。于是被羁押了12天的他终于获得新生。当他走出清公使馆时受到伦敦街头市民的热烈欢迎。他的名字——孙逸仙,从

---

① 孙中山:《孙中山在说》,东方出版社,2004,第18页。

此很快就在西欧和全世界流传开来,成为中国民主革命的象征。

事实上,如果不是孙中山在危难关头急中生智在名片上写英文求救短信,请求公使馆英国清洁工捎给康德黎,他很难被拯救出来,也许早就被害了,更无从谈起他后来领导辛亥革命了。这封英文求救信为孙中山绝处逢生起了至关重要作用。

2. 研读英文典籍,探寻革命真理

孙中山获得自由后,冒着被清政府再次绑架或暗杀的风险,开始了在大英博物馆博览群书和广结善交活动。

"据清公使馆所雇司赖特侦探社侦探报告,孙中山获释后,大部分时间是在大英博物馆的阅览室里度过的。从1896年12月3日到1897年6月24日,孙中山去大英博物馆即有68次之多。"①

在大英博物馆,孙中山阅读了包括马克思的《资本论》、《哥达纲领批判》等在内的大量英文政论典籍,还结识了许多英国人、流亡伦敦的俄国革命党人以及其他国家的访英学者,与他们用英语共商革命问题。

孙中山在伦敦居住近9个月,后来又考察了许多西方国家,因此极大地丰富了他的知识和开阔了政治视野,在他以后的政治思想理论发展过程中产生了重要影响。

孙中山这次在西方世界的"读书研究,社会考察,以及与各国人士的交往,在孙中山革命思想发展中,具有里程碑的意义。从此,他开始萌发民生主义思想,与以前产生的初步的民族、民权思想一起,形成三民主义思想体系雏形。"②

中国近代社会改革家康有为等人虽然也曾长居海外,游历欧美等国,对西方世界有着广泛直观的了解,但是由于语言隔阂,只能借助西语中译,浮浅地了解西方社会。与之根本不同的是,孙中山是在无任何语言和文化知识障碍的情况下,深入西方社会,实地考察各国人文历史、政治、经济和社会变革情况的,因而能够对欧美大国兴衰有着非常深刻的了解,从中汲取有益的历史经验,作为领导中国资产阶级民主革命的宝贵鉴戒。

三、借助英文宣传辛亥革命,效法林肯创立三民主义

1. 借助英文宣传辛亥革命

在辛亥革命前,孙中山始终致力于发动组织武装起义,试图推翻清政府。为此,他冒着被清政府暗探刺杀的风险,在海外撰写英文书稿发表文

---

① 张笃勤:《孙中山读书生涯》,长江文艺出版社,1997,第70页。
② 张笃勤:《孙中山读书生涯》,长江文艺出版社,1997,第78页。

章或作演讲,为辛亥革命大造国际舆论,寻求国际上的同情与支持。

1897年初,孙中山在康德黎等人的协助下,用英文撰写了《伦敦被难记》一书,详述了他的革命经历、政治观点和伦敦遇难脱险经历。此书在英国出版后,相继被译成俄、日、中等国文字,在欧美及亚洲发行,产生了广泛的国际影响。

1897年3月,孙中山在伦敦《每周论坛》用英文发表了《中国的现在和未来》,列举大量生动事实揭露清政府的昏聩腐败,说明如果不推翻清政府,建立一个政治纯洁的贤良政府,在中国进行任何改革都不可能成功。

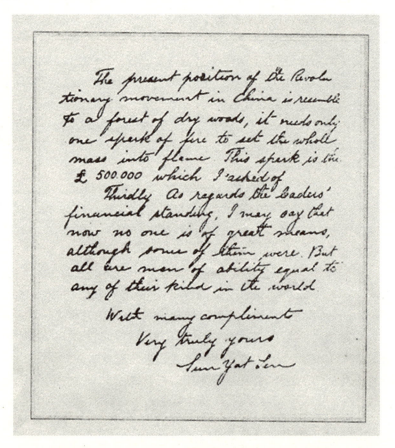

图2 现存的孙中山在伦敦用英文起草的《告世界书》最后一页影印件①

---

① 孙中山:《孙中山在说》,东方出版社,2004。

1911年(农历辛亥年)10月10日,一部分革命党人在武昌发动起义。当孙中山在国外得悉"武昌已经为革命军占领"的消息后,于1911年11月10日抵伦敦开展外交活动,并且在伦敦《滨海杂志》上用英文发表了《告世界书》(见图2)。在《告世界书》中,孙中山说:

"中国革命运动目前的状况,恰似一座干燥树木的丛林,只需星星之火,就能腾起熊熊烈焰。这火星便是我所希望得到的五十万英镑。"①

《告世界书》显示,孙中山当时正忙于在世界各地为辛亥革命大造国际舆论和募集革命经费,以求获得世界人民对中国民主革命的大力支持。

2. 效法林肯创立三民主义

图3　1909年8月孙中山在伦敦读书情景②

孙中山之所以接受欧美社会主义思潮的影响,认定中国可以通过社会主义道路,即走向现代文明、现代性,而又避免资本主义道路的弊病,就是因为他无论在香港留学、或在欧美流亡期间、以及回国领导民主革命实践中,始终坚持不懈地充分发挥自己的英语优势,潜心阅读了西方国家最新出版的大量政治、经济、哲学、历史、军事、自然科学等方面的英文原著(见图3),如饥似渴地从西方思想学说中寻求救国救民真理,在实地考察欧美国家社会现状的基础上,结合中国社会的实际情况,创立了在中国进

---

① 《孙中山全集》第1卷,中华书局,1981,第558页。
② 卜承祖:《世纪之交话中山》,南京大学出版社,1999。

行民主革命的新思想。

孙中山生前有句名言:"不读书便追不上时代。"孙中山曾对国民党元老黄季陆讲:"读书要多读新出版的名著,这样才能渊博,才能吸收新知。阅读专著也很要紧,这样学问才有系统。"①

孙中山在学习西方的同时,已经敏锐察觉到资本主义社会的阴暗面。他批判地从欧美浩如烟海的英文书籍中汲取对中国有益的东西,这在一百多年前是难能可贵的。他在读书学习上,既不为外国洋人所惑,也不为中国古人所役。他认为,中国几千年来,社会民情风俗习惯与欧美不同,管理社会的政治自然也和欧美不同,所以在政治上不能完全仿效欧美,这如同仿效欧美的机器一样。中国只能根据自己的实际社会情形,去迎合世界潮流的发展趋势,社会才可以改良,国家才可以进步。由于具有正确的学习态度,他才能在读书中做到融汇古今,沟通中西,并在此基础上,根据时代发展和中国国情的需要,进行新的创造。正如他所说:

"余之谋中国革命,其所持主义,有因袭吾国固有之思想者,有规抚欧洲之学说事迹者,有吾所独见而创获者。"②

孙中山不是一位埋头书斋的宁静学者,而是一位身体力行的民主革命斗士和政治活动家。他一直是在结合中国民主革命的实际,借助英语去研读欧美国家的民主建国理论,通过中西对比来汲取西方经验中对中国有用的东西,寻求救国良方。例如:

1905年,中国同盟会在东京成立时,在该会政治纲领中孙中山首次提出的"三民主义",就是他在研究了美国总统林肯所主张的"民有、民治、民享"思想之后,结合中国的社会实际状况提出来的。正像孙中山所说:

"我们革命之始,主张三民主义,三民主义就是民族、民权、民生。美国总统林肯他说的'The government of the people, by the people, for the people',兄弟将他主张译作'民有、民治、民享'。他这民有、民治、民享主义,就是兄弟的民族、民权、民主主义。"③

孙中山在这里引用的美国总统林肯的这段英文名言,就出自于林肯的千古佳作之一,1863年11月《在葛底斯堡公墓的演说》(Gettysburg Address)一文的最后一句话。(注:原文全句是:"It is rather for us to be here dedicated to the great task remaining before us; that from these honored dead, we take increased devotion to that cause for which they

---

① 尚明轩等:《孙中山生平事业追忆录》,人民出版社,1986,第836—837页。
② 《孙中山全集》第7卷,中华书局,1985,第60页。
③ 《孙中山在说》,东方出版社,2004,第140页。

gave the last full measure of devotion; that we here highly resolve that these dead shall not have died in vain; that this Nation, under God, shall have a new birth of freedom; and *that government of the People, by the People, and for the People*, shall not perish from the earth."①)

孙中山虽然十分珍视中国的优秀传统文化,尽力恢复国粹,提高民族自豪感;但是,他认为要使中国变成世界一流强国,一定不要忘记学习欧美国家之长处。他说:

"恢复了我们固有的道德、知识和能力,在今日,仍未能进中国与世界一等的地位,如我们祖宗只当是为世界之独强的。恢复我一切国粹之后,还要去学欧美之所长,然后才可以和欧美并驾齐驱,如果不学外国的长处,我们仍要退后。"②

孙中山的"五权分立"思想就是他在阅读和研究了英美国家的大量政治文件,和考察英美国家政权体制之后,在批评美国的"三权分立"的同时,结合中国的国情,经过反复思考提出来的。

辛亥革命后,孙中山为了捍卫民主共和制度,又与北洋军阀进行了长期的军事斗争。虽然他不是以治军作战见长的军事家,但为了适应军事斗争的需要,他又开始注重研读国际英文军事学著作,以了解世界军事学方面的知识,提高自己的军事理论水平。

四、英文撰写《实业计划》,宏伟蓝图光照千秋

1. 参阅万卷英文籍,撰写《实业计划》

孙中山的《建国方略》由三部分构成,分别是《孙文学说》、《实业计划》和《民权初步》。其中第二部分《实业计划》中关于全面发展中国经济的宏伟纲领,是根据他几十年来研读大量欧美英文原著所积累的第一手英文资料、对欧美社会的深入考察、以及对中国国情进行综合科学分析的基础上用英文写成的。

1918年1月,第一次世界大战结束后,西方经济萧条,工人失业严重,欧美帝国主义国家为战争服务的工业设备将大批闲置无用,众多的技术人员及技术工人将面临严重的失业问题。其时,资本在寻找出路,而中国正面临严重缺乏资金搞国家经济建设。孙中山认为,这正是中国引进外国资金、设备、人才、管理经验,开发中国资源,从事现代化建设的大好时机。如果中国能够趁机利用这些设备和人才进行实业建设,就可大大

---

① 亚伯拉罕·林肯等:《人类最伟大的声音》,机械工业出版社,2004,第110页。
② 《孙中山全集》第9卷,中华书局,1986,第251页。

加速中国经济发展。

事实上,早在1912年10月,孙中山就先见之明地提出了这个观点。他说:中国"款既筹不出,又时等不及,我们就要用此开放主义。凡是我们中国应兴事业,我们无资本,即借外国资本;我们无人才,即用外国人才;我们方法不好,即用外国方法"①。在这里,孙中山最早提出了对外开放、引进外资和外国人才的设想。

在1917—1919年期间完成的《建国方略》第一部分《孙文学说》中,孙中山更加明确地提出了"利用外资、利用外才以图中国之富强"②的观点。

1919年,在用英文写成的《建国方略》第二部分《实业计划》中,孙中山再次呼吁"国际共同发展中国实业"③,"使外国之资本主义以造成中国之社会主义"④。

《实业计划》英文原名为"The International Development of China",最先发表于1919年《远东时报》6月号,1921年由上海民智书局出版英文版全书,后由朱执信、廖仲恺、马君武和林云陔译成中文,于当年10月出版中文本。

根据上海孙中山故居纪念馆现存藏书分析,"孙中山撰写《实业计划》时,除去关于欧美各国工业革命、工业发展史等一批西文名著外,仅关于交通、港口、铁路方面的西文著作就不下60种,城市规划与城市管理方面的西文著作近10种,银行、信贷方面的西文著作和经济学理论著作各60种,以上约200种。……上海孙中山故居现存的西文藏书中,除去孙中山去世后宋庆龄继续在这里居住时增添的少量书籍外,出版于1924年以前的著作接近1300多种,加上在广州粤秀楼被炸时的西文图书数百种,孙中山本人购置和收藏的西文图书在1800种以上。他的阅读,当然不仅仅局限于自己的藏书。在香港求学时,在大英博物馆,在欧、美、南洋、日本各国居留时,他还借阅过许多图书馆藏书。……在20世纪所有中国人中,就阅读西文书籍数量之多、方面之广、层次之高而言,恐怕还找不出第二人可以超越孙中山"⑤。

1905年,孙中山在比利时布鲁塞尔与中国留学生讨论中国革命前途与命运时,曾说:"我亦读破万卷也。"正是由于孙中山读书破万卷,才会凭借雄厚的英文知识积淀和对西方国家实地考察所积累的丰富经验,最

---

① 《孙中山全集》第2卷,中华书局,1982,第533页。
② 《孙中山全集》第6卷,中华书局,1985,第224页。
③ 《孙中山全集》第6卷,中华书局,1985,第248页。
④ 《孙中山全集》第6卷,中华书局,1985,第398页。
⑤ 姜义华:"孙中山的革命思想与同盟会",《史林》,2006年第5期。

终用英文完成《实业计划》这样涵盖知识面非常广博的中华未来建国方略。

用英文写作《实业计划》需要广博的英文现代经济知识,实施实业计划也离不开投资、信贷等方面的现代英文知识。为此,孙中山研读了大量深奥枯燥的有关经济、工业、财政、银行、货币、信贷等方面的英文著作。上海孙中山故居此类英文藏书大多出版于1910—1914年间,内容涉及英、美、法、德、意、比、加、瑞士、瑞典、阿根廷、巴西、智利、秘鲁、埃及等国的银行、货币、财政、信贷制度,都是当时世界金融学界的名人名著。①

"孙中山先生的著名的《实业计划》,站在世界的高度审视中国,总体设计了包括交通、铁路、水利、钢铁、矿业、农业、灌溉、造林、移民等十大建设计划,'为近代中国第一份现代化的蓝图'。"②

2. 宏伟蓝图印证孙中山英语水平绝伦无比

尽管孙中山规划出的实业计划由于当时中国的历史局限性未能付诸实施,但是它本身并不缺乏科学根据。新中国成立后,《实业计划》中提出的一些观点对中国社会主义建设事业具有非常重要的参考价值。尤其是中国改革开放以来,中国在规划或实施社会主义现代化建设方案时,在许多方面参考了孙中山当年的《实业计划》。实践证明它确实是一部具有超前性的中国经济现代化建设蓝图,即使是在21世纪中国现代化的发展进程中,它仍然占有重要的思想地位、具有相当的科学性,对中国重大社会主义建设项目的规划有着非常重要的参考价值和指导意义。

如果我们将中国社会主义经济建设的规划,与孙中山先生当年在《实业计划》中绘制的中国未来宏伟建设蓝图两相比较,竟然会发现二者有许多异曲同工之处!

孙中山在《实业计划》中所提出的若干设想,如建设西北、西南铁路网,在沿海地区大力兴建港口等,今天有的已经实现,有的正在加紧建设。

近年中央力推的四项"世纪工程"之中,除"西气东输"工程外,其余"青藏铁路"、"三峡工程"都与《实业计划》直接相关,而"南水北调"也因孙中山先生有关整治汉江的论述而与《实业计划》间接相关。

孙中山在《实业计划》中第一次提出,要"利用外资、利用外才以图中国之富强"③。孙中山这一观点对中国20世纪80年代以来的改革开放很有启示作用。自从改革开放以来,中国一方面坚持自力更生,一方面积极

---

① 张笃勤:《孙中山读书生涯》,长江文艺出版社,1997,第137页。
② 卜承祖:《世纪之交话中山》,南京大学出版社,1999,第91页。
③ 《孙中山全集》,第6卷,中华书局,1985,第224页。

对外开放,实际上是在新的历史条件下,在更高的理论认识水平上,创造性地实现孙中山所梦寐以求的"使外国之资本主义以造成中国之社会主义"①,将孙中山的伟大理想在中华大地上变为令世人赞叹的伟大现实。

当年孙中山之所以能够用英文写出《实业计划》这样规模宏大的中国建国方略,本身就说明孙中山驾驭英文的水平已经达到了炉火纯青、绝伦无比的娴熟程度,所以他才能得心应手地对西方国家出版的涉及领域非常广博的英文学术专著长期坚持潜心研究,因而获得了写书所需要的大量第一手英文参考资料,并把自己长期对中国未来如何改革和发展的思考结晶,全部凝聚到这部对中华民族发展具有深远历史影响的中华建国蓝图之中。

孙中山生前"认为近代中国有'三个半'英语人才,其一是辜鸿铭,其二是伍朝枢,其三是陈有仁,还有半个他没说,有人猜是他自喻…。"②实际上这种猜测是非常有道理的,只不过孙中山十分谦虚,不愿刻意夸耀自己罢了。

孙中山的美国友人林百克在《孙逸仙传记》中说:孙中山"终身应用英语,非常流利、非常正确,发音是美国式的。英文中有几个字母,广东人难读正确的,他都读得一点儿不差。他在数十年中,尽力于建造民国,所用的大半是粤语国语,但是他的英语没有一点儿错误。"③

总之,孙中山民主革命的一生与英语结成了不解之缘。无论民主革命是在屡遭挫折之际,还是在高歌猛进之时,他始终高度重视运用英语这一强有力斗争武器,为实现振兴中华的宏伟目标服务。没有英语对孙中山民主革命一生的重大影响,就不会有他创立的"三民主义"、"五权宪法"和"建国方略",也很难想象会有辛亥革命的成功。

(作者单位:湛江师范学院)

---

① 《孙中山全集》,第6卷,中华书局,1985,第398页。
② 黄兴涛:《闲话辜鸿铭》,广西师范大学出版社,2001,第27—28页。
③ 张笃勤:《孙中山读书生涯》,长江文艺出版社,1997,第17页。

构建 21 世纪中国翻译政策[①]

滕 梅

1. 引言

翻译研究(Translation Studies)成为一门专门学科至今大约只有 30 多年历史。至今,翻译研究作为一门学科已经取得了长足发展。翻译研究学者发现,将翻译局限在语言层面上讨论并不足以反映翻译行为的复杂性,而是应该把翻译放到政治、意识形态、经济和文化背景中,探讨翻译过程中影响翻译行为的各个层面的限制。在不同的历史条件下,翻译主要受到意识形态、文化等多方面因素的限制,这些因素从政治、经济、社会地位等方面来限制和引导译者的翻译行为。结果,译者往往要对原作进行一定程度上的调整,以使其符合其所处时期占统治地位的意识形态,从而达到使其译文被尽可能多的读者接受的目的。甚至当语言与意识形态发生矛盾时,往往是语言做出让步。

虽然近年来在翻译研究领域已经取得了许多突破性进展,但由于其本身的跨学科性质,不少领域的研究尚待完善。例如,霍尔姆斯(Holmes)在其 1972 年的论文"翻译研究的名称与性质"中首次提出了翻译研究的理论构想,提出"应用理论"的分支中应包括"译员培训"、"工具制订"、"翻译政策"和"翻译批评"四方面的研究[②]。但令人遗憾的是对霍氏框架中其他部分的研究在近三十年来都得到了长足发展,只有"翻译政策"仍少有人问津。

2. 翻译政策的历史存在及研究现状

事实上,几千年来国内外的翻译实践已经证明,只要有翻译活动存在,就会受到翻译政策的影响,只不过在不同的目标语国家及不同的历史时期其影响力大小不同而已,很多国家或政权通过制定政策,利用翻译活动作为实现其政治或经济等目的的工具。

[①] 本文为教育部人文社会科学研究项目基金(项目编号:09YJC740071)、国家语言文字应用"十一五"科研项目重点项目"国家外语发展战略研究"(项目编号:ZD115-01)的阶段性成果,同时受上海外国语大学重大科研项目基金及 211 工程三期项目基金资助。

[②] Holmes, J. 2000. *The Name and Nature of Translation Studies*. In L. Venuti. *The Translation Studies Reader*. London & New York: Routledge.

艾克索依(Aksoy)描述了土耳其共和国在建国初期借助翻译活动建设民族文学的历史。土耳其政府制订翻译政策,通过全方位地组织、控制、管理翻译活动(从译本的选择到翻译过程的规范),以达到振兴土耳其民族文学的目的。1940年,土耳其国家教育部成立了翻译局,其职能包括在全国范围内推进民主文化进程;从本地口语中发展土耳其语言及语法,剔除阿拉伯与波斯词汇;通过翻译文本中的西方现代思想观念丰富土耳其语言;通过翻译活动重建文化身份,发展土耳其民族文学,等等[①]。

翻译局通过制定政策影响源文本的选择,组织系统的翻译活动,有关人文科学的作品享有翻译优先权,翻译局还列出了待译作品目录,主要包括古希腊罗马的经典作品以及西方文学名著。政府出资聘请专家为翻译局工作,修改、检查、编辑翻译作品,决定哪些出版社可以享受政府财政支持,等等。

翻译政策促进了早期土耳其共和国的现代化进程,丰富了土耳其民族文学,其成功经验也促成联合国大会于1940年通过了将世界经典作品译成所有国家文字的决议。

韦努蒂(Venuti)曾分析过二战后美国针对日本文学的翻译政策。上世纪五六十年代,美国的著名出版商翻译了很多日本小说,但这些小说都经过精心选择,集中于谷崎润一郎、川端康成和三岛由纪夫的作品。这些作家作品的翻译及其在欧洲的大量转译,制造了战后四十年来日本在西方世界雅致、凄楚、忧郁的国家形象。这种日本文学的英译典律,是由战后美日关系决定的,"他们确立起来的典律,构筑的是对逝去不可复得之过往的感伤忆念。不仅译过来的日本小说经常谈及传统的日本文化,而且有些还痛悼因军事冲突和西方影响而招致的断裂性的社会变化"。这些作品所传达出来的日本唯美文学意识,创造了"日本在美国读者心目中的正确形象,从原来太平洋战争中的死敌,一夜之间变成了冷战时期的亲密盟友","这些作品的翻译"为美国与日本的外交关系从本土给予了文化上的支持,这也是为遏制苏联在东方的扩张行为而设计的"[②]。

在中国历史上,翻译政策也在翻译活动中起着不可或缺的作用。从唐朝的佛经翻译高潮,明末清初外国传教士与中国译者合作的科技著作

---

① Aksoy, B. *Translation as Rewriting: The Concept and Its Implications on the Emergence of a National Literature* [EB/OL]. *Translation Journal*, 2001. http://accurapid.com/journal/17turkey.htm (accessed 20/07/2006).

② Venuti, L. 1995. *Translation and the Formation of Culture Identities*. In C. Schaffner and H. Kelly-Holms (ed.). *Cultural and Functions of Translation*. Clevedon: Multilingual Matters Ltd.

翻译,直到清朝末年洋务派以"师夷长技以制夷"为目的设立同文馆与江南制造局,这些翻译行为无一不是政府在当时的政策产物。

新中国成立后,翻译活动也体现出了为政治、经济、文化服务的特点。建国初期的"一边倒"外交政策引发了苏俄作品的翻译高潮,同时意识形态方面的对立也决定了英美作品,尤其是文学作品汉译的相对低迷。随着60年代初中苏关系的破裂,我国对苏联作品的翻译也几乎完全停滞。改革开放以来,我国也迎来了新一次的翻译高潮,尤其是西方国家的作品通过翻译得以大量涌入,进一步促进了我国的现代化进程。

但是,由于"翻译政策"所处的边缘地位,此类研究成果尚十分有限。

在多元系统理论的框架内,巴斯麦特·伊文·佐哈尔(Basmat Even-Zohar)曾经在语言层面上探讨过希伯来儿童文学翻译的政策,认为翻译过程中译者的任何选择都绝非一时的心血来潮,而是受其所处的文学多元系统的限制。佐哈尔认为希伯来儿童文学翻译政策可以被定义为"限制"或"建议",其另一个特点是大多数政策是"隐性的",其被描述为"建议"是因为其本身具有"权威的因素",由编辑、出版社、或顾客强加给译者①。

沃夫认为翻译政策是体现政府或机关机构意志、使翻译合法化的一个程序,从而将作为文化活动的翻译置于经济、意识形态和政治等因素的制约之下。并认为具体翻译政策(或缺失)应纳入翻译社会学的概念框架之中②。沃夫的观点提出了翻译研究的政策维度,不过尚未对这个主题进行更进一步的讨论。

在国内,已故中国翻译协会名誉会长季羡林早在2005年就呼吁:"其实翻译规划、翻译政策、翻译教育、翻译队伍建设、翻译市场管理等等,该做的工作还多着呢,希望能引起各方的重视。"③

台湾学者张秀珍从东西方思想和文化方面的差异出发,讨论了国家的翻译政策问题,并提出我国目前应在词汇标准化、证照问题、经典翻译和翻译理论与实务的交流沟通四个方面加强规范④。

3. 翻译政策在翻译研究框架中的重新定位

霍尔姆斯认为"翻译政策"的研究领域应该分为两个部分,首先,"[翻

---

① Even-Zohar, B. *Translation Policy in Hebrew Children's Literature: The Case of Astrid Lindgren. Poetics Today*, 1992(1).
② 沃夫:"翻译的社会维度",辜正坤、史忠义主编《国际翻译学新探》,百花文艺出版社,2006,第125—138页
③ 李景端:"听季羡林先生谈翻译",《光明日报》,2005年2月22日。
④ 张秀珍:"国家的翻译政策",胡庚申编《翻译与跨文化交流:转向与拓展——首届海峡两岸翻译与跨文化交流研讨会论文集》,上海外语教育出版社,2007。

译政策]这一领域学者的任务是定义译者、翻译行为以及翻译作品在社会中的地位和作用：比如决定在特定社会文化中需要翻译哪些作品、译者的社会及经济地位现状以及其应有的地位……"①霍尔姆斯认为翻译政策是由翻译研究学者来制定的，但是事实证明，还有许多其他因素影响着翻译政策的制定与实施。

政策问题的第二部分则是关于"翻译在外语教学中的地位"，通过"广泛严格的研究来评估翻译作为语言学习技巧及测试手段的功效"②。可能就是因为霍氏将"翻译政策"研究与翻译作为语言教学手段联系起来，才使其后来或者被研究者忽视、或者被混入了"译员培训"的研究领域。

翻译研究本身的性质决定了其研究领域的动态性，霍尔姆斯的框架设想自然也经历了修改及补充，允许新的分支领域的出现，例如 Snell-Hornby(1988), Toury(1995)等。

图里(Toury)曾将霍尔姆斯 1972 年论文中描述的研究框架画了一张图，取名"Holmes' *basic* 'map' of Translation Studies"③(斜体为本文作者所加)。有趣的是，在这张图中，"应用研究"只有三个分支，分别为"译员培训"、"翻译工具"和"翻译批评"，唯独少了"翻译政策"。

随着信息和科学技术的日新月异，芒迪(Munday 2001:10—14)④也将"应用研究"这一部分的研究领域做了拓展，提出翻译研究的关注点已经从纯理论研究转向了实践应用研究，科学技术将在翻译研究中起到日益重要的作用，遗憾的是，"翻译政策"同样缺席芒迪的框架图。

不过，"翻译政策"并没有完全淡出芒迪的研究视野，他提出"翻译政策"的定义应该被修订，与当年"霍尔姆斯的描述"相比，其研究"当前与意识形态之间的联系反倒更加紧密"(Munday:13)。从今天翻译研究的语境来看，芒迪关于"翻译政策"的观点比霍氏更加恰切。可惜的是，芒迪没有更多笔墨详细讨论这一话题。

在国内，第一个把"翻译政策"重新纳入翻译研究领域的研究者是刘宓庆⑤。他将"应用理论"研究中的"价值理论"研究分为"翻译批评"和"翻译政策"两部分，不过可能是由于研究关注点不同的原因，其文中也没

---

① Holmes, J. 2000. *The Name and Nature of Translation Studies*. In L. Venuti. *The Translation Studies Reader*. London & New York: Routledge, p. 182.
② 同上，p. 82。
③ Toury, G. 1995. *Descriptive Translation Studies and Beyond*. Amsterdam/ Philadelphia: John Benjamins.
④ Munday, J. 2001. *Introducing Translation Studies*. London/ New York: Routledge.
⑤ 刘宓庆：《翻译教学：实务与理论》，中国对外翻译出版公司，2003，第 356 页。

有对此进行更加详尽的阐述。

据笔者理解,"翻译政策"在翻译研究框架中的缺失可能主要是由于以下几个主观或客观的原因:

首先,霍尔姆斯对"翻译政策"的定义模糊。他认为政策的研究包括两个部分,即翻译学者对社会中涉及翻译问题的建议和翻译在外语教学中的地位和任务,而这两个主题明显分属两个不同的研究领域。定义不清恐怕是导致"翻译政策"在翻译研究框架中缺失的直接原因。

其次,近年来翻译研究领域中术语的发展也导致了"翻译政策"这一术语的销声匿迹。例如,图里(1995)和赫曼斯(Hermans)[①]曾研究翻译过程中影响翻译行为的"规范"(norm)问题,而"规范"的定义在某些方面与"翻译政策"似有交迭之处。

第三,则是学科本身的原因。作为一个新兴学科,"翻译研究"尚有很多未知领域等待研究者的开拓。学科中不同领域的发展暂时不太均衡也是十分自然的,因此,有些主题(比如"翻译政策")可能在一段时间之内没有成为研究的热点问题,但是随着学科发展的日益成熟,理应受到研究者应有的关注。

随着翻译研究的语境不断拓展,在继"文化转向"之后,翻译研究的"社会学转向"(沃夫 2006:127)正在形成,"翻译政策"重新进入研究者的学术视野正当其时。所以,我们首先应该给予"翻译政策"在翻译研究学科中应该享有的地位,修订霍尔姆斯 1972 年的定义及研究范畴,并在此基础上对其进行更加深入系统的研究。

笔者认为,关于"翻译政策"的研究可以分为两种:宏观(general)与微观(specific)(参见图 1)。前者主要包括一些宏观政策问题的研究,比如翻译政策研究在翻译研究中的定位及定义,翻译政策在整个翻译过程中的功能,以及政策制定的原则等等;后者则关注政策研究的微观问题,比如对不同国家和地区在不同时代的不同翻译政策的个案分析等等。

需要指出的是,这仅仅是笔者关于翻译政策研究可能性的初步设想。霍尔姆斯关于翻译研究的理论框架是开放性的,其更大的程度上可以作为后续研究的起点,等待后来的研究者的修改和补充。正如芒迪(Munday 2001:13)所说,霍尔姆斯的框架图应该被后人当作"出发点"(a point of departure),而非研究的"终点"。事实上,许多学者也正是在霍氏理论

[①] Hermans, T. 1996. *Norms and the Determination of Translation: A Theoretical Framework*. In R. Alvarez and M. Carmen-Africa Vidal. *Translation, Power, Subversion*. Multilingual Matters Ltd.

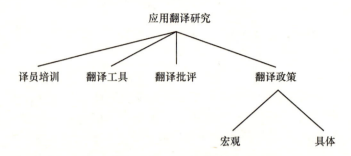

图 1　翻译政策在翻译研究中的重新定位

的基础上提出了自己的观点和理论（如图里的描述翻译学），进一步丰富并发展了"翻译研究"这一学科。

同样，这篇论文中的观点也期待能唤起对"翻译政策"研究的关注，并得到同行的批评和指正，更希望以后能有更多关于这方面的研究。

4. 制定符合中国国情的翻译政策

对翻译活动的研究表明，作为"国家或政党为实现一定历史时期的路线和任务而制定的行动根据和准则"（《汉语大词典·5》1990：426），政策不是由一个人或几个人的主观意志所决定的，而是国家、民族在文化、阅读心理、和发展方向等几个方面的综合反映。从宏观层面看，政治条件或固有的意识形态对翻译行为及译本的生产具有影响，而翻译政策主要受目标语国家的政治需要和政治环境制约，不同的统治阶级在不同的历史时期会有不同的翻译政策，政治、经济与意识形态等因素决定了翻译政策的宏观走向。

翻译政策可以是"有形的"（tangible），也可以是"无形的"（intangible），有时可能没有明确的关于某项"翻译政策"的官方文献或声明，但是可以在政府领导人的讲话或官方报纸杂志的头版文章或编者按中找到其踪迹。另外，翻译作为文化活动经常受到政治、经济、出版等因素的影响，在多数情况下，往往体现在基于"外交政策"、"文化政策"、"出版政策"或单纯"经济原因"而采取的政策手段上，并且不同的文本类型，采取的政策手段也不相同。

而对于译者来说，其在整个翻译过程中一直受到当时、当地的政治气候、国情与政策的影响，个人的翻译活动在很大程度上从属于政治需要。从这个方面来说，译者的主体性只能是一种"神话"，因为政策对译者拥有强大的约束力。

翻译政策最主要的特点是其权威性与不稳定性。在整个社会系统中各种权力的角力过程中,与其他因素相比,翻译政策是对翻译活动最有影响力的因素之一,其作用方式可以是对翻译行为给予财政、观念或精神方面的支持,也可以通过审查或制裁来制约翻译活动。由于政策本身就是国家或政党在一定历史时期制定的路线或准则,所以翻译政策的时效性与不稳定性也表现得比较明显,某项政策可能只在某个时期制约翻译行为,但在新的历史时期则会失效或被新的翻译政策所取代。例如,关于英美文学作品的汉译,建国初期十七年期间与改革开放时期的政策就有很大的不同。而且历史经验已经证明,过于强调某一倾向的翻译政策是不明智的,不利于国家的长久繁荣。

任何时代的翻译政策都有其连续性和相对稳定性,政策多变,政出无门,只能使人无所适从。但是翻译政策又不是一成不变的。随着时代的发展,政治、经济、文化的变迁,翻译政策也需要适时地进行调整和重构。

在二十一世纪,随着中国改革开放和全球化程度的日益增加,作为联系中国与世界的重要手段,翻译活动日趋繁荣,其地位的重要性也日趋凸显,但同时也逐渐暴露出很多问题,比如,翻译市场混乱,缺乏有力的监管措施,导致无序竞争、鱼龙混杂,抢译乱译情况严重,部分出版商在出版翻译作品时,单纯追求经济利益,只选择利润高的畅销书等,不重视市场比较小的学术类书籍。

另外,与写作等其他创作方式相比,翻译的学术地位低下,译者的稿酬太低,导致大量优秀译者流失,翻译质量得不到保障。2002年,季羡林、叶水夫、冯亦代、杨宪益等老一辈译家集体撰文,通过《光明日报》发出"关于恪守译德,提高翻译质量的倡议和呼吁"[1]。许嘉俊亦谈到了我国翻译界的困境:"今日青年人对读 MBA 趋之若鹜,对学文学翻译冷若冰霜。大学的中青年教师玩命地兼职代课,以获取短平快的收入养家糊口,买房买车,对做文学翻译挣稿费什么的根本嗤之以鼻。愿当翻译临时工甚至'枪手'只是急需钱花又胆大妄为的学生。合格的译者怎会不难找,翻译水平怎能不下降,翻译垃圾怎会不成堆?"[2]

虽然我国政府近年来已意识到翻译市场存在问题的严重性,并出台了一系列相关的政策法规,如《翻译服务规范》(2003)和《翻译服务译文质量要求》(2003)等,并为规范翻译市场的准入机制由教育部推出了全国翻译专业资格(水平)考试(CATTI),但距离建设一个良性、有序发展的翻

---

[1] 季羡林、叶水夫、冯亦代、杨宪益、李赋宁、草婴、陆谷孙、梅绍武、陶洁、李文俊、罗新璋、李景端:"关于恪守译德,提高翻译质量的倡议和呼吁",《光明日报》,2002年6月13日。

[2] 许嘉俊:"众译家议论翻译界现状",《文汇读书周报》,2006年11月3日。

译市场仍有很长的路要走。

造成目前问题的根源之一,就在于缺乏政府的有效监管,缺乏完善有效的相关政策和法规。因此,在这种历史情形下,一整套行之有效的为国家基本建设和文化建设服务的翻译政策十分必要。

总体而言,我国目前需要两种前瞻性翻译政策:宏观政策和微观政策。宏观政策主要关注翻译的基础建设问题,比如翻译质量评估标准及流程、译名的统一、市场的规范、翻译学术研究等等;微观政策则着重解决与翻译相关的具体问题,如某些翻译项目、翻译基金的设立、翻译奖项的评选等等。

其实,关于翻译政策的制订,国际上有许多成功的经验可供我们借鉴。如欧盟曾开展"万花筒项目"(The Kaleidoscope Programme)①,将当代文学作品(包括戏剧)译成非通用语言。另外,一部分欧洲国家还专门设立了翻译中心,主要目的是支持并促进本国的翻译工作。

法国政府在这一方面做了许多工作,"法国文学……在中国的传播,在一定程度上也得益于法国政策的文化政策。法国政府为发扬法兰西语言与文化,扩大法兰西文化在国际上的影响,多年来一直采取积极的措施,增进外国学者和翻译家与法国文学界的联系,为他们提供直接交流的机会。如法国文化部拨出专款,设立'奖译金',每年邀请三十名左右优秀的翻译家从世界各地去法国进行为期两至三个月的访问,带着翻译研究或翻译项目,与有关作家、出版家或研究专家进行直接交流。法国有关部门还在南方美丽的历史名城阿尔设立了'国际文学翻译中心',为各国翻译家在法国的交流提供了良好的环境和许多便利条件,每年11月还在这儿举行文学翻译研讨会,让各国的法国文学翻译家、研究家与法国文学界进行切磋、交流……另外,法国政府还牵线搭桥,为中国和法国的出版社、中国翻译家与法国作家、文学机构之间的交流提供各种帮助,为中国选择翻译项目、引进版权做了许多促进工作。特别是前几年启动的'傅雷计划',对法国现当代文学作品和学术著作的翻译,是一个有力的支持和推动……"②

荷兰的"荷兰文学创作与翻译基金会"除了向海外推广荷兰文学,并为已经获得版权、希望出版荷兰文学作品译著的外国出版商发放翻译补贴(最高可达翻译费用的70%)之外,还资助了"翻译之家",用于支持与

---

① Venuti, L. 1998. *The Scandals of Translation*: *Towards an Ethics of Difference*. London and New York: Routledge, p.193.

② 许钧:"二十世纪法国文学在中国译介的特点",《当代外国文学》,2001年第2期。

出版签署了翻译荷兰语文学作品合同的外国翻译家,或正在为译著撰写序言或评论等的本国翻译家。[①] 韩国则成立了"文学翻译院",由政府资助,把韩国的优秀作品翻译介绍到国外去。

这些国家的做法值得我们借鉴。我国"入世"以后,保持和弘扬民族文化,是出版界的一项重要任务,我们应该高度重视,同时也需要政府制定有针对性的行之有效的具体政策和措施。

5. 结语

政府通过翻译政策对翻译实行有效的监管和指导,是现代国际社会比较普遍的政治行为。如何结合中国的文化传统和国情,推动翻译政策决策的科学化和民主化,是当前和今后一个时期文化建设的一个重大课题。因此,结合我国的翻译政策实践,分析、研究中国翻译政策演化的历史和现状,探索和建构具有中国特色的翻译政策体系,自然应成为未来一段时间翻译研究者研究、追求的学术目标之一。

(作者单位:中国海洋大学)

[①] 胡炜:"荷兰积极推介本国文学",《决策与信息》,2005年第6期。

"走出去"战略视角下的"中译外"翻译

张 蓉

一、引言

从东汉至唐宋的佛经翻译、明末清初的科技翻译、鸦片战争后至"五四"前的西方政治思想与文学翻译，到新中国成立至今特别是改革开放以来西方各领域著作的全面译介，中国翻译史经历了四次翻译高潮，每次翻译高潮都对当时社会的某些方面产生了重要影响，发挥了翻译的积极社会功能。翻译是不同国家、不同民族之间进行政治、经济和文化交流的桥梁和纽带，应当包括"外译中"和"中译外"两个领域，但纵观我国翻译史，不难发现主流是外译中，少有中译外的情况。王岳川教授曾举出一组数据：从公元1900年到公元2000年的100年，中国全盘翻译的西方文史哲政经法数理化等书将近10万册，但是西方完整翻译中国的书不到500册[①]。自中国实行改革开放政策以来，译介外国特别是西方发达国家各学科领域的著作更是达到了新一轮高潮，其覆盖面和影响力都大大超过以前。在当今世界全球化语境中，如果外译中仍然处于主导位置，那么对中华文化的发展乃至中国的全面发展都会有很大的负面影响，中国的民族文化有可能会沦为世界文化的边缘，甚至处于"失语"状态。

二、加强"中译外"的机遇

1. 国家制定了汉语国际传播的新发展战略

为了满足世界各国人民了解中国、与中国人民交往的需要，同时也为了树立中国良好的国际形象，提升国际软实力，2005年7月，在北京召开了以"世界多元文化架构下的汉语发展"为主题的世界汉语大会。会后不久，国家制定了把对外汉语教学转向汉语国际传播的新发展战略。从国际上看，英、美、法、德、日、俄等国家都十分重视本国语言的国际推广，把语言传播作为国家战略，借以提高本国语言的国际地位，传播自己的文化和价值观，使本国文化在世界多元文化格局中占据重要地位。汉语国际传播是中国参与构建世界文化大格局的客观需要，是国家和全民族伟大

---

① 王岳川："发现东方与中国文化输出"，《解放军艺术学院学报》，2002年第3期。

复兴事业的重要组成部分。汉语国际传播绝不只是推广和传播语言的问题,更重要的应当是以汉语为载体,以教学为媒介,以中华文化为主要内容,把汉语与中华文化一起推向世界。汉语国际传播的本质是加快中华文化的交流和传播。

2. 国家和高校对翻译工作的高度重视

由国务院新闻办公室、新闻出版总署发起并实施的"中国图书对外推广计划",以传播中华优秀文化、提高中国文化软实力为宗旨,通过作为文化载体和沟通桥梁的图书,让外国读者用自己熟悉的语言阅读关于中国的图书,更完整、更真实地了解和认识中国。该项计划于 2006 年 1 月正式实施,主要采取资助翻译费的方式,鼓励各国出版机构翻译出版中国图书。2009 年"中国图书对外推广计划"的"加强版"——"中国文化著作翻译出版工程"以资助系列产品为主,既资助翻译费用,也资助出版及推广费用。

2007 年 4 月,由中国外文局、中国翻译协会主办的"中译外——中国走向世界之路"高层论坛在北京举行,这是我国对外传播翻译领域首次举行的高层次专业论坛。时任国务院新闻办公室主任蔡武出席论坛并作重要讲话,指出:"当我们在新世纪迎接全球化的挑战时,作为国家对外交往的重要组成部分,则应更加注重向世界介绍中国和中国文化。西学仍在东渐,中学也应西传。中国五千年悠久而璀璨的历史文化不仅属于中国,也属于世界,中国理应对新世纪世界文化格局的形成和发展作出自己的贡献。而要承担和完成这一历史使命,中译外翻译工作任重而道远。因为,翻译工作是决定对外传播效果的最直接因素和最基础条件,从某种角度讲,也是一个国家对外交流水平和人文环境建设的具体体现"[①]。

为促进中外学术交流,推动我国哲学社会科学优秀成果和优秀人才走向世界,经全国哲学社会科学规划领导小组批准,设立国家社会科学基金中华学术外译项目,自 2010 年开始常年受理申报。中华学术外译项目立足于学术层面,资助我国哲学社会科学研究的优秀成果以外文形式在国外权威出版机构出版,进入国外主流发行传播渠道,增进国外对当代中国和中国哲学社会科学的了解,推动中外学术交流与对话,提高中国哲学社会科学的国际影响力。

八十年代初期,一些学校开始在外国语言文学下招收翻译方向的硕士研究生;九十年代中期开始,南京大学等高校开始培养翻译方向的博士

---

① 蔡武:出席"中译外——中国走向世界之路高层论坛",来自 www.scio.gov.cn/gzdt/ldhd/200704/t112227.htm。

生。2004年,上海外国语大学在获得"外国语言文学"一级学科博士学位授权点后,自主设置了"翻译学"硕士、博士授权点。2006年初,教育部在国内高校设立翻译本科专业,复旦大学、广东外语外贸大学与河北师范大学等三所高校率先获得批准,于当年开始招收"翻译"专业本科生,进行先期试点。2007年,国家设立了翻译硕士专业学位,培养高层次应用型的职业翻译人才。翻译专业本、硕、博"一条龙"人才培养体系已经确立。

三、加强"中译外"的战略意义

1. 提升国家"软实力"的重要途径

随着全球化时代的到来,"软实力"日益成为影响国际关系和制约跨文化传播的重要因素。"软实力"最初由美国哈佛大学教授约瑟夫·奈在1990年提出,是一国综合实力中除传统的、基于军事和经济实力的硬实力之外的另一组成部分。作为国家综合国力的重要组成部分,"软实力"特指一个国家依靠政治制度的吸引力、文化价值的感召力和国民形象的亲和力等释放出来的无形影响力。"软实力"概念一经提出,便在世界范围内得到积极响应,世界各国纷纷研究并认真谋划提升自己的"软实力"。以美国为首的西方国家凭借其强势政治、经济、军事和科技力量,大力推行其民主、人权等价值观,这就是以硬实力为依托扩张"软实力"的例子。中国文化如果不通过一种新的渠道打通世界的多层沟通和多元对话,那就有可能不断地被误读被歪曲,最后在国际事务中被不断瓜分和孤立。在新世纪迎接全球化挑战的过程中,我们不能以牺牲民族语言和文化为代价去谋求与外部世界的交流和国家的发展,相反,应该通过"中译外"更完整、系统、准确、深入地向世界说明中国,真正实现中国文化与世界文化的汇通与融合,让世界了解中国,也让中国走向世界。

2. 建设世界民主、和平文化的需要

进入21世纪,随着经济全球化进程的加快,某些国家以强大的经济实力为基础,在推动经济一体化的过程中,谋求"文化霸权"地位。看似为交流提供便利的"英语"实际上削弱了处于弱势地位的一些民族文化。联合国教科文组织发表的《世界文化多样性宣言》将"文化多样性"提高到事关世界各民族的相互交往、相互交流和世界和平建设的高度来认识。全球化是历史发展的必然,这种趋势是不可避免也是不可阻挡的,其积极作用有目共睹,但同时也可能危及文化多样性发展。语言和文化的单一化会导致语言和文化霸权,进而危害世界的民主和和平。在世界文明发展的历史长河中,在世界不同文明的交流与融汇中,翻译始终都起着不可或缺的先导作用。多样性是人类文明的一个基本特点,各种文明在相互尊

重的基础上开展交流,取长补短,共同发展,是推动人类文明不断进步的动力之一。因此,在多种文化的接触、碰撞中起沟通和媒介作用的翻译,可以保证世界各民族文化的共存、交融与发展。越过文化障碍,加强中国优秀文化的对外传播,增进与国际社会的了解和沟通,有利于中国正面形象的树立,有利于为经济建设创造良好的国际环境,有利于维护语言多元化和文化多样性,有利于加强世界民主和平文化建设。

综上所述,"中译外"翻译工作不仅具有学科建设和学术研究意义,更具有建设国家"软实力",树立良好国际形象和推动和谐世界的战略意义和现实意义。

四、加强"中译外"的举措

改变中国对外文化交流和传播严重"入超"这种状况,使中国文化更大规模地"走出去",真正实现中国文化与世界文化的汇通与融合,是翻译工作者应承担的社会责任和历史使命,是机遇,更是挑战。

1. 由中国翻译工作者主导译介中国文化和作品

首先我们要确定由"谁"来译介中国文化和作品。有人提出,按照翻译的一般规律即多由外语"译入"母语,因此中译外应该由外国人来完成,中国人由于对译入语风格、理解和语言把握等方面的差距,译作往往达不到良好的效果。然而在"走出去"战略视角下,综合政治、经济、文化等现实因素,中译外工作应当由中国翻译工作者来主导完成。主要原因如下:

第一,在当今世界文化大背景中,中国文化和整个东方或第三世界的文化一样,是处于弱势地位的,其内在价值远远没有被世界认识和接受。处于强势地位的西方文化没有必要也没有动力来组织系统的中译外翻译工作。第二,西方学者在了解具有深刻内涵的中国文化和作品时往往有较大偏差,很难传达原作真正的异国情调和神韵。部分西方人对自身文化固有的优越感、价值观和文化霸权主义会导致一些译者根据个人主观好恶对原作进行随意的删减、添加。更有甚者,出于国家利益、政治因素或经济因素考虑,一些西方人戴着有色眼镜看中国发展,不会向世界传播真正的中华文化和价值观。第三,我国翻译学科建设和高水平翻译人才的培养得到了政府高层和高校的重视。翻译专业本、硕、博"一条龙"人才培养体系已经确立,并且注重理论研究和翻译实践的平衡发展。第四,认真组织中译外工作也是国人学习、认识传统文化精华和推动我国对外传播事业发展的重要途径,对于今天中国内地庞大的外语学习者,这一点尤为必要。面对鸦片战争以来一百多年的屈辱历史,现当代许多中国人的心态发生了严重失衡,甚至把否定祖宗、否定传统当作自身进步和发展的动力。大多数中国人对自己的文化传统和历史的理解是负面的,这一状况直到近年才有所改变。随着中国的日益强大,民族自信心不断增强,对自身的历史和传统的自豪感也在增强。但不可否认,在为之自豪的同时,很多中国人对民族的传统和历史已经不甚了了。在我们提出弘扬中国文化的时候,很多人并不知道要弘扬什么、宣传什么。

当然,以中国翻译工作者为主导译介作品,并不排除和国外汉学家的合作。中国译者可以在国外汉学家的协助下,按照国外受众的思维习惯和语言习惯去把握翻译,以期达到更好的传播效果。

2. 译介的文化和作品类型

在保证数量基本平等的前提下,更重要的是输出的文化和作品类型。根据王岳川教授的观点,"文化分成三个层次,第一是思想文化,即哲学文学历史,迄今这方面翻译出去的著作非常少,第二种文化是艺术文化,这方面有一些,第三种是民俗节日瓷器陶器,以及工艺品和杂技等等,恰好是第三部分的实用文化传播出去的特别多,而思想文化就是精品文化传播特别少,在这个时候,知识分子……应该把中国的思想文化和艺术文化的精品传播出去"[1]。思想文化层面和价值信仰层面的文化是构成中华文化的主体和精华,是中国优秀文化的代表,也是在全球化进程中保持民族文化特色、抵制文化霸权主义的根基。因此,体现思想文化层面和价值信仰层面的优秀作品应该是中译外的主体部分。

3. 文化翻译观和异化原则

20世纪70年代以后,翻译研究呈现多元化的趋势,它突破了传统美学或语言学模式而上升为一种文化上的反思。文化翻译指的是在文化研究的大语境下来研究翻译。文化翻译观的主要内容包括:翻译不仅是双语交际,它更是一种跨文化交流;翻译的目的是突破语言障碍,实现并促进文化交流;翻译的实质是跨文化信息传递,是译者用译语重现原作的文化活动;翻译的主旨是文化移植、文化交融,但文化移植是一个过程;语言不是翻译的操作形式,文化信息才是翻译操作的对象,等等[2]。可见,文化翻译观以文化的世界差异性为前提,尊重不同民族文化的差异,积极进行交流与融合;注重翻译与译语社会的政治、文化、意识形态的关系,关注翻译作为跨文化交际行为在译语社会中的巨大影响和作用。

既然翻译不再仅仅是语言符号的转换,而是一种文化转换的模式,那么在处理源语文化和目的语文化差异较大的文本时,就必须慎重选择翻

---

[1] 王岳川:"发现东方与中国文化输出",《解放军艺术学院学报》,2002年第3期。
[2] 杨仕章:"文化翻译观:翻译诸悖论之统一",《外语学刊》,2000年第4期。

译原则。在处理翻译中文化差异的问题上,翻译界内部有两种对立的意见,即"异化"和"归化",前者主张译文应以源语、原文作者、源语文化为归宿,后者主张译文应以目的语、译文读者、目的语文化为归宿。如果综合考虑翻译目的、文本类型和读者对象等因素,这两种翻译原则都有其存在的合理性和必要性。"中译外"的历史使命要求最大限度地在目标语文化中再现源语文化及其文化底蕴,因此在翻译过程中应采取异化原则,有助于在平等的基础上如实反映异国文化,更好满足读者阅读译作的目的。同时,在全球化大背景下,异化原则也是文化渗透和交融的客观要求。文化渗透和交融的过程是不同文化之间借鉴和吸收异质文化的精华以丰富和完善自身的语言和文化,同时将自己的语言和文化介绍出去。各民族文化的不断发展正是得益于翻译中不断借鉴和吸收异质文化的精髓。

在"走出去"战略视角下,中译外翻译工作担负着传播民族文化的使命,具有提升国家"软实力"和建设世界民主和平文化的战略意义。因此,中译外翻译工作应以文化翻译观为指导,尽可能地采取异化翻译原则,从而在对外传播和国际交流中保持自己的文化身份。

4. 中国英语

如上所述,中译外工作需要中国翻译工作者在文化翻译观的指导下尽可能地采取异化原则,在具体翻译方法上可以适当采用"中国英语"(China English)。中国英语是指以规范英语为核心,表达中国社会文化诸领域特有事物,不受母语干扰和影响,通过音译、译借及语义再生诸手段进入英语交际,具有中国特点的词汇、句式和语篇[1]。中国英语不等于中国式英语。中国式英语(Chinese English,Chinglish)则是指中国的英语学习和使用者由于受母语的干扰和影响,硬套汉语规则和习惯,在英语交际中出现的不合规范英语或不合英语文化习惯的畸形英语。这种英语往往对英语国家的人来说不可理解或不可接受。

中国英语主要由中国人所固有的思维模式和中国特有的社会文化所决定,是英语和中国特有的文化相结合的产物。可见,中国英语是在中外文化交流中,后者缺乏对中国文化特有现象的表达结构而做出的一种文化空缺的填补,是语言顺应的产物。它符合英语的基本语言规范,但立足于中国文化,在跨文化交际中的存在具有必然性。适当使用中国英语有利于中华文化对外传播,增进世界对中国的认识和了解;有利于中外文化的交融,加快让中华文化走向世界,因此具有极强的现实意义。

---

[1] 李文中:"中国英语与中国式英语",《外语教学与研究》,1993年第4期。

五、结语

在当今世界全球化进程中,任何国家都不可能脱离整个世界文化发展的基本格局封闭发展。与中国文化自身的内涵与厚度相比,中国文化对世界的影响力还有很大差距。在译介外国文化思想和社会经济科学信息来促进中国的现代化的同时,更应该抓住机遇,深刻认识文化输出的重要战略意义,通过"中译外"加大对外传播力度。只有不断保持自己民族的根本特性,不断发扬光大民族的文化根基和内在精神,才能在全球化整合中更好地向世界诠释中国和平发展、和谐社会的理念,塑造良好的国家形象,提高国家"软实力"和国际竞争力,才能对新世纪世界文化格局的形成和发展作出自己的贡献。

(作者单位:上海外国语大学)

文化外交中的翻译问题
——以中法关系为例

李洪峰

在21世纪的全球化背景下,文化外交战略已然成为国家外交战略不可或缺的组成部分,对于大国来说尤为重要。对外文化推广有助于树立本国的良好国际形象,提升本国文化产品在全球的地位,增强国家软实力。所以本文选择以文化外交为框架,以中法文化交流与中法两国文化外交战略为切入点,来考察翻译的意义和作用,并着重探讨法国外交战略中翻译政策对中国的启示。

1. 翻译、文化交流与中法外交战略

对于任何一个国家来说,对外交往的前提首先是跨越语言的障碍。无论是对于外交关系的发展、文化交流的进行,还是对于经贸活动的开展,翻译的角色都不容忽视。

从历史角度看,中国和法国都是世界文化大国,具有悠久的文化交流史,都重视文化在国际交流中的作用。在中法双边文化交流中,书籍翻译曾扮演过非常重要的角色,尤其是在19世纪末和20世纪上半叶。"中国历史上大抵有四次翻译高潮。第一次是东汉至唐宋的佛经翻译;第二次是明末清初的科技翻译;第三次是鸦片战争至五四运动的西学翻译;第四次是20世纪八九十年代对西学的全面翻译。"[①]对法国作品的翻译在第三次和第四次翻译高潮中尤为吸引人。法国大量的文学、艺术、哲学作品被翻译成中文,一定程度上影响了中国几代知识分子的精神世界,影响了无数普通中国人的审美情趣和哲学思维,可以称得上是拿来主义的典范。这也为法国文化在当代中国广受欢迎奠定了深厚基础。进入21世纪以来,法国社会学、科技、当代文学等种类丰富的图书继续源源不断地进入中国图书市场。

而被译为法文并在法国能够广泛流传的中国作品数量却非常少。这是中西交流中的一个普遍现象,并不仅仅是法语。在法国的书店里,可以

---

① 王岳川:"从文化拿来主义到文化输出",《美术观察》,2005年第1期。

见到一些《论语》、《庄子》之类的经典古籍,少量像《红楼梦》这样的古典文学作品。还有一些当代中国作家,如莫言、余华、铁凝等,他们的部分作品被翻译成法文。另外就是一些导游书、中餐菜谱等出版物。另外,自从出现了汉语热,汉语教材数目近年有了明显增加。总的来看,能够真正以法国人喜好的形式,深入浅出地介绍中国古老文化以及当代中国社会文化和思想的图书并不多。所以中法交流当中至今仍存在着文化交流逆差的问题。

从战略角度看21世纪,文化外交在两国外交战略中都具有重要的地位。法国的对外文化推广战略有相当长的历史,而中国的文化外交也曾为新中国走上国际舞台作出了巨大贡献。进入21世纪以来,中国在全球大力推广汉语文化,推行文化外交。在国际上,作为文化大国的法国曾在关贸总协定乌拉圭回合的谈判中提出"文化例外",以捍卫自己的文化产业;中法两国都赞同保护文化多样性,是联合国《保护和促进文化表现形式多样性公约》的签字国。所以,对比研究两国文化外交中的翻译问题对中国制定和实施新历史背景下的文化外交战略具有参考价值。

从21世纪对外文化推广的角度来看,与翻译密切相关的就是书籍在海外的出版。作为文化和思想传播的重要载体,书籍的翻译与海外出版折射出一个国家在国际上的影响力。本国书籍翻译成外文的种类、数量等数据都是一个国家文化外交实力的展示,而这些书籍在国外的受欢迎程度和销售量,则能够反映出一个国家文化外交的成果。"翻译什么"、"如何翻译"、"谁来翻译"、"翻译给谁"等问题不仅涉及到文化交流部门、教育部门,也是国家决策层、国家外交机构所应共同关注的文化战略问题和国家战略问题。

2. 法国翻译政策与对华文化推广

对于一国的外交来说,拥有一支高质量的翻译队伍是与别国进行沟通的必要条件。中法两国都非常重视这个问题。新中国对翻译人才培养的重视始于1954年的日内瓦会议,此后国家扩大了外语院校招生,加强了外语人才培养。当时,法国也同样存在精通汉语的翻译稀缺的问题。为了满足日内瓦会议上与中国代表团交流的需要,法国外交部甚至不得不聘用了一位中文教师来承担翻译工作。会后,法国人采取了不少措施来培养自己的翻译人才,并逐渐形成了外交翻译和文化推广翻译两条线的人才使用政策。之所以有这个结果,其原因之一就是对外文化推广一直属于法国外交部的工作范畴,文化部则扮演配合的角色。法国政府对文化外交的重视可见一斑。

从20世纪90年代初开始,为了扩大法国文化在海外的影响以及法国文化外交的力度,法国外交部的外交战略中专门纳入了一个翻译计划,专门针对书籍的海外推广。① 这个计划分为两个部分。

一是始于1990年的"出版资助计划",其目标是建立一个联系法国外交部、法国出版社、外国出版社、外国作者和译者的网络。法国外交部通过对外国出版社的支持,来增加各类法国图书以及法语图书的出版数量。参与该项工作的还有法国文化与交流部下属的国家图书中心。出版资助主要涉及两个方面,一是著作权转让方面的资助,二是驻外使领馆对驻在国出版社的出版资助。这样的体系把涉及图书海外出版的决策者和相关主体结合在了一起,非常有利于结合对象国的需求实现在海外出版图书种类的多样化。每个资助计划都以对象国致力于法国图书翻译的译者名字命名,如傅雷计划、普希金计划、泰戈尔计划等,以此来激励更多的对象国译者投入和参与。

二是2004年以来设立的"翻译计划"。这实际上是一个庞大的数据库,统计的是20年来从法语译到五大外语语种(英语、阿语、汉语、西语和俄语)的法国作品书目。这一工作由有关驻外使领馆负责组织完成。关系到法译汉译作统计的任务由驻华使馆文化处联合驻香港、广州、上海的总领馆以及台湾的法国学校共同完成。该计划的另一大任务是培养新一代法译外的译者。对象国的译者可以通过该计划获得图书、杂志,并通过申请译者资助前往法国进修并与作者见面交流,这有利于提高法国书目的翻译水平,并增加译者翻译法国书目的动力。

通过对法国外交部设立的傅雷计划②的观察,有几点内容值得重视。

首先,从书目上看,法国图书翻译成中文的类别比较丰富,涵盖文学、艺术、青少年读物、生活艺术和人文社会科学等各个领域,包括经典名著和当代最新出版的作品。

其次,傅雷计划的数据库既是一个书目库,还是一个中国译者人才库。数据库中现有486名译者,除了小部分译者已经过世外,译者在各个年龄层次上的分布保证了法文书目翻译的梯队需要。同时,译者名录按译者所翻译的书目类别也进行了分类。以地域上看,集合了中国各地区的译者。从译者行业看,有教师、学者、自由译者、编辑、译审等各类人才。傅雷计划除了向译者提供进修机会以外,还设立了一些翻译奖项,较好地激发了中国译者的积极性,一定程度上保障了人才库的利用率。

---

① http://www.diplomatie.gouv.fr/fr/actions-france_830/culture_1031/politique-ecrit_20124/traduction_80896.htmlPolitique de l'écrit.

② 关于傅雷计划可参考:www.fulei.org。

第三,傅雷计划的网络包含了文化推广的各个环节,形成了一个环环相扣的格局。除了法国外交部和法国文化机构外,傅雷计划的中方合作者中既有出版社(这些出版社都可以定期得到傅雷计划推荐的书目,以便从中选择书目翻译成中文),也包括了北京、上海、广州、深圳等地的一些知名书店,比如在北京文化层次较高的读者当中拥有较高名望的万圣书园,充分考虑到了引进、翻译、出版、销售各个环节。

应该说,从各个角度上看,法国政府在翻译政策方面的资金投入物有所值,实现了外国人才为我所用,很好地支持了整个文化政策在中国的实施。

3. 对中国21世纪文化外交中翻译策略的思考

在中国,制定符合中国对外文化推广发展进程的翻译战略已经逐渐提上议事日程。西方对当代中国的研究兴趣不断增长,这为我们的文化推广提供了难得的契机。据报道,我国图书版权的输出数量已经从2004年的1314项提高到了2009年的4177项;版权输出、引进比已经由2002年的1∶15提高到了目前的约1∶3.30。新闻出版总署2010年将通过"经典中国国际出版工程"、"中国图书对外推广计划"等项目继续推动版权输出,并计划制订有关国际畅销书计划,为可能成为国际畅销的图书项目给予包括政策、资金在内的积极扶持。① 翻译策略的制定和实施需要国家层面相关机构更深入的介入与协调,以有力的机制和网络支撑中国的文化外交政策。

那么,未来中国对法文化外交中到底要翻译什么?翻译给谁?很长时间以来,法国人对中国的了解,往往还停留在"物"的层面。普通法国人可能更了解中国的瓷器、丝绸、参观景点和一些传统习俗,但是对中国思想文化和艺术文化的了解很少,尤其是对中国20世纪后半叶至今的中国人文思想和科学技术的发展知之甚少。

显然,书目的选择应该更为多样化,结合传统文化与当代文化,从中突出中国文化的特色。这是中国对外文化战略中翻译政策所需要考虑的大问题。从中国向法国文化输入方面看,在书目方面,我们既应该考虑到法国精英阶层和知识分子阶层的需要,也要考虑到普通法国人的阅读习惯,通过科学地选择出版书目,全面地展现当代中国国家形象。结合法国人的阅读习惯和汉语的国际推广,文学作品和相关对外汉语教学出版物的翻译将成为一个非常突出的主题。目前,国家汉办、中国作协、中国翻

---

① 徐楠:《中国出口图书可获资金扶持有望现国际畅销书》,http://www.chinanews.com.cn/cul/news/2010/04-12/2220552.shtml。

译协会等相关机构都意识到了制定积极有效的翻译政策的重要性和迫切性。

法国人是一个热爱阅读的民族,尽管网络生活也冲击了他们的阅读习惯,但是法国人每年阅读图书的数量仍然可观,60%以上的法国人都认为网络阅读无法取代纸质的书籍。① 其中文学作品仍然占据着十分重要的地位。比起较为艰深的社科作品,通过文学作品展现的国家形象、中国人的生活思维习惯、中国式哲学理念更容易打动读者。21世纪以来,通过书展、互访、论坛等各种形式,中国当代作家与法国同行的交流有显著增加,中国当代文学作品的翻译力度会进一步加大。

从汉语推广的角度看,我国的翻译策略需要特别考虑到法国学习中文的年轻人群体。目前,我国在法国设有孔子学院近十家,学习中文的年轻人不断增多,汉语在法国成为仅次于英语、西班牙语、德语及意大利语的第五大外语。在法国与在中国一样,外语选修是大学教育非常重要的组成部分。2009年,16所法国大学设有中文专业,学生4000名;另有140所大学和学院设有以短期培训为主的汉语学习班,学生12000名。② 在中法两国中学外语教育体制中,英语在课程设置中都处于绝对优势地位。在中国,学习英语以外的外语语种(包括法语)的中学生人数相当少,除了在一些外国语学校当中会有小语种课程,如上外、南外、武外、杭外等学校。而在法国,中学生可以选修种类较多的语种。在法国汉语教学方面,根据法国教育部的统计,2004—2007年,法国重点高中的大学预科班汉语学习人数由9328人激增到20536人,其中把汉语作为第一外语或第二外语的学生占40%。③ 充分考虑年轻人学习汉语时阅读物的需求,对于中国文化推广的意义不言而喻。除文学作品外,法国年轻人也需要更多介绍中国当代社会的各类社科书籍。

此外,驻外使领馆对外宣传所使用书目的内容选择和翻译也是必须考虑的问题。很多对中国政府抱有成见的西方人,包括法国人,对外宣书目的内容往往怀有排斥感。如何选择外宣书目并用更接近法国人母语表达习惯的方式进行翻译,也应该得到翻译策略的重视。

书目选定之后,面对的就是"由谁翻译"这个重要问题。中国图书乃至中国文化走向世界,语言差异是一道屏障,而翻译是打破屏障的唯一手

---

① 2006年法国CSA调查公司、《十字报》与法国电视5台联合民意调查,http://www.csa-fr.com/dataset/data2006/opi20060223g.htm。
② 2009年法国教育部《法国汉语教学发展报告》,http://www.hanban.edu.cn/e-21sqlimg//file/200906/fff20090604170917_1716276264.pdf。
③ 同上。

段。中国文化能走出去多远,能够被多少人接受,很大程度上取决于翻译的效果。好的翻译能够帮助中国文化跨越文化差异,求得更多的认同。"据统计,目前中国在岗聘任的翻译专业人员约6万人,另有数十万人以不同形式从事翻译工作,但是现有的翻译人员仍无法满足中国日益增长的中译外工作需求。翻译工作者一般擅长把外语翻译成自己的母语,而将母语翻译成外语,被公认是一项高、精、尖工作,能够胜任中译外工作的高端人才严重不足,估计缺口高达90%以上。"[1]事实上,在书籍的翻译当中,从本国语到外语的翻译一般都由精通本国语的外国人来承担。傅雷计划就是一个非常好的佐证。

我国应该更多地将外国人才纳为己用。但是,有足够能力承担起中文书目汉译法工作的法国人到底有多少?他们分布在哪里?高校还是研究机构?这个人才库是否能为我所用,这是中国的对法文化推广需要探索的问题。笔者曾经试图协助中国作家协会寻找能够翻译中国当代作家作品的法国人,未果。我国驻外使馆文化处、中国文化中心、孔子学院在这方面应该扮演更为积极的角色,通过法国高校、法国出版中国书籍的出版社等部门,逐渐积累起中国书籍翻译的人才网络。同时要看到,目前不同程度掌握法语的中国年轻人和掌握汉语的法国年轻人中将来必然有一部分会成为两国交流的翻译人才,他们当中也将出现优秀的翻译家。另外,汉译法译者的寻找和联络不能仅仅限于法国,而应该综合考虑到比利时、瑞士、加拿大甚至非洲法语国家可以发挥作用的汉语人才。这部分人才的信息应该为我国文化部门和出版部门统一掌握,并与我国的翻译人才结合使用,发挥他们各自的特长。

4. 结语

总的看来,中国未来的翻译策略可以充分借鉴法国傅雷计划的经验,并且融合进中国外交网络的优势。从中法交流角度看,加强面向法国的文化推广,还有另一层重要意义。中国书籍法文版本并不仅仅面向法国,而是覆盖55个国家[2]以及其他地区的整个法语人群。打通通向法国的图书翻译以及出版通道,某种意义上说也就是打通了通向众多法语国家的文化之路。

(作者单位:北京外国语大学)

---

[1] 徐楠,《中国出口图书可获资金扶持 有望现国际畅销书》,http://www.chinanews.com.cn/cul/news/2010/04—12/2220552.shtml。

[2] 法语国家与地区组织目前拥有55个成员国。

外语国情与外语生活

中国内地外语使用情况调查分析[①]

魏日宁　苏金智

1. 引言

中国语言文字使用情况调查,是 1997 年 1 月 6 日国务院第 134 次总理办公会议决定开展的一项国情调查。此项调查旨在了解我国语言文字使用的全面状况,尤其是国家通用语言文字的使用状况,本报告仅分析外语方面的数据。中国语言文字使用情况调查领导小组办公室(以下简称"调查办")[②]已发布部分调查数据。本研究讨论的数据,既涵盖已发布的数据,也涵盖部分未发布过的数据(如上海市区[③]数据)。本文主要讨论全国的情况,但也结合上海的外语使用情况进行比较详细地分析。这样做基于以下两个理由:(1)上海在外语使用方面相对于全国比较复杂,民众的外语水平也相对比较高;(2)本文作者魏日宁近几年一直关注上海的外语教育及其相关问题。

本报告讨论的数据涉及我国民众学习和使用外语的情况以及外语水平,它们能为如下研究问题提供宝贵的实证数据:

(1) 中国人里有多少人学过外语?
(2) 学过外语的中国人学了哪些外语?
(3) 学过外语的中国人的外语阅读能力和会话能力如何?
(4) 学过外语的中国人使用外语的频度怎样?

2. 研究设计

2.1　总体和样本

调查总体是 15—69 周岁具有正常语言能力的中国内地居民。主体调查的全部有效样本数为来自约 16 万 5 千户共 47 万 5 千人,由"主体调

[①] 本论文为国家语言文字应用"十五"科研重点项目"语言文字国情调查数据库建设及其深度开发"成果之一,项目编号:ZDI105-65。

[②] 中国语言文字使用情况调查领导小组办公室(编):《中国语言文字使用情况调查资料》,语文出版社,2006。如无特别说明,本文图表中的全国数据均来自调查办(2006)中的相关表格。

[③] 指上海市除宝山、崇明、奉贤、嘉定、金山、闵行、南汇、浦东、青浦、松江这些区县外的行政区。

查对象样本"(每户只能有一人)和"其他家庭成员样本"组成;换言之,主体调查对象的样本数约为16万5千。本文汇报的全国数据均来自主体调查对象样本。

抽样方案按照随机(概率)抽样原则制定,由于"样本具有良好的代表性",故调查结果能推及总体。

2.2 调查工具

尽管此次调查使用了两类11种问卷,但本文分析的数据均来自面向全国居民的入户调查中的主体调查对象样本。

该问卷主体由背景信息(A)、语言能力和使用(B)、文字和汉语拼音(C)、语言态度(D)、外语(E)等五个部分组成。本文汇报的数据来自E部分的问题(6个)。E部分旨在了解受访者是否学过外语(E1),学过何种外语(E2),(若学过多于一种外语的话)哪种外语更熟练(E3),以及就最为熟练的外语而言,受访者的会话能力(E4)、阅读能力(E5)和使用频度(E6)如何。

测量工具的设计过程除了采用客观检验法、经过多次的试点调查之外,还采用了主观评价法,通过寄发问卷初稿及评价表请相关专家从多方面对问卷进行评论;在充分吸收专家意见和多次试调查的基础上形成正式问卷。问卷的施测过程详见调查办(1999)编写的《中国语言文字使用情况调查调查员手册》第155—158页。

2.3 数据分析

所有的问卷数据输入电脑后,用SPSS软件生成多项描述性统计指标。限于篇幅,下文主要对各种百分比进行分析;此次调查所得数据极为丰富,可用来进一步进行更复杂的分析[如方差分析(ANOVA)],这类分析将另文汇报。

3. 结果与讨论

3.1 中国人的外语学习情况

3.1.1 学过外语的比例

主体调查对象问卷中"E. 外语情况"部分的开头用"您学过外语吗?"作为筛选题,若受访人答"没学过",则本部分调查结束。全国初中及以上文化程度的人中有67.44%的人学过外语,上海则有73.06%,稍高于全国比例(调查办 2006:118)。上海市区的600位受访者中,共有561人(93.5%)具备初中及以上受教育程度,其中有75.8%的人学过外语,仍稍高于全国比例(见表1)。

表 1　上海市区初中及以上者学过外语的比例（N=561）

学过	没学过	未作答
75.8	22.8	1.4

据第五次全国人口普查初中及以上学历占总人口的 58.64% 这一比例来计算，全国总人口中有 39.55% 的人（5.01 亿）学过外语；而上海市区总人口中则有 70.87% 的人学过外语。

对学过外语者根据年龄分组分析，结果如表 2：全国 60—69 岁人群中仅 38% 的人学过外语，45—59 岁人群中这一比例已逾四成，而在 30—44 岁人群中该比例升至六成半，在 15—29 岁人群中则升至近九成；全国数据中体现的模式同样出现在上海市区数据中——年纪越小的人群中学过外语的比例越大。这一模式体现我国普及外语教育的方针总体上得到了很好的落实。

表 2　不同年龄段初中及以上者学过外语的比例

年龄段	15—29	30—44	45—59	60—69
全国	89.7	65.0	44.4	38.2
上海市区（N=425）	97.9	80.3	67.2	59.6

新中国成立后，教育部早在 1950 年就颁布《中学暂行教学计划（草案）》[①]，规定外语作为初中和高中的必修课之一，然而到了 1954 年，教育部一纸《从 1954 年秋季起中学外国语科设置的通知》，要求从 1954 年秋季起，全国各地的初中一律停止教授外语，高中三年只教授俄语。当时教育部作此安排的理由是为减轻初中学生负担，加强高中外语教学，但如此临时性的课程更改，不仅打乱了正常的学习秩序，还造成了初中英语资源浪费，俄语资源紧张，"是解放后中学外语教学铸成大错的一着"[②]。所幸的是，1956 年教育部发布了《关于中学外国语科的通知》，撤销两年前初中停开外语课的决定，要求从 1957 年秋季起在初中一年级恢复外国语科。

一言以蔽之，上世纪 50 年代可谓我国外语教学规划的"动荡期"。1954 年忽然全部取消初中外语课的政策虽然得到了纠正，"但是就全国

[①] 若无特别说明，本文中所引用的政策文件均出自何东昌（主编）《1997 中华人民共和国重要教育文献 1949—1997》，高等教育出版社。
[②] 李良佑：《中国英语教学史》，上海外语教育出版社，1988，第 328 页。

而言,其影响长达十年以上"①。本调查是 2001 年年底完成全部数据收集的,当时年龄在 60—69 岁人群和绝大部分 45—59 岁人群(具有初中或以上教育程度)是在上述"动荡期"或其后长达十余年的影响期内度过的,因此这两个群体学过外语的比例偏低。

在 1966 年到 1976 年文革期间,学制先后变了 3 次,外语教育事业也难免大起大落。1978 年改革开放的春风为我国的外语教育事业带来了全新的发展机遇。1978 年 8 月,教育部召开全国外语教育座谈会,时任全国人大副委员长廖承志亲自到会讲话。会议还通过了《加强外语教育的几点意见》,提出"中学外语课和语文、数学等课程一样,是一门重要的基础课,应当受到充分重视"。该意见同时提出"当前主要的任务还是大力发展英语教育,但也要适当注意日、德、法、俄等其他通用语种的教育"。于是长时间受冷落的外语教育重新引起人们的关注。随后几年,外语科在高考中计分比例的逐步加大,反映了外语教学逐步得到重视:1978 年高考时只有外语类考生的外语科成绩须按照 100% 的比例算入总分,其他考生外语成绩不计入总分,仅作为录取时参考,但非外语类考生的外语成绩算入总分的比例从 1979 的 10%,1980 年的 30%,1981 年的 50%,1982 年的 70%,最终变成了 1983 年的 100%。

总而言之,从 1978 年至今,我国的外语教育事业总体上保持稳定发展状态,没有受到任何政治运动的冲击。教育部建议的外语教学的起始年级也一降再降,充分体现教育部推广和普及外语的立场:英语已被作为几乎所有中学的必修科,2001 年 1 月教育部进一步发文对小学开设英语课程提出指导意见,具体要求是"2001 年秋季始,全国城市和县城小学逐步开设英语课程;2002 年秋季,乡镇所在地小学逐步开设英语课程"。小学英语课的起始年级"一般为三年级"。在推进小学英语教学的同时,教育部也提出"要保护和支持日语和俄语等其他语种的外语教学"和"鼓励以其他语种作为主要外语课程的学校办出自己的特色"。

从改革开放至今,一系列导向明确、务实稳定的外语教学政策,很大程度上能解释接受过外语教学的比例在新一代会比老一代有逾两成的升幅:全国 30—44 岁人群中的比例比 45—59 岁人群高 20%,而 15—29 岁人群的比例比 30—44 岁人群高 25%。随着教育部推进小学开设英语课等政策的落实,我们有理由相信,若现在或几年后进行调查,全国初中及以上学历的人中学过外语的比例将非常接近 100%。

---

① 胡文仲:"我国外语教育规划的得与失",《外语教学与研究》,2001 年第 4 期,第 245—251 页。

表2显示,上海市区各年龄段人群学过外语的比例均高于全国数据,这点和上海教育部门一直以来对外语教育的重视程度较高有关。早在1963年,上海市教育局就规定从当年秋季的初、高中一年级开始,外语考试成绩与语文、数学考试成绩一样,作为升留级的主要标准之一;而提倡小学开设英语课的时间,有学者称"上海市教育部门早于1991年就要求在小学三年级开设英语课"[①],但未给出政策文件出处;我们认为目前可考的材料之一是沪教委基〔2001〕87号文件,该文件要求"在本市中小学普及英语教学,从2001学年起逐步实施从小学一年级起始全面开设英语课"。也就是说,教育部建议全国的学校一般从小学三年级开设英语课时,上海已经在全国先行一步,要求所有的学校在小学一年级逐步开设英语课。这样看来,上海市区15—29岁人群中有近98%的人学过外语(比全国数据高出8个百分点)也就不足为奇了。

本节的数据不但能从一个侧面反映我国推广外语教学所取得的成效,还能为学术界提供更全面地评估中国外语学习者人数的数据。比如说,由于资源所限,之前国内外学者只能从某个时间横截面的全国在校学生人数来粗略推断我国学习外语的人数,本次调查提供了不同时间截面和覆盖更广阔学习者范畴的数据;比如说,截至2000年底(即本次调查大部分地区数据收集完毕的时间),我国通过各种渠道(传统学校教育、夜校、自学等)学过外语者约5.01亿,而学过英语者约4.7亿。

3.1.2 所学语种

问题E2询问受访者学过何种外语,设计的选项包括英语等7种外语和一个"其他"选项,受访者最多能选3种。在学习过外语的受访者中,全国有93.8%的人学的是英语,7.07%学的是俄语,2.54%学的是日语,其他语种单项最高的比例也不过0.3%。尽管各地受访者学习各种外语的比例有一定差异,比如最低的比例是黑龙江的82.74%,最高的比例是海南的98.68%,但总体而言,英语的比例在全国各地均占绝对优势。结合上小节数据,可算出我国约4.7亿人学过英语;仅从人数看,英语可谓我国的第一外语。在同样的这个意义上,我国的第二外语和第三外语分别是俄语和日语。

教育部的一项调研表明:我国约八千万的中学生中,逾99%所学的

---

① 彭梅:"刍议小学开设英语课的可行性",《外语界》,2003年第3期,第63—68页。

外语是英语,仅有 0.4%学习俄语,0.2%学习日语①。本次调查中英语的比例稍低于教育部的调研,这很可能是受访者中职业为"学生"的受访者比例较低造成的。我们推测,在学生群体中,所学外语为英语这一现象的主导地位会更加突出,遗憾的是,本次调查中的中学生、大学生专项调查未能提供这方面更细一些的数据。尽管如此,基于本次调查发现的全国有近 94%的人所学的外语是英语或含英语这一状况,以及之前研究的相关数据,认为我国的"外语教学"几乎就是"英语教学"的同义词并不为过。

表 3 显示,上海的受访者中近 92%的人学过英语,稍低于全国的推总数据。但除英语、阿拉伯语和"其他"外语以外,上海在所调查的 6 种主要外语的学习人数比例上均高于全国的推总数据。上海虽然只有 0.55%的人学过德语,但这是全国推总数据的 4 倍。上海学过日语和法语的人数比例均为全国推总数据的 2 倍以上。小语种人才更多地聚集于上海,这并不难理解:上海作为我国经济的"龙头"城市、一个逐步成型的国际"经济、金融、贸易和航运"中心,自然有更多的对外交流机会,小语种人才(如德语)在上海更有用武之地。此外,上海作为中国内地最靠近日本的大城市,与日本的交流需要也比其他城市多。

表 3 学过外语的人群学习不同语种的比例

地区	英语	法语	俄语	西班牙语	阿拉伯语	日语	德语	其他
全国	93.80	0.29	7.07	0.05	0.13	2.54	0.13	0.16
上海	91.74	0.62	11.71	0.07	0.00	6.13	0.55	0.14
上海市区	87.53	1.18	13.88	0.00	0.00	11.29	1.18	0.00

在上海市区学过外语的 425 名受访者中,逾 87%的人学的外语为英语,而且这些受访者只懂英语这一种外语;而近 14%的受访者学过的外语中有俄语,这些人中有部分人是懂两种或两种以上外语的。如表 4 所示,这些学过俄语的受访者中,大部分人(61%)只学过俄语,三成人学过英俄双语,学了英俄日三语的不足一成,懂得两种以上外语的人学过的外语中必有英语,这亦可体现英语目前在我国作为主导外语的地位。

表 5 表明,学过俄语的人大部分(逾七成)属于 45—69 岁之间,15—24 岁之间没有人学过俄语,学过俄语的人仅有 1.7%处于 15—34 岁之间的年龄段。这些学过俄语的人在数据收集当年(即 2001 年)年龄最小也

---

① Hu, Guangwei. 2002. *Recent Important Developments in Secondary English-language Teaching in the People's Republic of China*. Language, Culture and Curriculum. 15(1): 30—49.

已30岁,最大的是68岁。换言之,年轻一代(15—34岁)极少人学过俄语,学过俄语的人多属较年长一代(45岁以上)。这一结果和上世纪五六十年代我国外语教学中一度"独尊俄语"的倾向密切相关。

表4　上海学过俄语的人所学语种比例（N=59）

俄语	英俄	英俄日
61.0	30.5	8.5

表5　上海学过俄语的人年龄分布比例（N=59）

15—24	25—34	35—44	45—54	55—69
0	1.7	25.4	39.0	33.9

新中国建国之初在外交上一边倒地与苏联结盟,在各个领域的建设依赖大批苏联专家。据估计,仅在教育方面聘请的专家就有1,200余人,派出留学苏联的人员达11,000人,所以,可以说俄语是"当时最需要的外语"[①]。就上海而言,早在1949年12月就成立了专门培养俄语人才的上海俄文学校(上海外国语大学前身),当时约3,000人参加第一批学生的选拔,最后仅录取300多人,学生"全部享受供给制待遇……这在解放初期的上海可谓是件新鲜事,社会各界人士对此都刮目相看"[②],这在一定程度上预示着上海外语学习的主流从英语到俄语的转向。在全国范围内,1949年新中国成立之前只有13所大学设有俄语专业,1951年设立俄语系的大学则已达34所,此外还有规模较大的俄文专门学校7所。中学阶段学习俄语的状况则从1953年7月5日《人民教育》杂志上的署名文章《关于目前中学英语教学问题》中可见一斑:文章"根据全国各地许多中学师生和若干文教部门、报社所反映的材料",指出中学学英语的学生多不愿学英语而要求学俄语;中学教英语的教师感到没有好的办法可以提高学生学英语的热情,也有许多英语教师顾虑今后会失业。

50年代初教育部的三个决定直接促成了外语教学中持续十余年之久的"俄语独尊"现象。1950年8月教育部颁布《中学暂行教学计划(草案)》,对外国语的安排是"初高中均须设一种,如有条件(如师资、教材等)宜设俄语,但已授英语之班级,仍应继续授英语,不可中途变更,其不具备

[①] 胡文仲:"我国外语教育规划的得与失",《外语教学与研究》,2001年第4期,第245—251页。
[②] 胡孟浩:"我与外语教学结下了不解之缘",李良佑、刘犁编《外语教育往事谈——教授们的回忆》,上海外语教育出版社,1988,第301—318页。

俄语条件的学校,亦宜暂授英语",措辞中首次体现俄语为主的倾向。1953年7月教育部下达的《关于高等师范学校教育、英语、体育、政治等系科的调整设置的决定》,宣布全国只保留华东师范大学英语系以负责培养全国的中学英语师资,其他各校的英语系"一律停办";次年的《从1954年秋季起中学外国语科设置的通知》(见上小节),则宣布全国各地的初中一律停止教授外语,而且高中3年只教俄语。这些政策的直接结果之一是中学外语教学中英语与俄语的比例在50年代初变为约1∶9,"英语人才的培养出现断档"[①]。

据不完全统计,1949年至1956年我国总共培养了16,000名俄文人才;截至1956年6月,仅上海俄文专科学校就培养出7期共3,998名学生。这些人才大多成为我国当时多个领域的俄语干部,他们的成功激励了更多人通过多种方式(如听广播讲座、参加业余俄语速成班)学习俄语。社会上掀起的学俄语热潮,影响了随后十余年的外语学习方向。本次调查中45岁以上人群的中学时代即在那个"俄语独尊"的年代中度过的,所以学过俄语中的人大部分是45岁以上。

在上海市区学过外语的425名受访者中,逾11.3%的人学过的外语中有日语,该比例仅次于学过俄语的比例,全国范围内"俄语是第二外语、日语是第三外语"的模式再次体现在上海市区的数据中。具体而言,如表6显示,这些学过日语的受访者中,仅不足两成人只学过日语,逾66%学过英日双语,还有17%学过含日语在内的三种外语。懂得两种以上外语的人学过的外语中必有英语,这再次体现英语目前在我国作为主导外语的地位。

表7显示不同年龄段学习外语的人数比例比较稳定,并未出现像俄语那样出现学习人数比例的大起大落现象。明显的比例分水岭出现在25—34岁人群和35—44岁人群之间,两组的比例差异逾一成,比例出现较大增长的可能的原因是前一个人群在改革开放以后才接受初中或以上的教育,他们对外语的选择受到当时蓬勃发展的中日交往的影响:比如说,随着改革开放的进一步深化,上海市因私出境活动在1986年至1991年进入"活跃发展阶段",这个阶段的主要特点是"出国热潮在上海兴起","出境事由以就读语言为主",排在目标国家首位的即为日本[②]。上世纪

[①] 韩宝成、刘润清:"我国基础教育阶段英语教育回眸与思考(一)——政策与目的",《外语教学与研究》,2008年第2期,第150—155页。

[②] 骆克任、马振东:"上海国际迁移变动分析",《人口研究》,2000年第5期,第51—56页。

90年代初期,随着大量上海学生赴日学语言或深造,有人略为夸张地说当时"几乎在东京的每一列地铁车辆都能听到上海话"。1978、1980、1985和1990年上海对日本的外贸出口商品总额仅次于对香港地区的总额,甚至一直是高于对美、英等英语国家的总额(上海统计局2000)。

表6 上海学过日语的人所学语种比例(N=48)

日语	英日	英日德	英俄日
18.8	66.7	4.2	10.4

表7 上海学过日语的人年龄分布比例(N=48)

15—24	25—34	35—44	45—54	55—69
22.9	27.1	16.7	18.8	14.6

在上海,就当前外语学习者的总人数而言,第一外语是英语,第二外语是俄语,第三外语是日语,这和全国的情况是类似的;然而,对上海市区数据的深入分析表明,学过日语的人有高达50%处于15—34之间的年龄段,而上面我们已经指出学过俄语的人仅有1.7%处于该年龄段,即35岁以下人群中学习俄语的比例已经比学日语的比例少得多。因此可以推断,在上海,就年轻一代而言,英语仍是第一外语,但第二外语则是日语。上海的日语强于俄语(就学习者数量而言)的状况很可能在未来十年中会愈加突出,这是由上海和日本、俄罗斯交往的发展趋势所决定的,这一趋势从如下两个指标可见一斑。首先,1978、1990、2000、2005、2007年上海对日本的外贸出口商品总额分别为2.69、7.59、60.81、133.56和170.53亿美元,而对俄罗斯总额则是0.69、1.74、0.37、4.64和11.94亿美元[①],对日本的总额一般是几倍乃至几十倍于对俄罗斯的总额。其次,在2005—2007年这三年中,上海的日本籍常住人口排在所有外籍常住人口的首位,分别为27,812、29,326和31,025人,占外籍常住人口总数的三成左右,而俄罗斯籍的常住人口为零[②],估计人数充其量是约4千名持半年以上逗留签证的外国人中的一部分,而这类外国人由于数目太少,官方公布的数据并不对此类外国人分国籍进行统计。

就全国范围而言,俄语和日语哪种能在未来十年内成为第二外语?基于现有数据,还难以看出如上海般明朗的趋势。但可以肯定的是,英语

---

① 数据来源:http://www.stats-sh.gov.cn/2005shtj/tjnj/node124/userobject1ai4734.html。
② 数据来源:http://www.stats-sh.gov.cn/2003shtj/tjnj/nj08.htm?d1=2008tjnj/C0316.htm。

会在相当长的时间内占据我国第一外语的位置。无论我们是否愿意承认,英语确实已经成为当前世界范围内占主导地位的强势语言,这点已被不少中外学者论证过。我国绝大部分家长重视孩子英语能力的培养,这种重视在上海等大城市显得尤为突出,这是推广英语教学、实验双语教学的社会基础。教育部推进小学开设英语课、鼓励在高校开展双语教学等政策反映了我国目前规划外语教育的大方向。这三方面因素直接决定英语在可预见的将来仍持续作为我国的第一外语。然而,多元化的国际交流要求我们的教育体系不能忽视其他外语语种的教学。教育部已经意识到了这点,所以在推进小学开设英语课的同时提出要支持日语、俄语等语种的教学,但是如下问题尚待更多更系统的调研和科学的论证:学习英语的人数多少可谓"过多"？俄、日、法、德等语种在大学和中学教学中所占的比例应为多少？其他小语种应该发展哪些？培养这些小语种的外语人才有怎样的社会基础？

3.2 外语能力

E3 询问的是"在您学过的外语中,哪一种更熟练?"如果受访者学过多于一种外语,则 E4 和 E5 两题仅询问受访者更熟悉的那种外语。下面只汇报 E4 和 E5 的数据。本次调查的语言能力数据均为自评结果;和测试相比,自评当然是一个较粗糙的指标,但在没有条件通过测试获得信息的情况下,自评结果亦不失为一种有价值的数据。为了解决自评和客观情况的偏差问题,本调查在试调查阶段曾使用测试手段获取阅读能力方面的辅助信息,但由于人力物力有限,而且考虑到在这种大规模调查中附带测试的可行性,最终决定在正式调查中不纳入测试。课题组提出的如下办法,可为后续的深入调研提供解决问题的思路:在外语的调查对象中再做一个小规模抽样,对这部分对象作一个详尽的测试,从中得出自述值和测试值的差异,得出一个差异系数;如果差异显著,可通过差异系数对全国调查的数据进行调整。

在语言的读、听、说、写四种语言能力中,前两者属于接受性(receptive)能力,后两者属于产出性(productive)能力。在外语学习的语言环境中,外语产出性能力的发展往往滞后于其接受性能力的发展。就我国的外语教学具体情况而言,一般在接受性能力中,阅读能力较听的能力更容易培养,而在产出性能力中,会话能力则较写作能力更容易培养。本次问卷调查了接受性和产出性两类能力中相对较易培养的方面:阅读能力和会话能力。

3.2.1 外语阅读能力

表8前两行显示的数字是对所学外语为英语的人群而言的,为了更好地进行对比,上海市区的数据中还纳入了所学外语中"更熟练的外语"并非英语的人,这样的受访者仅占第三行总人数的4.24%,这样的处理方式也适用于后面的表9和表11。

为了表述方便,本次调查中选"能自由阅读书刊"或"能借助工具书阅读书刊"者被称为"阅读能力较好";选"大致能看懂简易读物"者被称为"阅读能力一般"。横向来看,英语阅读能力较好的人在全国范围内接近16%,在上海也不足25%。即使加上阅读能力一般者的比例,全国和上海具备一般及以上英语阅读能力的人分别不到三成和四成(见表8)。但纵向来看,我国的外语教学,尤其是英语教学极大地促成了英语在民众中从无到有的一个良好的铺开趋势:结合上文的讨论,不难推测,若在70年代末期——这个俄语独尊影响未消和文革后教育百废待兴的时间——进行类似的调查,阅读能力较好者很可能不足1%。1982以前,学生每分钟只能阅读12—14个单词,现在大学英语四级考试要求考生每分钟阅读50—70个单词,六级考试要求则是70—90个单词,而在此次调查结束之前,绝大部分高校均要求学生通过大学英语四级考试,所以可以推断新一代劳动力(尤其是过了四级的大学毕业生)的英语阅读水平肯定比上一代好得多。

表8 学过外语的人的外语阅读能力

地区	能自由阅读书刊	能借助工具书阅读书刊	大致能看懂简易读物	能看懂简单句子	看不懂
全国	3.26	12.67	12.80	43.23	28.04
上海	7.61	17.26	12.69	23.35	39.09
上海市区	4.47	13.41	11.76	35.53	34.82

3.2.2 外语会话能力

调查办1999年编写的《调查员手册》要求调查员正确解释两个E4题中较容易从多角度理解的选项:"能做正式口译"指能在正式场合做口头翻译,而"不会说"指受访者完全不会说或只会说该外语的几个词语。

为了便于表述,本次调查中选"能做正式口译"或"能比较流利地交谈"者被称为"会话能力较好";选"能进行日常会话"者被称为"会话能力一般"。全国和上海英语会话能力较好者分别约为5%和12%;即使加上会话能力一般者的比例,全国和上海具备一般及以上英语会话能力的人仅分别为两成和三成(见表9)。

对比表 8 和表 9 发现,受访者的外语会话能力一般稍逊于其阅读能力。比如说,在全国范围内,选最高级会话能力(即能做正式口译)者的比例仅为选最高级阅读能力(即能自由阅读书刊)者的一半;选次高级会话能力(即能比较流利地交谈)者的比例不到选次高级阅读能力(即能借助工具书阅读书刊)者的三分之一。由于产出性能力的发展往往滞后于接受性能力的发展,而且我国的外语教学在此次调查数据收集结束之前存在的明显的"重阅读、轻听说"倾向,这样的调查结果在预料之中。

表 9 学过外语的人的外语会话能力

地区	能做正式口译	能比较流利地交谈	能进行日常会话	会说一些问候的话	不会说
全国	1.80	3.53	15.61	61.54	17.54
上海	2.03	9.64	14.72	48.22	25.38
上海市区	1.65	5.18	18.12	51.76	23.29

全国只有 1.8% 的人称自己的外语能力可达调查设置选项的最高级,这一比例是否太低了?熊敦礼等对武汉三所高校即将毕业的学生随机抽取了 125 人进行了测试和调查,发现"73% 的大学毕业生的口语水平不能达到及格标准","只有 0.8% 的大学毕业生的口语能够达到较好水平"。调查者同时指出,尽管采样的高校在武汉,但是教育部属重点院校,"学生的口语水平基本代表全国大学毕业生的水平,甚至要高于全国大学毕业生的水平"[①]。经过测试达最高级会话能力水平的大学生比例仅 0.8%,那么全国调查中对会话能力自评最高级的比例为 1.8% 就不足为怪了。

虽然会话能力和阅读能力不等同于外语能力的所有方面,但表 8 和表 9 的数据仍能较好地反映我国民众外语(主要是英语)能力普遍不高的现状。这与一些已发表的小规模的自评调查结果一致:如马晓梅等对西安地区三所大学二年级非英语专业学生的调查表明,165 份有效问卷中仅有 1.2% 的人对自己总体英语能力自评为"很好",8.5% 认为是"较好",而且 52.7% 的学生则认为他们水平"一般",31.5% 和 3.6% 的学生

---

① 熊敦礼、李勇武、董元兴、黄更新、王晓菁:"高校毕业生英语口语能力状况",刘润清、戴曼纯(编著)《中国高校外语教学改革现状与发展策略研究》,外语教学与研究出版社,2003,第 242—251 页。

认为自己的水平"较差"或"很差","无回答"则占 2.4%。①

根据麦肯锡(McKinsey Global Institute)的报告,尽管中国当年的大学毕业生将达 310 万(而美国是 130 万),但"中国内地求职者中仅有不足 10% 适合在外资公司工作"。在所调研的 9 种职业中有 8 种职业的外资公司招聘负责人拒绝求职者的主要理由是"英语水平不够好(poor English)"②。能说明一些名牌大学的学生英语水平不够好的轶事性论据颇多,连名牌大学的学生尚且如此,全国范围内学过英语的人中具备较好阅读能力的人约 16%,具备较好会话能力的人约 5% 也就不足为怪了。上海和上海市区的相关数据高于全国数值,这很可能是因为上海作为择业热门城市之一,吸引了更多人才的聚集。

尽管对大学英语教学"费时低效"的批评"既不客观也不公正"③,尽管越来越多的人认为"哑巴英语、聋子英语"的说法过于偏激或不能确切地概括传统英语教学模式的效果,但本次调查显示,全国民众的英语阅读能力确实远低于其会话能力,民众中英语能力较强者约为 5%—16%。这些数据表明我国的英语教学质量尚有提高的空间,而从 2001 年逐步铺开的基础教育课程改革和高校四六级考试改革,无疑是往正确的方向迈进了一大步。

3.2.3 外语阅读能力和会话能力的关联性

一般认为,外语的会话能力和阅读能力有一定的关联性。而且基于上述对接受性技能和产出性技能的介绍,我们预期外语接受性技能较好的人,阅读能力应该也较好。下面用上海市区的数据进行讨论。

随机抽取的上海市区受访者中,初中以上而且学过外语的人共 425 位。为检验会话能力与阅读能力的关联性,故用这 425 位受访者的数据对这两个次序变量进行卡方检验。初步的卡方分析发现,SPSS 生成的列联表中超过 20% 的单元格的期望次数小于 1,因此达不到进行卡方检验的要求。这时解决的办法有两种:要么扩大样本量,收集更多的数据;要么将变量中的原分组合并为更大的组。我们采用后一种做法:把"能自由阅读书刊"和"能借助工具书阅读书刊"两组合并为"阅读能力较好";

---

① 马晓梅、高岩杰、解珊、程冰、陈晓华、杜鹃:"大学英语学习者的学习观念、学习策略与风格",刘润清、戴曼纯(编著)《中国高校外语教学改革现状与发展策略研究》,外语教学与研究出版社,2003,147—165 页。

② Farrell, D. & Grant, A. J. 2005. China's looming talent shortage. *McKinsey Quarterly*, (4): 70—79.

③ 辜向东:"让事实说话:对大学英语教学'费时低效'评论的反证",《外语界》,2003 年第 3 期,第 49—53 页。

"大致能看懂简易读物"和"能看懂简单句子"合并为"阅读能力中下";"看不懂"保持不变;把"能做正式口译"和"能比较流利地交谈"两组合并为"会话能力较好";"能进行日常会话"和"会说一些问候的话"合并为"会话能力中下";"不会说"保持不变。

合并类别后的卡方分析结果如表 10 所示:卡方值为 219.672,达 p 值<0.01 的显著水平;Gamma 值显示会话能力与阅读能力的关联性极强。

表 10 会话能力与阅读能力的列联表

			阅读能力			合计
			较好	中下	看不懂	
会话能力	较好	人数	25	4	0	29
		占会话能力%	86.2	13.8	.0	100.0
		占阅读能力%	32.9	2.0	.0	6.8
	中下	人数	50	181	66	297
		占会话能力%	16.8	60.9	22.2	100.0
		占阅读能力%	65.8	90.0	44.6	69.9
	不会说	人数	1	16	82	99
		占会话能力%	1.0	16.2	82.8	100.0
		占阅读能力%	1.3	8.0	55.4	23.3
合计		人数	76	201	148	425
		占会话能力%	17.9	47.3	34.8	100.0
		占阅读能力%	100.0	100.0	100.0	100.0

注:卡方值 219.672,p 值小于 0.01;Gamma 值为 0.901。

表 10 亦显示,会话能力较好的人中,86.2%的阅读能力较好,13.8%阅读能力中下,没有人的阅读能力低至"看不懂";而"不会说"的人中,仍有逾 17%的人具备中下或较好的阅读能力;会话能力中下的人中,明显地有更多的人具备中下水平的阅读能力(60.9%)而非较好的阅读能力(16.8%)。相比之下,阅读能力较好的人中,只有 32.9%的人会话能力也是较好,大部分人(65.8%)会话能力是中下水平,还有 1.3%的会话能力低至"不会说"。换言之,外语会话能力强的人,阅读能力也差不到哪里去;而阅读能力强的人,会话能力未必好。

3.3 外语使用

考虑到我国绝大部分地区中的大部分人极少同时以听、说、读、写四种方式使用外语,E6 的措辞设计为"您常用这种外语吗?",而且调查员问完问题后随即向受访者说明"用"可以指听、说、读、写几个方面中的任何一个或多个方面。

表11表明,全国学过英语的人中仅有约7%的人"经常用"英语,这一比例在上海翻了一倍;全国学过英语的人中近70%的人"基本不用"这种外语,上海的这一比例也和全国情况比较接近。

表11　外语使用频度

地区	经常用	有时用	基本不用
全国	7.30	23.30	69.40
上海	14.72	19.80	65.48
上海市区	10.82	20.00	69.18

我国学过英语的民众中基本不用英语者高达七成,这很大程度上与英语作为一门外语的地位密切相关。即使在英文和中文一样享有官方语言地位的香港特区,也已有学者论证香港社会仍是个"'讲粤语'的地方",特区政府希望学生具备两文三语(biliteracy and trilingualism)的能力其实是个奢望[1]。我国大陆,英语和俄语、日语等一样,不享有任何官方认可的地位,绝大部分民众平时没有用英语进行交际的需求,所以英语和其他外语甚少被使用。

已发表的一些利用非随机样本的调研表明,在大学生中,16%—34%的学生在课外从不阅读英语读物。常州工学院随机调查的135名学生中,只有3.1%的受访者"经常"阅读英文报刊,63.6%"有时阅读",33.6%"从不"阅读[2]。南京理工大学对2001级本科部分学生的调查表明,118位受访者中有22.9%的人"从不看"课外英语读物[3]。南京大学三年级受访的66名非英语专业学生中,在课外从不阅读英语读物的占16.7%[4]。连大学生中都有高达三成多的人从来不使用英语进行课外阅读,那么学过英语的普通大众中有六七成人基本不用英语也就不足为怪了。

4. 结论和建议

本文汇报的主要调查结果如下:

---

[1] 苏咏昌:"语文教育与香港的师生语文水平",郭康健、陈城礼编,《香港教育七十年》,香港教师会,2004年,第231—247页。

[2] 朱江:"大学英语学习行为调查研究",《大学英语(学术版)》,2007年第1期,第389—393页。

[3] 朱菊芬:"非英语专业新生英语学习现状调查",《外语界》,2003年第1期,第40—47页。

[4] 王凌、何宁:"非英语专业学生英语课外阅读情况调查与研究",《外语界》,2001年第4期,第11—18页。

（1）全国初中及以上文化程度的人中学过外语的约占67%，上海则是73%。该学历程度15—29岁人群中学过外语的比例达90%，大大高于60—69岁人群38%的比例；而上海市区的这两个比例分别为98%和60%。全国共5.01亿人学过外语，其中学过英语者为4.7亿。

（2）学过外语的人中，全国约94%、7%和3%的人学的分别是英语、俄语和日语；在上海市区，这三个比例分别为88%、14%和11%，模式大体和全国一致。值得说明的是，上海市区学过俄语的人仅有1.7%处于15—34岁之间的年龄段，而学过日语的人有高达50%处于该年龄段。

（3）在全国范围内，16%学过英语的人自评阅读能力较好；具体而言，约3%和13%分别称"能自由阅读书刊"和"能借助工具书阅读书刊"。在上海，25%学过英语的人自评阅读能力较好；具体而言，约8%和17%分别称"能自由阅读书刊"和"能借助工具书阅读书刊"。

（4）在全国范围内，6%学过英语的人自评会话能力较好；具体而言，约2%和4%分别称"能做正式口译"和"能比较流利地交流"。在上海，12%学过英语的人自评会话能力较好；具体而言，约2%和10%分别称"能做正式口译"和"能比较流利地交流"。

（5）上海市区学过外语的人中，其外语会话能力与外语阅读能力的关联性极强。

（6）全国学过英语的人中约7%和23%的人分别称"经常用"和"有时用"这一外语，这两个比例在上海分别为15%和20%。

基于上述结果，得出几点初步结论和建议：

（1）从改革开放至今，一系列导向明确、务实稳定的外语教学政策，在很大程度上促使学过外语的民众的比例逐代提高。随着教育部推进小学开设英语课等政策的落实，几年后全国初中及以上学历的人口中学过外语的比例将非常接近100%。

（2）就学习外语的绝对人数而言，目前英语是我国第一外语，俄语和日语则是第二和第三外语。鉴于学习英语的人数和学习其他外语语种的人数的悬殊性，说我国的"外语教学"几乎是"英语教学"的同义词并不为过。在上海市区35岁以下的人群中，学日语的人比学俄语的高二十余倍，可以认为在上海的年轻一代中，日语才是第二外语。在未来十年中，上海和日、俄两国交往的发展趋势决定日语仍将是上海年轻一代的第二外语；在全国范围内尚难以评估日语和俄语的相对位置，但可以肯定的是英语在可预见的将来仍是我国的第一外语。

（3）自评英语阅读能力较好者的比例远高于自评英语会话能力较好

者的比例,似乎可以归因为外语能力发展的规律和调查结束前我国许多地方英语教学中存在的"重阅读、轻听说"倾向;民众中英语总体能力较强者比例较低(即不足一成半),说明了我国的英语教学质量尚有提高的空间,而从2001年逐步铺开的基础教育课程改革和高校四六级考试改革,是往正确的方向迈进的一大步。

(4)由于英语在我国是一门外语,民众没有用它进行交际的实际需求,所以学过英语的民众中大部分人平时几乎不用英语。其他调研表明,即使在最有机会用到英语的学生群体中,也有两三成的人在课外从不阅读英语读物。

(5)目前英语作为全球强势语的地位、我国民众对英语能力的重视和需求以及我国目前外语教育规划的大方向直接决定英语在可预见的未来仍是学校外语教学的首选语,但我们的教育体系不宜忽视其他外语语种的教学。为了制订科学的语言政策,还需通过更多的调研去了解其他语种的社会需求等问题。

(作者单位:魏日宁,香港理工大学;苏金智,教育部语言文字应用研究所)

我国城镇居民外语需求调查分析与建议①

鲁子问　张荣干

任何战略的制定,其核心前提是准确把握战略目标相关的各种要素,其中最关键的要素之一就是需求。国家外语战略是解决全国外语相关问题的全局性方略,与外语战略目标相关的最基本要素主要是国家社会外语能力需求和国民外语能力需求、国家社会现有外语总量(foreign language capacity)②与国民自身外语水平。因此,要制定我国的外语战略,必须准确把握的要素之一就是国民外语能力需求。

1. 调查概述

本研究的调查问卷分为"基本信息"、"外语运用能力需求"、"外语技能需求"等三部分(限于篇幅,本文略去问卷)。"基本信息"部分的问题涉及答卷者的所在地区、从事职业、担任职务等个人基本信息(第1—3题),外语学习经历与水平(第5—7题),及其职业工作中的外语需求(第4,第8—12题)。第二部分"外语运用能力需求"(第13—43题)与第三部分"外语技能需求"(第44—60题)分别回答两方面问题(需要运用外语做什么事情?运用外语过程中需要注意哪些外语语言微技能?)。问卷第一部分的第5题以及第10—12题是多项选择题。第二部分的第43题是开放式问题,即由受访城镇居民自主补充前面未被问及的需要运用外语去做的事情。其余各题均为单项选择题。

基于外语运用能力需求,项目组确定了基于对外开放程度抽样的原则。通过对拟抽样地区的国内生产总值(GDP)、外商直接投资额、外国游客访问人数三个主要数据分析,进行分级分层抽样。项目组经过数据分析,最终确定了三类地区进行调查:一类地区(对外开放程度较高地区)、二类地区(对外开放程度中等地区)、三类地区(对外开放程度较低地区),每一地区随机抽样出10个城市,然后寻找当地合作调查单位,最后根据10个预选城市的调查便利程度,选定调查城市。项目组获得华中师范大

---

① 本文是国家语言文字应用"十一五"重点科研项目"国家外语发展战略研究"(ZD115-01)子课题"中国外语能力需求2010调查"成果之一,并受到上海外国语大学211三期项目资助。

② 这一概念来自Bernard Spolsky(伯纳德·斯波尔斯基),引自Bongaerts, T. & Bot K. 1997. *Perspectives on Foreign-Language Policy*. Amsterdam: John Benjamins Publishing, p.101.

学、安徽教育考试院、河南师范大学、贵州财经学院、常州职业技术学院、湖南湘潭市雨湖区教育局等机构的调查支持,于是确定选取湖北武汉、江苏常州作为一类地区调查城市,湖北宜昌、河南新乡、湖南湘潭、安徽合肥等作为二类地区调查城市,贵州贵阳、河南信阳、湖北襄樊以及安徽其他地区(含马鞍山、巢湖、滁州、阜阳、淮南)等作为三类地区调查城市。我们对上述地区近万名中国公民进行了问卷调查。

本次调查发放问卷10000份,回收7238份问卷,获得有效问卷6056份。由于乡村居民问卷的主要部分因漏填第二、三部分而另行统计分析,于是项目组将304份乡村居民的完整问卷及漏选职业选项的86份问卷也不包含在本分析之中,因此,本分析成为中国城镇居民①外语能力需求的调查分析。

本研究采用 SPSS 14.0 软件进行统计分析。

2. 调查结果初步分析

2.1 答卷人群基本信息

本次分析5636份有效问卷中有5574份(98.9%)来自选定取样地区(详细分布情况参看表一)。此外,有62份自愿完成的问卷来自非设定取样地区,这部分问卷数据将不参与上述三类地区为观察点的统计分析,但参与其他方面的统计分析。

表一 有效问卷来源地区

	对外开放程度较高地区		对外开放程度中等地区				对外开放程度较低地区				其他	总计
问卷	1432		2018				2124				62	5636
%	25.4		35.8				37.7				1.1	100.0
	湖北武汉	江苏常州	湖北宜昌	河南新乡	湖南湘潭	安徽合肥	贵州贵阳	河南信阳	湖北襄樊	安徽其他地区		
问卷	623	809	547	510	829	132	464	778	471	411		
%	11.1	14.4	9.7	9.0	14.7	2.3	8.2	13.8	8.4	7.3		

问卷的第2、3题调查受访城镇居民的职业与职务。调查人群覆盖问卷选项所有职业(见表二)。这一分布使数据具有较好的代表性。

问卷第5、6、7题调查答卷者的外语学习经历与水平。第5题(您学过的外语……)是多项选择题,从表三可见,97.6%的学过外语的受访城镇居

---

① 根据国家统计局报告,2009年中国总人口133474万人,其中乡村居民占53.4%,城镇居民占46.6%(国家统计局,2010),而且大部分乡村居民主要工作形态是从事农业生产,相对单一。项目组对乡村居民进行专项调查,数据单独分析。

民都表示曾学过英语,此比例远远高于其他语种。排在第二位的是日语(10.0%),而学习过其余语种的受访城镇居民则不足5%。学习过阿拉伯语(0.7%)、西班牙语(0.5%)与葡萄牙语(0.2%)的受访城镇居民中均不足1%。这充分说明我国现在外语教育的语种规划需要进行必要调整。

表二 答卷人群职业分布

	政府部门	教育研究机构	其他公立事业机构	大型企业	中小型企业	解放军	自由或其他职业	总计
人数	685	774	551	610	1029	431	1556	5636
%	12.2	13.7	9.8	10.8	18.3	7.6	27.6	100.0

表三 曾学习过的外语

	英语	日语	俄语	法语	韩国语	德语	阿拉伯语	西班牙语	葡萄牙语	其他语种
人数	5381	550	171	141	123	112	36	26	9	94
%	97.6	10.0	3.1	2.6	2.2	2.0	0.7	0.5	0.2	1.7

第6题调查受访城镇居民学习外语的年限,结果表明:被调查者中近一半(44.4%)学习了8到10年外语,79.5%学习了6年以上;而从没有学习过外语的只有3.0%(见表四)。不过,从表五第7题(您目前第一外语的水平……)的结果看,只有6.3%的应答者自认为目前第一外语水平达到能根据需要自如运用的水平,81.8%的人能进行日常对话与简单写作(33.3%)或只能勉强说几句(48.5%)。完全不能运用外语的则有11.9%。显然,学习年限与运用能力没有表现出正相关,这说明我国高等学校外语教育成效总体不理想,大学期间的外语教育没有促进学生外语运用能力的有效提升。

表四 学习外语年限

	12年以上	8—10年	6年	5年以下	没有学过	合计
人数	494	2497	1474	986	168	5619
%	8.8	44.4	26.2	17.5	3.0	100.0

表五 目前第一外语的水平

	能根据需要自如运用	进行日常对话与简单写作等	勉强说几句	完全不能运用	合计
人数	352	1866	2718	666	5602
%	6.3	33.3	48.5	11.9	100.0

2.2 工作中外语运用需求

受访城镇居民在职业工作中的外语需求通过第 4 题(您所在单位员工之间的主要工作语言……)以及第 8—12 题了解。绝大部分被调查者(98.0%)表示他们所在单位员工之间的主要工作语言是母语(即汉语或中国少数民族语言),只有 2.0% 的应答者选择外语。不过,第 8 题(您目前的工作中是否运用外语)和第 9 题(做好您目前的工作是否需要重新学习外语)结果表明(见表六),有 22.3% 的受访城镇居民认为自己目前的工作需要运用外语,有更多的人(35.7%)认为要做好目前的工作他们需要重新学习外语;而对大部分人来说,他们在目前的工作中并不运用外语(77.7%),且也不需要重新学习外语以做好目前的工作(64.3%)。

表六 目前工作中外语需求

目前工作中是否需要运用外语			做好目前工作是否需要重新学习外语		
是	否	合计	需要	不需要	合计
1252 人	4359 人	5611 人	2000 人	3598 人	5598 人
22.3%	77.7%	100%	35.7%	64.3%	100%

多项选择题第 10 至 12 题(若需要重新学习外语,需要学习什么语言,重点发展什么外语技能,学习什么外语知识?)的调查结果表明,受访城镇居民的首选为英语,排在第二、第三位的是日语和法语,其后依次是韩国语、德语、俄语、西班牙语、阿拉伯语、葡萄牙语(见表七)。若要重新学习外语,过半的受访城镇居民认为需要重点学习词汇和语音,语法与外国文化也分别有 45.6% 与 40.2% 的答题者选择(见表八)。说的技能有最多的受访者认为需要重点发展,听的技能也有过半的人选择,而读、写、译等技能则只有不到 40% 的人认为需要重点发展(见表九)。

表七 若重新学习外语所需要学习的语言

	英语	日语	法语	韩国语	德语	俄语	西班牙语	阿拉伯语	葡萄牙语	其他语言
人数	2751	851	807	615	433	256	181	101	87	100
%	81.3	25.1	23.8	18.2	12.8	7.6	5.3	3.0	2.6	3.0

表八 若重新学习外语,需要重点学习的外语知识

	词汇	语音	语法	外国文化
人数	2022	1759	1546	1361
%	59.7	51.9	45.6	40.2

表九 若重新学习外语，需要重点发展的外语技能

	说	听	写	读	译
人数	2803	2168	1321	1264	1146
%	80.9	62.6	38.1	36.5	33.1

2.3 外语运用能力具体需求

问卷第二部分(13—43题)调查受访城镇居民在生活中有哪些事情需要运用外语。除第43题开放式题目外，本部分(13—42题)提供了30件需要运用外语的事情给答卷者判断选择自己很少(0—10%)、较少(11—30%)、有时(31—60%)、经常(61—90%)或总是(91—100%)这样做。调查结果按这些频率选项分别赋值"很少、较少、有时、经常、总是"为"1、2、3、4、5"输入SPSS统计，因此，以下表十列举受访城镇居民运用外语所做的事情中，其平均值越高表示频率越高。

表十 运用外语所做的事情

运用外语所做的事情	样本数目	平均值	标准差	最小值	最大值
看外语原版电影、电视剧等	5622	2.22	1.24	1	5
学唱、演唱外语歌曲	5626	1.95	1.11	1	5
了解外国文化、风土人情等	5625	1.93	1.13	1	5
看外语电视新闻与电视节目	5631	1.89	1.09	1	5
辅导孩子或他人学外语	5611	1.81	1.15	1	5
使用外语界面的计算机软件、电子游戏	5622	1.77	1.07	1	5
读各种日用品、办公用品等商品的外文使用说明	5622	1.76	1.03	1	5
浏览外文网站	5622	1.72	1.03	1	5
在日常生活中读外文报刊	5624	1.67	0.99	1	5
在日常生活中读外文书籍	5626	1.64	0.95	1	5
读外文电子邮件	5629	1.58	0.97	1	5
听用外语进行的工作布置安排	5592	1.58	0.97	1	5
听外语讲座、参加外语论坛	5628	1.54	0.90	1	5
参加用外语讲解的培训	5593	1.53	0.90	1	5
用外语做日常交谈	5623	1.52	0.87	1	5
读外文专业文献	5631	1.48	0.91	1	5
把外文文件翻译成中文	5625	1.48	0.88	1	5
用外文写电子邮件	5627	1.47	0.89	1	5
把汉语发言翻译成外语	5619	1.46	0.85	1	5

续表

运用外语所做的事情	样本数目	平均值	标准差	最小值	最大值
把外国人的发言翻译成汉语	5631	1.46	0.86	1	5
用外语做工作交谈	5630	1.43	0.85	1	5
参加外语竞赛	5616	1.42	0.81	1	5
用外文写请假条、留言等日常应用文	5620	1.40	0.80	1	5
用外文写工作文件(工作计划、会议记录、日程安排等)	5622	1.36	0.78	1	5
把中文论文翻译成外文	5603	1.35	0.76	1	5
把外文论文、著作、书籍翻译成中文	5623	1.35	0.76	1	5
用外文写论文	5626	1.34	0.77	1	5
到国外不随旅行团旅行(自由行)	5612	1.33	0.77	1	5
在会议上用外语发言	5626	1.33	0.72	1	5
把中文文件、著作、书籍翻译成外文	5620	1.32	0.71	1	5

如表十所示,调查人群中前十件平均频率最高的运用外语所做的事情是:(1)看外语原版电影、电视剧等;(2)学唱、演唱外语歌曲;(3)了解外国文化、风土人情等;(4)看外语电视新闻与电视节目;(5)辅导孩子或他人学外语;(6)使用外语界面的计算机软件、电子游戏;(7)读各种日用品、办公用品等商品的外文使用说明;(8)浏览外文网站;(9)在日常生活中读外文报刊;(10)在日常生活中读外文书籍。

本部分(13—42题)所提供的30件需要运用外语的事情中,第13至17题的倾向听的技能,而第18、19、20以及第22题则倾向说,第23至29题倾向读,第30至33题倾向写。从倾向某种语言技能的角度看,调查结果中人们最经常做的前十位运用外语的事情中,倾向于阅读技能的有5项("使用外语界面的计算机软件、电子游戏";"读各种日用品、办公用品等商品的外文使用说明";"浏览外文网站";"在日常生活中读外文报刊";"在日常生活中读外文书籍"),倾向于听的有"看外语原版电影、电视剧等"与"看外语电视新闻与电视节目"等2项,倾向于说的有"学唱、演唱外语歌曲"1项。而"了解外国文化、风土人情等"与"辅导孩子或他人学外语"则倾向于各种语言技能的综合运用。

就其相关环境而言,这十件事情都可能发生于日常生活环境,尽管"了解外国文化、风土人情等"、"辅导孩子或他人学外语"、"使用外语界面的计算机软件、电子游戏"、"浏览外文网站"等也可能是出于工作目的而不是生活目的而发生。相比之下,后 20 位事情选项则更多的是与工作相关的外语运用事件。由此可知,受访城镇居民在生活中有很多运用英语的需求,这种需求多于其在工作中运用英语的需求。

值得指出的是,除了"看外语原版电影、电视剧等"介于"有时"与"较少"(平均频率值 2.22)之间外,30 件问卷所提供的运用外语的事情选项中,29 项介于"很少"与"较少"之间(平均值均低于 2.00)。此外,表十中平均值越高的事情选项其标准差趋向于更大,换言之,调查人群中运用外语所做事情的频率越高,其个别差异也趋向于更大。

第 43 题是开放式题目,共有 92 人回应此题(占 6056 份有效问卷的 1.5%),其中,7 份无效应答(如"基本不用外语"),28 份应答重复了问卷所提供的事情选项(如"看外国影视剧"相当于第 17 题"看外语原版电影、电视剧等"),33 份应答只提供了一个笼统概念,而不是一件事情(如"用外语"、"学习外语"、"外语教学"等),19 份应答属于外语学习、考试、培训活动(如"晨读"、"参加外语考试"、"培训时测试英语"等)。其余 5 份应答内容分别是:(1)参加外文话剧表演;(2)写英文日记;(3)用外语写博客;(4)当外语竞赛评委;(5)做英文调查问卷。

2.4 外语技能需求

问卷第三部分调查受访城镇居民在运用外语的过程中需要应用哪些方面的外语微技能。与第二部分类似,问卷自第 44—60 题提供了 17 种外语语言微技能选项给答卷者判断选择是否很少、较少、有时、经常或总是这样做。调查结果也同样赋值(很少=1;较少=2;有时=3;经常=4;总是=5)输入 SPSS 统计分析,因此,表十一中的平均值越高表示其频率越高。

表十一 外语技能需求

需要应用的外语微技能	样本数目	平均值	标准差	最小值	最大值
在听外语时,					
需要准确把握所听的中心大意	5623	2.41	1.43	1	5
需要准确把握所听的具体信息	5620	2.25	1.36	1	5
需要准确辨析语音语调、语气	5608	2.10	1.28	1	5
需要准确辨析英国英语、美国英语等口音	5586	1.75	1.12	1	5
需要既听懂英国英语、美国英语,也听懂日本人、阿拉伯人等所讲的英语	5609	1.60	1.05	1	5

续表

需要应用的外语微技能	样本数目	平均值	标准差	最小值	最大值
在说外语时,					
需要斟词酌句,准确选择最恰当的用词	5622	2.04	1.27	1	5
需要认真仔细,选择丰富多样的语句结构	5609	1.94	1.20	1	5
需要达到基本上不停顿	5603	1.80	1.14	1	5
需要准确使用英国英语、或美国英语等	5602	1.75	1.11	1	5
在读外文材料时,					
需要准确把握所读的中心大意	5610	2.24	1.41	1	5
需要准确把握所读的具体信息	5609	2.16	1.35	1	5
需要准确辨析语词的语义区别	5612	1.99	1.25	1	5
需要准确辨析语句结构的语义区别	5593	1.94	1.22	1	5
需要准确辨析英国英语、美国英语等区别	5612	1.71	1.08	1	5
在用外文写作时,					
需要反复修改	5596	2.27	1.43	1	5
需要斟词酌句,准确选择最恰当的用词	5609	2.12	1.34	1	5
需要认真仔细,选择丰富多样的语句结构	5611	2.09	1.32	1	5

在17种微技能选项中调查人群最多人应用的前五位是:(1)在听外语时,需要准确把握所听的中心大意;(2)在用外文写作时,需要反复修改;(3)在听外语时,需要准确把握所听的具体信息;(4)在读外文材料时,需要准确把握所读的中心大意;(5)在读外文材料时,需要准确把握所读的具体信息。这些微技能选项的平均值都在2.16以上,但又低于3.00,即介于"较少"与"有时"的频率之间。

分别观察四类语言技能,平均值达到2.00以上(即"较少"以上频率)的写的微技能选项有3项(占3选项中的100%),听的微技能选项有3项(占5选项中的60%),读的微技能选项有2项(占5选项的40%),而说的只有1项(占4选项中的25%)。在听、说、读、写各技能中,受访人群最多人应用的微技能分别是"在听外语时,需要准确把握所听的中心大意"、"在说外语时,需要斟词酌句,准确选择最恰当的用词"、"在读外文材料时,需要准确把握所读的中心大意"、"在用外文写作时,需要反复修改"。

与第二部分所调查的运用外语所做事情相比,本部分所调查的外语微技能的平均值更高,即受访人群的使用频率更高些。以平均值在 2 以上的选项数目看,第二部分 30 项事情选项中只有 1 项,只占总数的 3.33%;而本部分 17 项微技能选项中有 9 项,占总数的 52.9%。这说明受访城镇居民对于英语运用的技能要求更加明确,他们具有较明确的语言技能意识。

2.5 调查目的达成度

问题与需求分析是公共政策制定的起点,科学的外语战略需要大范围的外语能力调查。"中国外语能力需求 2010 调查"是迄今我国首个此类调查研究项目,其目的是了解我国社会经济发展和国民社会对外语能力的需求,并为国家制定外语政策提供相关的基本数据。

"中国外语能力需求 2010 调查"完成问卷调查抽样,其样本覆盖了我国社会对外开放程度较高、中等、较低等三类不同层面的地区,涵括政府部门、教育研究及其他公立事业机构、大、中、小型企业、农民、解放军、自由职业者、无固定职业者或其他职业者等八大类我国社会职业,以及单位高层、中层领导或管理者以及非管理者等三类社会职务。本项目通过问卷调查从职业工作中的外语需求、外语运用能力需求以及外语技能需求等三个不同方面为我国国民个人外语能力需求现状提供了较全面的基本数据,为国家外语战略的制定提供了基本依据。

以上数据分析充分说明本次调查的城镇居民数据非常具有说服力,实现了本次调查城镇居民的目的。所以,本报告的调查结果表明本次调查初步达成其预设目的,但本次调查尚需与乡村居民数据合并后进行总体分析,而且本次调查本身是第一次进行我国居民外语能力需求调查,问卷、抽样等都还存在不足,需在以后调查中不断完善。

3. 建议

调查本身不是目的,调查的目的是为了获得决策的信息,本调查的目的是为了制定合理的国家外语发展战略。基于本文报告的调查结果,项目组提出以下五项建议。

3.1 外语战略应从国民关键能力定位外语能力

国民关键能力是当前重要研究领域。1996 年联合国教科文组织提出 21 世纪的四项基本能力(学会做事、学会学习、学会做人、学会共存),

1997年经济合作与发展组织（OECD，以下简称"经合组织"）就开始"能力定义与选择"（Definition and Selection of Competencies，DeSeCo）研究项目，1999年形成关键能力纲要，2001年形成内涵界定。亚太经合组织（APEC）1997年也启动相关研究，现在形成广泛研究成果。两个组织的成员国随后开始研制各自的全面或不同领域的国民关键能力要求。

根据已有研究成果可知：国民的关键能力（key competency）是每个人已经具有或者应该具有的迎接生活与工作中重要挑战所必备的能力，关键能力与社会发展、文化传统等都有着密切关系，每一个国家和社会有着各自不尽相同的关键能力，不同社会发展阶段的关键能力也不尽相同，因为其社会发展与文化传统与发展水平等都不尽相同，其对能力的要求也就不同。一个国家的国民关键能力是这个国家的综合实力的重要组成部分，更是国家社会经济发展可持续开发和使用的根本资源，是参与国际合作与国际竞争的决定性因素。

经合组织经过多年多国的合作研究，提出了适应21世纪发展所需的"关键能力"，让该组织的一些成员国和地区针对自身特点，制定了各自不尽相同的关键能力。经合组织提出的关键能力为：

A. 互动地运用语言、信息、技术等工具的能力；

B. 与不同背景的人交往（恰当相处、合作、团队协作、管理冲突、解决冲突）的能力；

C. 自主行为（基于大背景行动，形成与实施人生规划和个人计划，保护与确认权利、利益、所限、需求）的能力。

由此可知，语言能力是国民关键能力之一。

本次调查发现，受访城镇居民中22.3%在工作中需要使用外语，其中2.0%其工作语言为外语。受访城镇居民中因工作需要进一步学习外语者达35.7%。如表十二所示，当我们比较表四、表五与表六的数据可知（见2.1与2.2部分），在本调查人群中，97%的受访城镇居民学习过外语，其中曾学过外语8年以上（本科毕业以上，中学学习外语6年，大学学习外语2年）的高达53.2%，而在工作中需要运用外语者达到22.3%，但只有6.3%的人可以自如运用外语，导致35.7%的受访城镇居民需要为目前工作重新学习外语。

因此，作为正在获得越来越大的国际话语权、并且越来越对外开放的中国而言，外语能力显然是一种非常重要的国民关键能力，是我国改革开放基本国策所需的国民关键能力。

表十二　外语学习及水平与职业需求

项目	曾学过外语	学习外语8年以上	目前工作中运用外语	能根据需要自如运用外语	目前工作需要重新学习外语
比例	97.0%	53.2%	22.3%	6.3%	35.7%

这说明我国城镇居民中需要在工作中使用外语者较多,其中有一部分以外语为工作语言者,然而我国当前外语教育成效不够显著。

那么我国外语战略现在不应该关注普及问题,因为曾经学习外语者比例已经很高,而应关注外语教育质量,使外语教育真正培养国民的外语能力。

同时,我国外语战略应该像科技界的"珠峰计划"一样,制定外语界的"珠峰计划",培养在工作中能自如运用英语的高级别人才,使能在工作中自如运用外语的国民比例能大幅度增加,并使更多中国人担任国际组织官员和领导者,承担与中国国际地位和国际责任相称的义务和责任,并更清晰准确地向世界传达中国的声音和意见。

3.2　外语战略应该包含跨文化战略,并适度指向国民外语生活

本次调查结果发现,我国国民对了解外国文化的相关需求较大。在受访城镇居民最经常运用外语所做的十件事情之中(见表十),只有"辅导孩子或他人学外语"是外语需求,其他的九件事情则更多的是外国文化方面的需求,这其中有生存性的生活需求(如"读各种日用品、办公用品等商品的外文使用说明等"),更多的是精神性生活需求(如"看外语原版电影、电视剧等";"学唱、演唱外语歌曲"等),这些文化内容几乎很少包括在现在的外语教育中。显然,我们需要满足公民的外语生活需求中外文化生活需求,这说明我国外语战略应该包括跨文化战略。

表十的前四项数据可以看出,受访城镇居民的外文需求中几乎都是生活需求,而非工作中的需求。所以,我国外语战略应该改变现在过于工作化、社会化的倾向,而应适度指向日常生活,以满足人民群众日益增长的跨文化生活需求。

其实,跨文化需求不仅已经在我国国民的生活中凸显,更是我国当前国际关系中的首要需求,中国话语世界表达的必需已经使得深度理解外国文化成为我国的国家需求,这使得相关研究亟待开展,如跨文化战略中全民跨文化教育、中国经济改革成功的文化因素、中国当前国际困境的跨文化因素、中国文化传播的跨文化张力、中国21世纪的文化张力等。

3.3　外语语种选择应该成为外语战略的重要因素

比较本次调查中已学的与需学的外语语种数据(见表十三)可以发

现,除了英语以外,其他语种需要学习的比例都比曾学习过的比例要高,其中法语高出 21.3%,韩国语 15.9%,日语 15.2%,德语 10.8%。这说明我国国民在工作、生活中需要的外语语种越来越多,而英语以外的外语语种需求显然高于我们外语教育的预期,因此,值得考虑相关政策的调整。

表十三　曾经学过的语言与需要学习的语言的比例

	英语	日语	俄语	法语	韩国语	德语	阿拉伯语	西班牙语	葡萄牙语	其他语种
曾经学过	97.6%	10.0%	3.1%	2.6%	2.2%	2.0%	0.7%	0.5%	0.2%	1.7%
仍然需要学习	81.3%	25.1%	7.6%	23.8%	18.2%	12.8%	3.0%	5.3%	2.6%	3.0%

从外语战略的角度看,外语语种与国家安全、社会发展战略紧密相关。因此,我国外语战略必须具有明确的语种配置思考,必须调查国家安全、社会发展战略中的语种需求,建立关键语言目录,增加外语教育语种,建立语种国家奖学金,建立语种人才资源库等。

3.4　外语技能目标应该与国民需求一致

本次调查发现,在实际工作中,受访城镇居民的外语技能需求(见表十一)与外语教学目标存在差异。四项技能中,平均需求值在 2 以上的比例分别是:听 60%(5 项中三项平均值大于 2),说 25%(4 项中仅有 1 项平均值大于 2),读 40%(5 项中二项平均值大于 2),写 100%(3 项平均值全部大于 2)。而我国现行的各级英语课程目标都是以听、读能力为主,说的能力要求次之,写的能力要求最低。

我们必须根据工作对于英语技能的现实需求和科学前瞻分析,合理规划我国外语战略,设计我国各级英语课程的技能教学目标,使学能所用。

3.5　外语学习策略应该成为国民外语能力的重要组成部分

本次调查发现,53.7%的受访城镇居民因工作需要继续学习外语,这说明外语学习能力应该成为终身学习能力的重要组成部分。同时,本次调查中 24.6%的受访城镇居民需要辅导孩子学外语,亦即,每四人中有一人需要从事外语学习指导活动。这更要求他们具有明确的外语学习策略意识。

为此,我国外语战略中应该将外语学习策略,亦即学习外语的能力,作为国民外语能力的不应忽视的重要组成部分。

我国外语发展战略的研制还尚在进行之中,本文数据与乡村居民调查数据应该能为我国外语发展战略的编制提供相应的数据。当然,我们需要更大范围的调查发现,这将是项目组以后的工作重点。

(作者单位:鲁子问,上海外国语大学,华中师范大学;张荣干,广州越秀区教育发展中心)

上海市街头公共标识外语使用情况调查分析[①]

罗雪梅

1. 研究背景

2010年5月1日上海世博会开幕。世博会为期6个月,期间将有7000多万国内外游客来上海观光游览。上海的公共标识是否已经做好了"城市无声导游"和"世界城市语言"的准备?作为一个国际化大都市的城区,如果没有清晰明了、直观准确的公共标识,就会给本地人以及国内外宾客的旅游、出行、工作和生活带来诸多不便。

上海城区"公共标识的用语形式和使用语种"现状如何?上海外国语大学部分师生于2009年1月至10月对上海街头的路名牌、交通指示牌以及多种公共设施做了"用语形式和使用语种"的实地调查,并对调查数据进行了统计分析。

2. 调查对象及样本数量

调查样本选自上海市区繁华街道道路两边"沿街单位名称牌"55块;路边"市政公用设施"(如电话亭、停车场、厕所等)共8个;"路名牌"(绿底牌)、"交通指示牌"(蓝底牌)以及"公交、地铁站名牌"各10块;"标志性旅游景点"(如东方明珠、博物馆、城隍庙等)10个;"星级宾馆餐馆"48家;"公交枢纽或公交集散中心"2个;火车站、地铁站、机场各1个。

3. 上海城区"公共标识"实景拍摄照片选例

图1至图12是"沿街单位名称牌"等实景拍摄的照片选例。

图1 沿街单位名称牌

图2 交通指示牌

---

① 基金项目:上海市语言文字应用"十一五"规划科研重点项目及上海外国语大学211三期资助项目"世博会外语环境建设研究"的阶段性成果。

图 3 公交站名牌

图 4 景点内提示牌

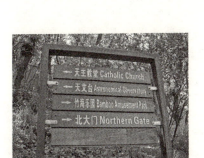

图 5 景点内功能设施——引导牌

图 6 景点内功能设施——介绍牌

图 7 景点名称牌

图 8 景点名称牌

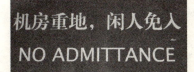

图 9 警示牌

图 10 地铁站名牌

图 11　提示牌　　　　　　　图 12　路名牌

4. 调查统计结果

关于"公共标识的用语形式"调查统计结果如表 1 和表 2 所示。
关于"公共标识的使用语种",调查统计结果如表 3 所示。

表 1　街头招牌、路名牌、指示牌等"用语形式"百分比(%)

调查项目 \ 用语形式	纯中文	纯外文	汉字和汉语拼音	中外文并用
路名牌	0	0	0	100
地铁站名牌	0	0	0	100
交通指示牌	40	0	0	60
公交站名牌	20	0	20	60
市政公用设施	25	25	0	50
沿街单位名称牌	36.36	18.18	18.18	27.28

表 2　旅游景点、宾馆餐馆名称牌等"用语形式"百分比(%)

调查项目 \ 用语形式	纯中文	纯外文	汉字和汉语拼音	中外文并用
公交枢纽、机场、火车站名称牌	0	0	0	100
景点内功能设施	3.67	0	0	96.33
景点介绍说明牌	0	0	9.09	90.91
宾馆餐馆功能设施	5	15	0	80
宾馆餐馆名称牌	18.75	6.25	0	75
公交枢纽、机场、火车站功能设施	30	0	0	70
景点名称牌	40	0	0	60

表3 旅游景点名称牌等"使用语种"百分比(%)

调查项目 \ 用语形式	汉语	英语	法语	日语
景点名称牌	100	100	0	0
景点介绍说明牌	100	85.72	0	14.28
景点内功能设施	100	85.72	0	14.28
宾馆餐馆名称牌	100	100	0	0
宾馆餐馆功能设施	100	80	10	10
公交枢纽、机场、火车站名称牌	100	100	0	0
公交枢纽、机场、火车站功能设施	100	80	0	20

5. 数据分析

5.1 "路名牌"和"地铁站名牌"使用"中外文并用"的比例均达到100%

图13展示的是上海街头"路名牌"、"指示牌"、"沿街单位名称牌"(招牌)以及"市政公用设施""用语形式"百分比的对比分布(表1数据)。

容易看出,"路名牌"和"地铁站名牌"使用"中外文并用"的比例最高,均为100%。其他依次为"交通指示牌"60%,"公交站名牌"60%,"路边市政公用设施"50%,"沿街单位名称牌"27.28%。使用"纯中文"比例较高的是"交通指示牌"和"沿街单位名称牌",分别为40%和36.36%。

调查数据还显示,"交通指示牌"、"沿街单位名称牌"、"市政公用设施"及"公交站名牌"的用语形式使用"纯中文"的比例较大,因此尚有很大改进空间。

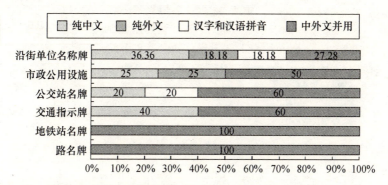

图13 沿街单位名称牌等"用语形式"百分比按"中外文并用"比例大小排序

5.2 "路名牌"等公共标识的"使用语种"均为"英语"和"汉语"

对"路名牌"等公共标识"使用语种"的调查结果显示,上述所有使用"中外文并用"形式的公共标识,其使用语种均为"汉语"和"英语"。可见,"英语"在我国社会已经成为仅次于汉语的强势语言。

5.3 "公交枢纽"、"机场"及"火车站"使用"中外文并用"的比例达100%

图14展示的是上海市标志性"旅游景点"、星级"宾馆餐馆"等"名称牌"、"功能设施"(指景点、宾馆餐馆等内部的"提示牌"、"引导牌"等)"用语形式"百分比的对比分布(表2数据)。

容易看出,"公交枢纽、机场及火车站名称牌"100%都使用了"中外文并用"的用语形式。其他使用"中外文并用"的比例依次为"景点内功能设施"96.33%,"景点介绍说明牌"90.91%,"宾馆餐馆内功能设施"80%,"宾馆餐馆名称牌"75%,"公交枢纽、机场、火车站内功能设施"70%,"景点名称牌"60%。

调查数据还显示,"宾馆餐馆内功能设施"和"宾馆餐馆名称牌"使用"纯外文"的也占有一定比例,分别为15%和6.25%。这与上海的国际化、外国宾客越来越多是相辅相成的。而"景点名称牌"、"公交枢纽、机场、火车站内功能设施"使用"纯中文"的比例较大,分别为40%和30%,尚有很大改进空间。

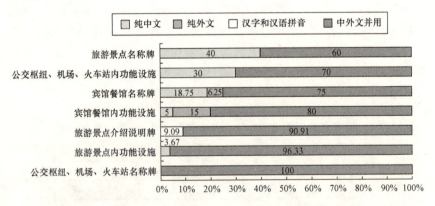

图14 旅游景点名称牌等"用语形式"百分比按"中外文并用"比例大小排序

5.4 "景点名称牌"等公共标识的"使用语种"以"英语"和"汉语"为主

对各种公共标识"使用语种"的调查结果表3显示,"景点名称牌"等所有使用"中外文并用"形式的公共标识中,主要使用语种为"汉语"和"英语"。

其次,在"景点介绍说明牌"、"景点内功能设施"、"宾馆餐馆内功能设施"及"公交枢纽、机场、火车站内功能设施"中还分别有10％至20％的使用了"日语"。而"宾馆餐馆内功能设施"中除汉语、英语、日语外,使用法语的比例也达到了10％。

6. 总结和建议

上海作为一个国际化大都市,越来越多的外国友人将来上海参观、游览、工作、生活,他们会亲身感受上海,而看起来很小的诸如"路名牌"、"指示牌"这些细节将反映出上海对国际友人的欢迎与友好,展示上海周到、富有人情味的服务。所以,以"公共标识"为主的城市信息导向系统在用语形式和使用语种上应该尽可能周全、正确、方便、实用。

2006年上海市语言文字委员会通过了《上海市实施〈中华人民共和国国家通用语言文字法〉办法》。该办法规定,广告、公共场所的设施应以规范汉字为基本用字;招牌、告示、标志牌等需要使用外国文字的,应用规范汉字标注。

调查中显示,上海市区的"交通指示牌"、"沿街单位名称牌"、"市政公用设施"及"公交站名牌"使用"纯中文"的比例比较大,建议相关部门根据各种标识的具体情况进行适当改进,特别是繁华地段和重要区域的"公交站名牌"和"交通指示牌"应像地铁那样全部使用"中英文并用"的用语形式。

事实上,我们另外一项"外籍人士对上海外语服务满意度调查"的结果之一显示,外籍人士对上海公交方面的外语服务"不满意"比例为34％,"不满意"与"一般"的比例之和高达65％。与其形成鲜明对比的是对公交"非常满意"的比例竟然是0％。公交车竟然成为外籍人士出行时尽可能避免的交通工具。

调查结果充分说明,上海市公交系统的外语服务水平尤其亟待提高。这其中当然包括公交系统的站名牌、功能设施等公共标识牌的改革。希望公交部门加快速度更新"纯中文标识牌",为越来越多的外籍人士出行、生活、工作提供更加方便的"中外文标识"服务。

调查结果还显示,上海市"标志性旅游景点"的景点名称牌使用"中英文并用"形式的仅占60％,有些景点特别是像豫园、七宝古镇等景点内,很多纯中文的公共标识,给外国宾客带来诸多不便。希望旅游部门把为外籍人士旅游观光提供方便、温馨的服务落实到实处,尽快更新"纯中文标识牌",让公共标识真正成为"城市无声导游"和"世界城市语言"。

笔者认为,上海、北京这样的国际大都市,绝大多数城市公共标识应使用"中外文并用"的用语形式。例如"中英文并用",甚至在某些特别区域或场合可以使用多种语言,如"中、英、日并用"、"中、英、法并用"、"中、英、韩并用"等"多语种并用"的用语形式。

作为"城市名片"和"城市无声导游"的公共标识,理应为来自国内外的众多宾客带来周到、温馨的服务,并成为展现上海国际化、现代化和人性化的一道靓丽风景线。

(作者单位:上海外国语大学)

外语使用中存在的问题与对策

魏 晖

随着改革开放的深入,尤其国际化的发展,各类机构和人群使用外语越来越多。外语使用不规范、错误频出的现象时有发生,外语对汉语也产生了重要影响。2010年2月28日,《人民日报》海外版高级编辑傅振国针对汉英混杂使用问题撰写了《300年后汉语会消亡吗?》一文,引起社会广泛关注,中央领导同志也做出批示。今年"两会"期间,不少人大代表、政协委员针对外语使用混乱状况和外语教育提出提案。前一段,广电总局下发通知,要求主持人、记者以及字幕中不要使用外语词及缩略语,引发社会广泛议论。实际上,不仅汉语,日语、法语、德语同样遭遇外来语特别是强势英语的"入侵"。连一向以自己语言为骄傲的法国人,虽然极力维护法语的纯洁性,但是在文化的国际化趋势面前,也"从单一强调法语,转而更多支持语言和文化的多元化发展"。另一个有意思的现象是,当前最强势的美式英语同样遭到了外来语的"侵袭"。西班牙语、法语、日语甚至汉语都给美国英语注入了新鲜元素,中式英语"Long time no see"、"Good good study, day day up"成为外国人的日常用语。

在国际化浪潮面前,本土语言要完全摈弃外来语的影响可能并不现实。汉语的真正挑战是如何吸收和规范外来语词汇或表达方式,增强语言的开放性,并在一个日趋国际化的世界里拥有自己的影响力。应对这种"入侵",不能放任自流,而应该认真调查外语使用中存在的问题,分析其产生的原因,制定相关法规和政策加以管理和引导。

一、外语使用中存在的问题

为讨论的方便,从一些重点行业、部门角度分析外语使用中存在的主要问题。

(一)新闻出版领域。在各种出版物、媒体报道乃至政府公文中,汉英混杂的情况越来越多,尤其是外语词和缩略语(一般称为"字母词")如WTO、CPI、GDP、NBA、ECFA、E-Mail等的使用成泛滥趋势。

(二)广播电影电视领域。主持人口播、记者采访及字幕中经常出现外语尤其字母词。

（三）工商领域。企业名称、标识、商标、牌匾和商品包装、广告等使用外语及外语字母的越来越多，有些商品说明及说明书甚至没有中文。

（四）公安和民政系统。公民取名不使用规范汉字，使用外语字母。如赵 C 案成为 2008 年中国十大影响性诉讼案件。一些建筑取洋名。如 SOHO 现代城。

（五）公共服务领域。城市路牌、标牌指示中汉语拼音与外语混用。如"学院路"既使用 XUE YUAN Rd，也有使用 XUE YUAN LU 的。

（六）科技教育领域。在国内召开的国际学术会议使用英语的越来越多，甚至不提供中文文件、论文集，不让用中文演讲。一些科技名词、专业术语不加翻译地使用，如 IT、MP3、Web2.0 等。为了提高学生外语水平、保证外语教学不断线，高等学校均鼓励使用双语教学甚至纯外语教学，为了吸引更多的留学生，对留学生完全使用英语教学，论文答辩、学位论文撰写等均使用英语。

二、外语使用中存在问题的原因分析

（一）国际化意识越来越强，民族意识越来越弱，汉英混杂使用成为习惯。

随着国际化的发展，人们的国际化意识越来越强，但民族意识反而越来越弱，将使用外语当作一种时髦，认为是国际化的需要。尤其是商品名称、商标、建筑物甚至人名等越来越多地取洋名、使用外语字母等。如大飞机 C919、大型直升机 AC313。殊不知，以往我国无论是军机歼－10、强－5、轰－6、飞豹，还是民机运－8、直－9 等，名称多么好，多么响亮，现在的 C919、AC313，很不直观，意思也不甚清楚。国际上跨国企业都很重视本土化尤其重视中国市场，都会根据中国市场需要取一个好听、朗朗上口的中文名字，如可口可乐、惠普等，其产品说明书一般都有中文。相反，我国很多产品说明书甚至标识都使用外语或外语字母。联想电脑的标识不论在国内国外，现在越来越不用"联想"了，都用"Lenovo"，也不标注中文。"最可怕的不是表面上的汉英混杂，而是大家的习惯。慢慢地习惯这种表达方式，慢慢地习惯这种思维方式，我们的整个思维模式都变成英语式的了。"①

（二）法规、标准建设明显滞后，相关管理部门"监管"未到位。

将上述重点行业、部门的有关法规进行梳理，从中可以看出问题。如

---

① 张棻："专家热议缩略词：屏蔽 CCTV？过度的文化洁癖？"，北京晚报，http://www.chinanews.com.cn/cul/news/2010/04-12/2220650.shtml。

国家语委、广电部1992年8月1日颁布的《出版物汉字使用管理规定》、新闻出版署、国家语委1987年4月1日颁布的《关于广播、电影、电视正确使用语言文字的若干规定》，国家语委、商业部、外经贸部、国家工商总局1987年4月10日颁布的《关于企业、商店的牌匾、商品包装、广告等正确使用汉字和汉语拼音的若干规定》、国家工商总局、国家语委1987年9月4日《关于商标用字规范化若干问题的通知》等均没有关于外语使用的条款，一般只是提出必须使用规范汉字，禁止使用不规范汉字。缺乏操作性。国家工商总局1996年11月1日发布的《关于规范企业名称和商标、广告用字的通知》中规定得比较细致：企业名称应当使用符合国家规范的汉字，不得含有外国文字、汉语拼音字母、数字(不含汉字数字)。企业名称在译成外文时，应当符合翻译的基本规则和惯例。外商投资企业名称可以使用出资的外国企业的字号，但应当译成汉字。企业名称牌匾不得单独标注外文。企业在广告宣传、产品标识、产品包装上不得只使用外文名称，确因业务需要使用外文名称的，应当与中文名称同时使用，且不得突出外文名称。中国企业在国内销售的商品或提供的服务上注册文字商标的，提倡使用中文。外国企业产品在中国市场销售，必须在产品包装和使用说明书上同时标注中文。但是，违反该通知精神的情况不少，执行情况缺乏有效的监管。

此外，由于国际化大都市建设、旅游等需要，很多城市的路牌、标牌指示都使用外语或外语、汉语拼音混用，不规范的道路标牌令市民犯晕、游客发蒙。各方观点也很不一致。有的赞成使用外语，认为是国际化需要，方便外国游客。有的坚持使用汉语拼音，认为是民族文化的体现，反对者认为使用汉语拼音是多此一举，外国人还是不懂。到底应该如何使用、如何管理，双方争执很大，甚至有高级领导人介入，政府有关部门也很犯难，尤其在互联网时代，各级政府尤其地方政府不敢轻易出台有关规范管理的文件，导致不规范现象越来越多。由于不同的部门管理、执行不同的法规和标准，这也是导致北京等大城市大量出现汉语拼音和外语在同一个地方出现(如 XUE YUAN Rd 和 XUE YUAN LU)的根本原因。

（三）外语字母词大量涌现，来不及汉化，未经汉化的字母词直接进入汉语。

字母词由于简洁明了很受大众欢迎，众多媒体甚至政府公文也广泛使用。但专家担心，这种汉英混杂将严重侵害汉语，"什么时候看到法文、德文、俄文、西班牙文中大量掺入英文缩略词？人家绝不允许外文污染自己的母语。其实，英语也是如此，人家允许 gongfu、doufu 进入英文，不允许功夫、豆腐直接插入英文。"①我国在外语词汉化方面也做出过很多努力,取得了不少成绩,如,"AIDS"将它音译为"爱滋病",因爱而滋生的病,还兼着意译,汉化工作做得非常好。到了2003年非典型肺炎,人们已经将它称为"非典"了,可到了中后期报刊上又都改为"SARS"来称呼它。甲型H1N1,就干脆是汉英混杂了。用"甲型流感"或"甲流"中文简称不是很好吗?外语词汉化是一件很困难的事,有时很难找到合适的词汇,也缺乏相应的审定和发布机构,加上近些年的忽视,媒体的推波助澜,"入侵"量又非常大,导致字母词的泛滥也就很自然了。

(四)科技教育领域大量使用外语情况更加复杂、原因更加多元。

在国内召开的国际学术会议到底应该使用统一的英文还是中、英文混用甚至多种语言混用,缺乏统一的规定,但严格规定也很难,有的时候争取一个国际会议就很困难,过多的限制条件将使我们失去争取国际会议的机会,同样,对招收留学生也是如此,不容许用英文教学、英文答辩、英文撰写论文,则招不到比较多的留学生。

三、对策及建议

当前,语言文字工作的基本矛盾是,国家通用语言文字技术规范的统一性与语言文字实际应用情况的多样性之间的矛盾。外语使用中存在的诸多问题就是这种矛盾的体现。解决外语使用中存在的问题必须妥善处理好这一矛盾,既要坚持规范管理不动摇,不能放任自流,又要充分考虑到其复杂性,考虑到人的价值多元性,尊重语言感情,尊重人们的表达需求,突出重点,解决突出问题、关键问题。

(一)应明确相关政府部门管理外语使用的职责,加紧调研,清理和完善有关政策法规,加大执法力度。

按照中编办的批准,国家语委并不承担外语使用管理的职能。首先,建议重新调整,增加国家语委对外语使用的协调、监督职能,明确各政府有关部门对本行业外语使用的管理职能。

其次,国家语委应联合相关部门加强对外语使用状况及相关法规的调研。借助今年《国家通用语言文字法》颁布10周年,应对部门法规进行好好地清理,该废除的废除,该修改完善的修改完善,该立法的立法,有法不依的应加大执法力度。有关行业、部门文件有必要根据《国家通用语言文字法》对本部门相关法规进行修改或废除。或者,由国家语委牵头联合

---

① "央视屏蔽英文缩略词,是为维护中文的纯洁性还是故步自封?",揭阳日报,http://www.jyrb.net.cn/news/detail_56129.html。

有关部门,专门制定《外语使用管理规定》也是一个办法。

第三,支持有关社会机构对外语使用情况进行监测、评价,定期报告或曝光有关行业领域外语使用情况。现在有些行业管理部门忽视了"监管社会语言生活"的职责,尤其在互联网时代不愿意做得罪人或利益集团的事,只想做"好事"、做锦上添花的事。从上面提到的外语使用中存在的问题可以看出,语言文字相关的重要行业、部门几乎都存在外语使用的问题。因此,除国家语委要加强协调、监督外,各级人大、政协也应对政府管理部门予以监督、督促,有关社会机构应提供必要的技术支持加强监督。

因此,加紧调研,清理和完善有关政策法规,监测外语使用情况,加大执法力度是当务之急。

(二)成立外语词汉化协调委员会,负责外语词汇汉化的审定和发布工作。

其他语言对美国英语的主要影响方式体现在单个的词汇上,因此,美国英语也吸纳了很多外语词汇。法国特别注意采取措施对很多英文新词采用本土化词汇。日本国立国语研究所专门成立了外来语委员会,按照"简明、准确、优美和丰富"的标准去充实日语词汇。我国也曾经做过类似的工作,取得了很好的效果。考虑到新词新语量非常大,并分属不同的部门管理,建议成立专门的协调委员会进行统筹,负责外语词汇汉化的审定和发布工作,并在专门的媒体、网站予以公布,甚至采取与网民互动,针对有些词汇的汉化广泛征求社会意见。

(三)加大城市语言生活的监管和评估力度,确保语言文字应用的规范。

随着城市化的发展,应加大城市语言生活的监管和评估力度,将城市语言生活纳入文明城市、历史文化名城等评估。尤其城市路牌、标牌指示等必须统一、规范,减少错误,避免一些明显错误的出现。北京市出台了地方标准《公共场所双语标识英文译法》(DB11/T334—2006),这是一件规范管理的好事,但实际情况是错误百出。如某路口往东"石板房南路"双语标识为 SHIBANGFANG SOUTH Rd,而往西"林业大学北路"双语标识为 LINYEDAXUEBEILU Rd,甚至出现 BAI SHI XIN BRIDGE(白石新桥)这种不伦不类的情况。

(四)加强国家通用语言文字的宣传和普及,增强民族意识,增强对民族语言文字的感情,增强规范意识。

创造具有民族性、时代性和世界性的文化是提升国家软实力的重要方面,民族性是世界性的基础,没有民族性就没有世界性,没有时代性,就很难为大众所接受。语言文字既是民族文化的基础也是民族文化的组成部分,提升软实力,不能忽略和忽视语言文化。汉字是世界古老文字中,唯一沿用至今的文字,它不仅是华人的骄傲,更是全世界最重要的文化资产之一。只有不断加强国家通用语言文字的宣传和普及,增强民族意识,增强对民族语言文字的感情才是解决外语使用问题的长久之计。

增强规范意识是解决语言文字工作基本矛盾的根本措施,没有规范意识就没有语言文字的发展,就不能适应信息化、国际化、工业化和城市化的发展,要坚持规范管理不动摇,实施语言文字规范化标准化战略,也要充分考虑语言文字实际使用情况的复杂性,注意实施规范化标准化的策略、方法和手段,妥善处理好规范统一与实际使用多样化的矛盾。

(作者单位:教育部语言文字应用研究所)

试论当前宁夏阿拉伯语翻译的商务化①

金忠杰

宁夏回族商业(下文简称回商)文化一如回回民族的文化结构——回回民族二元一体的文化结构,既有中华文化元素,也有伊斯兰文化元素,并以"二源合流"的商业经济文化,成为中华商业文化的重要组成部分。伴随着回回民族与回族文化的形成,回商自产生以来,就成为"中华民族大家庭中参与和贡献于社会主流经济发展的有生力量,也是回族经济社会发展中最具开拓精神和拼搏创业精神的商贸经济实践群体。"②回商在各个历史时期,都有其鲜明的商业特色和产业。上世纪 90 年代至今,宁夏回族自治区各级政府成功打造的宁夏"阿语翻译及商务代理"特色品牌,就是新时期新形势下回商文化在理论与实践层面的成功范例之一。从外语→商务→外贸角度来讲,不妨将这批基于"阿语翻译及商务代理"而从事国际贸易的回族商人,暂且视为宁夏新型特色回商群体:"回商是指 20 世纪以来,伴随着中国现代化进程的探索和民族工商业的发展而逐步发展起来的回族商业经济,特别是新中国成立以来,在改革开放大潮中,长期积极参与社会经济建设、市场经济发展和对外交流的回族经济活动者、经营实践者群体的总称。"他们立足东部发达城市,面向阿拉伯世界,"进而为民族地区的社会经济全面发展,为构建民族地区和谐社会提供优良的经济效益、社会效益与文化资源"。③

一、宁夏阿语翻译商务化的产生背景

宁夏阿语翻译商务化的产生背景,追根溯源,既与宁夏回族穆斯林传承回族文化一脉相承,也与历史上阿拉伯穆斯林实践"学问虽远在中国亦当求之"的"圣训"精神息息相关。

首先,就传承回族文化而言,宁夏回族穆斯林一如世界上其他信仰伊斯兰教的民族一样,因传承宗教文化需要历来就有培养阿拉伯语——伊斯兰教载体语言——人才的传统。历经明清、近现代和新中国建国后三

---

① 本文为笔者主持的 2010 年度宁夏留学人员创新创业项目"宁夏阿拉伯语研究"的成果。
② 丁克家:"试论回商文化及其时代意义",《回族研究》,2008(2)。
③ 同上。

个时期的宁夏回族阿语人才的培养，主要通过延续回族传统经堂教育的清真寺寺院，以及现代化的学校途径来完成。改革开放后，宁夏阿语人才的培养，已不仅作为回族内部培养宗教人士阿訇释读经典教义的宗教性应用外语，而且随着改革开放的深入发展，西部大开发战略的全面实施，中国与22个阿拉伯国家在经贸、旅游、科技、能源与文化等领域交流与合作的广泛展开，被纳入国民教育体系，成为培养应用型阿语专业人才的应用外语，并与民办官批学校与非国民教育体系的官办学校如宁夏伊斯兰教经学院的人才培养并存互补，呈现多样化、多层次的局面。无论是历史上，还是现如今，宁夏阿语人才的培养，大致可归纳为"清真寺院式"——回族清真寺的培养体制；"寺校结合式"——清真寺体制与学校体制相结合的培养体制；"民办官批式"——民办官批的培养体制如银川市兴庆区阿拉伯语职业技能培训学校；"官办学校式"——官方创建的培养体制如宁夏伊斯兰教经学院与同心阿拉伯语学校；"国民教育式"——宁夏大学（2003年招生）与宁夏民族职业技术学院（2005年招生）的培养体制。在这五种形式的培养体制中，无论回族青年还是汉族青年，凡随着改革开放适时进入社会主义市场经济活动领域就业从商者，均成为宁夏阿语翻译商务化形成的客观因素。

其次，就阿拉伯穆斯林实践"学问虽远在中国亦当求之"的"圣训"精神而言，自中国汉朝张骞出使西域时至今日与22个阿拉伯国家建立正式外交关系，历经两千余年的中阿关系谱写了一首首壮丽的交流诗篇，充分反映了伊斯兰教先知穆罕默德"学问虽远在中国亦当求之"的遗训所折射的中阿交流的伟大精神与具体实践，它为中阿在各个领域的交流与发展奠定了深厚的物质基础、思想资源和精神养分，也彰显着三重不容忽视的重要意义。一是该段"圣训"在语言层面的表述看似指称中华文明，但内涵上反映了世界穆斯林务必遵循人类同宗同源的大一统原则，自觉主动地与其他文明交流与学习、和合与共生、发展与互惠的开放理念；二是尽管中国是一个没有出现类似《圣经》与《古兰经》那样的经典启示和宗教使者，但却是一个有大智大知者领航发展的文明古国，因此自伊斯兰教伊始阿拉伯等穆斯林求学古老中国的智慧、文化与科技知识，以另一视角说明了世界穆斯林学习各种先进科技文化知识，而不仅局限宗教文化知识的学理理念；三是中国是一个有智慧有文化有科技的文明古国，因此圣训要求阿拉伯穆斯林勿以想象心态前往中国，而应以求学心态前往，从而根本上消除了类似西方世界那种对遥远天朝中国先想象后器物再制度而文化后的东方主义性质的想象思维甚至殖民意识。是故，自唐高宗永徽二年

（651年）第三任哈里发奥斯曼（577—656）派遣使节出使中国长安以来，一批批阿拉伯穆斯林沿着鲜有外交与文化摩擦的古丝绸与香料商业物流通道，怀着求知文化与交流文明的伟大理想来到华夏大地，继续书写着千百年来世界两大文明体系在各个层面和谐交流的华彩篇章。基于历史积淀，被历代阿拉伯人深深认知的博大精深的中国文化，以及中国成功实施的改革开放政策，尤其上个世纪90年代至今中国经济的快速发展，吸引数以万计的阿拉伯穆斯林客商，再次将著名的海上香料之路重镇的我国广州、杭州、义乌、泉州、石狮等经济发达城市作为来华从商的首选城市。这些鲜有懂中文的阿拉伯客商到上述城市经商时遇到的首要难题就是语言交流与商业沟通问题，如果语言通则商业通，语言障则商业障。

在大批阿拉伯客商需要阿语翻译的背景下，上世纪90年代前后清真寺与民间阿语职业技能培训学校，以及官办学校培养出的一定数量的宁夏回族阿语人才，除部分从事清真寺阿訇、阿语教师及翻译职业外，相当部分处于懂阿语而没有机会利用阿语就业状态的回族青年紧抓历史发展机遇，秉承回族商业传统，发挥外语专业优势，自发外出至上述城市从事阿语翻译或相关的商务代理工作，更甚者则利用天时地利人和，开公司办企业，顺利架起了中阿客商国际贸易沟通的桥梁，由此成为宁夏"阿语翻译及商务代理"特色品牌成功打造的主观因素，也赋予宁夏新型特色回商形成的历史机遇。

综上，宁夏回族阿语人才历史培养的客观因素，改革开放后来华阿拉伯客商急需阿语翻译的主观因素，促使阿语翻译人才外出就业从商，并在宁夏回族自治区各级政府的正确导向下，形成了宁夏回族"阿语翻译及商务代理"特色品牌，最终入选"全国优秀劳务品牌"，进而发展为社会主义市场经济中的新型特色回商。毋庸置疑，主客观因素相辅相成，如果没有举世瞩目的对外开放，就不可能产生这样一批新型特色回商，也不可能使阿语翻译商务化；同样，如果没有阿语人才的历史培养积淀，即使有历史机遇，也不可能出现如此新型特色回商现象，如上述城市不乏南亚客商，但因没有南亚诸大语种的历史培养，故必不产生类似基于阿语的新型特色回商现象。

笔者就"阿语翻译及商务代理"特色品牌访谈宁夏阿语翻译及商务代理相对集中的吴忠市劳动就业服务局副局长张韶军先生，以及同心县劳动就业服务局时得知，自2004年以来，吴忠市政府主要领导亲自前往浙江义乌考察市场后，因势利导采取三项有力措施，在全国范围内打造具有民族特色的宁夏"阿语翻译及商务代理"特色品牌。一是相继在阿语翻译相对集中的义乌、广州和石狮,分别建立了阿语人才服务管理中心或阿语翻译工作站,将过去自发外出的阿语人才流动发展为组织化、规模化、有序化的人才流动;及时搜集各地阿语翻译需求信息,按需培训、组织当地阿语人才前去求职。二是加强对曾学习阿语而疏于外贸、法律等知识的外出就业从商的阿语翻译的培训与管理,如回族人口比例占82%的同心县,2005年以来不仅按照吴忠市《关于打造吴忠阿语翻译劳务品牌的实施意见》精神,采取"双轮驱动"办法,共培育发展包括同心阿语学校在内的阿语翻译培训学校7家,举办了以阿拉伯语读说听写译、现代汉语、法律与国际贸易知识、计算机操作为主要课程的培训班,以进一步增强阿拉伯语翻译人才的综合素质,适应数字化、信息化与办公现代化的需求,满足市场经济发展的需要,而且在2007年出台了《同心县创建"阿语翻译"劳务品牌工作实施方案》,为"阿语翻译及商务代理"特色品牌创建长效机制的建立奠定了基础。三是鉴于一些阿语翻译在逐渐做大做强并成立外贸公司后需要出国考察市场洽谈贸易,以及部分阿语翻译在北京、广州等地经所在公司推荐出国工作的需要,吴忠市为120余名阿语翻译办理了出国护照,极大方便了他们出国从业从商。如果说外贸需要外语是参与经济全球化进程的必备条件之一的话,那么,从经济全球化视角看基于"阿语翻译及商务代理"的宁夏新型特色回商,在政府的大力支持与正确引导下,无论是在国内从事阿语翻译及商务代理的他们,还是凭借阿语优势走出国门,走向阿拉伯世界从业经商的他们,一定程度上是宁夏回商在政府导向下率先参与到了全球性主流经济活动领域的先行者。

在各级政府推动与相关政策的得力举措下,阿语翻译人才外出从业从商在宁夏对外劳务输出中占据重要地位,最终在河南郑州国际会展中心于2007年11月7~8日举办的首届"全国劳务品牌展示交流大会"上,以吴忠籍回族阿语翻译占大比例,活跃在广州、深圳、石狮、义乌、杭州、宁波、上海、北京的数千"阿语翻译及商务代理",与"川妹子家政"、"唐河保安"等共同被评为"全国优秀劳务品牌"。优秀品牌的成功打造,一方面使阿语翻译及商务代理借助品牌包装,能够顺利获得更多就业与从商机会;另一方面通过组织化、专业化与规模化,提高阿语翻译劳务及商务代理的质量和效率,通过增强以市场竞争力为核心的品牌之路,推动宁夏"阿语翻译及商务代理"带来的商务产业产生由量到质的跨越式转变。

二、基于"阿语翻译及商务代理"形成的阿语翻译商务产业

宁夏回族自治区是传统的农业省区,农村人口占总人口的69.6%。自然环境与生产条件的相对落后,致使全区620万人口中的78万人外出

务工从业,以阿语翻译为主的阿语从业从商人员就是其中的重要组成部分。

上世纪90年代后,先期外出就业从商的宁夏回族阿语翻译人才,秉承回族善于经商、吃苦耐劳、勤俭节约的精神和品质,在广州、石狮、义乌、杭州等城市逐渐调适城市商业生活,立足都市艰苦从业创业后,利用回族穆斯林社会网络关系,①以阿语翻译为纽带,既发挥与中东穆斯林客商"天下穆民是兄弟"的"教缘"关系,为中阿客商顺利开展商贸搭建沟通平台,双方"诚信相待,劳务酬报和经营回报丰厚,同沐中国改革开放春风,携手共谋发展";②因"地缘、血缘、族缘与业缘"关系,"先期创业者能够为新来者提供基本的生活保障和初入都市社会的人文资本和从业经验,为其提供商业信息和就业机遇"。③ 从而形成了一个亲人、族人、业人与乡人构成的知识技能型劳务与商务互动互补、互助互惠的商务产业。

1. 阿语翻译到商务代理再到企业经理的商务化过程

先期外出从业的部分宁夏回族阿语翻译人才,经过几年的艰苦奋斗,在市场经济的实践熏陶中,更进一步了解和认识了自己的从业领域和发展方向。因此,他们中部分人没有将自己的身份仅仅定格在单一的语言翻译工作上,而是借助外语优势,利用商业经验与商业诚信成功转型为商务代理,在此基础上拓展了商务视野与事业领域,开公司办企业,成为总经理。前者如吴忠市2006年评选出的"十佳阿语翻译",就是阿语翻译成功转型商务代理的典型代表。他们熟练的经贸阿语、诚实的商业道德、精明的商业能力,赢得了一些常年往返中东客商的信赖,将在华业务放手交给他们代理。后者国内如1998年从石嘴山市到浙江义乌的陈建军先生,经过先翻译后代理的商业积累,创办了安德鲁斯国际贸易公司。"业缘"关系使然,公司为来自家乡的阿语翻译提供了更多更大的从业空间,包括仓库管理员在内的40多名回族员工都能熟练运用阿语从事行业工作。陈经理也因出色业绩被评为义乌市先进工作者,当选义乌市政协委员,义乌市清真大寺寺管会主任,为当地经济的繁荣发展,以及为在义务从商的国内外穆斯林客商与义务市政府的沟通发挥着积极作用。国外如同心县周学谦先生,先在浙江和广州从事阿语翻译,后赴阿联酋工作并带领6名同心人创办了沙迦商贸药材公司,出口中草药,人均年收入超过10万元。

---

① 马平:"中国回族穆斯林的社会网络结构",《回族研究》,2008年第1期。
② 郭成美:"当代'蕃坊'的崛起——义务穆斯林社区发展历程的初步调查",《回族研究》,2007年第2期。
③ 马强:"回族特色人才的迁移就业及城市适应——广州市宁夏籍阿拉伯语从业人员田野调查",《北方民族大学学报(哲学社会科学版)》,2007年第3期。

综上,发挥阿语优势,积累商业经验,适时适应中阿市场需要的阿语翻译自然形成了一个以阿语翻译行业为基础的商务产业——先作中阿客商搭桥人,后作中东客商代理人,最后适时在国内外创办自家公司,从而使最初单项的阿语翻译行业向多层面与多元化方向延伸,涉及语言服务、服装饰品、家电五金、餐饮娱乐、农副产品、建筑工业等工商业领域。阿语翻译及商务活动,不仅使来自大山的憨厚农民型阿语翻译,成功转型为睿智自信的商务代理或经理,而且也带动形成劳务和商务互动互补的经济产业,"有些人拥有了自己的经济实体,如服装生产业务,主要从事穆斯林国家各种服装的订货、来料加工等业务;有些承包宾馆楼层,利用自己的语言优势和社会关系招徕穆斯林客商入住或租用,自己同时与其进行商贸活动;有些从事货运业务,与国内有关货运公司或邮局、速递公司等签订合同,承包部分业务量,收取一定的提成"。毋庸置疑,市场的需要,"促使翻译人员由简单的翻译工作逐渐向'多面手'、复合型人才转变"①,最终跻身回商行列,成为新时期脱颖而出的新型特色回商,在更大的国际商务空间里一心一意谋发展。

2. 阿语翻译及商务代理带动体能劳务人员向知识技能人员的转型

相对体能型劳务人员而言,从学科专业角度看阿语翻译——跨语际交流——劳务,从商业角度衡量以阿语为纽带的商务代理、外贸公司或企业经理,"阿语翻译及商务代理"毋庸置疑属于知识技能型人才。但同时,以阿语为纽带的商务人员又因"地缘、血缘与族缘"关系,发挥多米诺效应,既带动家乡的体能型劳务人员外出就业,也促使他们变观念,学技术,从体能型向技能型与商能型转型。如同心县韦州镇的马耀国、苏国勤等阿语翻译走出大山,在义乌、杭州等地从业植根发展后呼亲唤友,既带动乡人、亲人与族人中的一些体能型劳务外出就业,从事清真餐厅服务、货运公司装运等体能工作;更帮助部分适应城市环境,受城市商业化影响者学技能,谋发展,将体能型劳务身份转变为技能型与商能型身份,由此产生更大的经济效益,如从事集装箱货运组织业(其中不乏创办自己的货运公司者)、运输出租业、工艺制作业、清真餐饮业等,并直接或间接与阿语商务人员发生业务联系,相得益彰,共赢互惠。

3. 在外阿语商务人员帮扶在内劳务人员致富

诚然,"地缘、血缘与族缘"关系,不仅使外出阿语翻译商务人员,将其经济价值体现于在经济发达城市构建商务产业,更将其经济价值体现于

---

① 马强:"回族特色人才的迁移就业及城市适应——广州市宁夏籍阿拉伯语从业人员田野调查",《北方民族大学学报(哲学社会科学版)》,2007年第3期。

帮扶因种种原因留守家乡的待业劳务人员就业,从而促使他们即使留守农村,也能有机会和条件就业与拓宽家庭收入渠道,发展农村经济,为社会主义新农村的建设添砖加瓦。笔者访谈在广州从事商务代理的吴忠市杨女士时得知,她自1998年到广州从事阿语翻译和商务代理以来,不仅在吴忠市给居住农村的父母买了楼房,极大改善了家庭居住环境,而且给无业的弟弟购买了一辆大型汽车从事长途运输业,解决了他的就业,改善了家庭收入。此类例子不胜枚举,如在浙江义乌从事商务代理的同心县韦州镇的苏先生,经过数年商业奋斗和经济积累,在家乡主街建筑了一栋两层居家与商业为一体的楼房,既大幅增加了家庭经济收入,也为新农村建设的"村容整洁"做出了应有贡献。

三、宁夏阿语翻译商务化在新农村建设中的积极作用

党中央提出的新时期建设社会主义新农村的伟大历史重任,标志着我国经济建设稳步进入了全新发展阶段。按照党中央"生产发展,生活宽裕,乡村文明,村容整洁,管理民主"的20字方针要求,宁夏回族自治区各族人民在自治区党委政府的正确切实领导下,社会主义新农村的建设正实现着跨越式发展。

实现新农村建设的五个目标,"生产发展和生活宽裕"首当其冲。"生产发展与生活宽裕"是一个相辅相成的有机整体,通过"生产发展"促进农村经济,通过增加农村收入促进农民"生活宽裕",继而促建"乡村文明、村容整洁和管理民主"。

借助改革开放和西部大开发的战略平台,基于"阿语翻译及商务代理"走出大山的宁夏新型特色回商,在自治区各级政府的因势利导和大力扶持下,将回族传统意识中的宗教用语阿语,随着改革开放的战略举措适时转化为市场商业用语,在东部发达城市开辟了一条新的"就业→脱贫→致富→惠村"之路,从而使学而无用到学有所用的阿语翻译验证着"使无业者有业,使有业者乐业"的教育理念,实践着宁夏回族自治区主席王正伟同志的文章所言:"使乐业者敬业,使敬业者创业",[①]更以"农民变翻译,农人变商人"的"阿语翻译及商务代理"特色品牌和商业之道,谱写着宁夏新农村建设的和谐新篇章;以宏观视域中"无业→有业→乐业→敬业→创业→拓业"的劳务与商务理念,为推动社会主义新农村的和谐建设发挥积极作用,产生重要现实意义。

首先,借助改革开放和西部大开放战略春风,基于"阿语翻译及商务

---

① 王正伟:"实施'技能致富'计划 办好职业教育",《西北职教》,2007年第11期。

代理"形成的新时期宁夏新型特色回商,为广州、义乌与石狮等城市的中阿客商顺利架起了商业沟通桥梁,一定意义上填补了上述城市大量中阿客商起初急需的阿语翻译之缺——从这个角度来讲,不妨将宁夏成功打造的"阿语翻译及商务代理"品牌视为西部对东部在对阿贸易工作中的语言支持,更由于家庭收入的提高,生活质量的改善,直接惠及家乡的经济建设,实现着"生产发展和生活宽裕"的战略目标。根据同心县劳动就业服务局提供的资料,仅同心县"在浙江义乌、广州等地从事阿拉伯语翻译的达 875 人,在中东阿拉伯国家从事阿拉伯语翻译的 26 人,从事与阿拉伯语有关的商务代理人员达 2700 余人,占全县劳务输出总人数 7.96 万人的 4.5%,年劳务收入 5000 多万元,占全县劳务总收入 2.61 亿元的 21%"。[①]

其次,尽管宁夏的地理位置和投资环境远不及东部经济发达城市那样吸引中东客商,但笔者访谈中得知,走出宁夏植根东部经济发达城市经商创业后,几乎很少回到宁夏就业的阿语翻译及商务代理,除经济上直接惠及家乡经济建设外,始终不忘以切实商业经验间接服务家乡的经济发展和新农村建设。张韶军副局长告诉笔者,吴忠市邀请"十佳阿语翻译"参观企业和座谈时,让他们通过进一步了解吴忠的发展和变化献策于家乡,通过感言农民工变"翻译官"和"商务官"的切身经历,建言如何做好、做强、做大"阿语翻译及商务代理"品牌。同样,他们还就如何将万绨旎等民族服饰公司的产品推向中东市场、宁夏贡米出口中东国家、出口中东国家的穆斯林用品的生产规模化和款式、清真牛羊肉的量、质与生产规模等,根据对中东客商与中东市场的了解提出了中肯建议。

再次,宁夏政府成功打造的知识技能型"阿语翻译及商务代理"品牌,以及由此而生的新型特色回商,与东部经济发达城市在相关商业领域形成的商务贸易,以及良性循环的、稳定的、可持续发展的劳务产业和商务产业,一方面使回族青年中部分义务教育后失学的体能型劳务人员,通过阿语培训向技能型劳务人员转变并呈现互补局面,最终完全转型为知识技能型人员,实现"以技能求致富、以知识谋发展"的目标;另一方面,"转移一人,脱贫一家;脱贫一家,致富一族;致富一族,惠及一村"的"阿语翻译及商务代理"构建的新型特色回商,不仅在繁荣农村经济,推动宁夏社会主义新农村的和谐建设中具有重要现实意义,而且在东西部市场沟通与信息交流方面发挥积极作用。值得重点指出的是,"教缘"作用促使这些新型特色回商在与阿拉伯客商的商贸往来中,不仅切身有效地宣传着我国的民族和宗教信仰自由政策,也在对阿贸易交流中培养了深厚的爱国爱教的国家意识:"沟通了东西部市场,加强了信息交流,培养了西部大开发的先行军;为宁夏少数民族的脱贫致富打开了另一条通路;宣传了中国的民族和宗教政策,培养了个人的爱国爱教意识,有利于促进地方社会的安定团结和群体的国家意识。"

四、结语

秉承回族二元一体文化结构中的回商文化精神,基于"阿语翻译及商务代理"形成的这批新时期宁夏新型特色回商,为宁夏农村经济的发展和社会主义新农村的建设发挥着积极作用,为吸引阿拉伯客商的义乌等城市的经济建设和社会发展做出了相应的贡献,以义乌为例,"市场大,商品多,民族团结,社会安定,人民和谐进步,使不滨江不临海的义乌市完全融入了国际市场,吸引成千上万的中外穆斯林来此经商贸易,居住生活。义乌广大中外穆斯林对国家改革开放政策的拥戴,对义乌市委市政府的感激,不言自明"。[①]

毋庸置疑,在社会主义市场经济中诞生的宁夏阿语翻译的商务化,深刻揭示了宁夏回族"重学善商"的优良历史传统,反映了宁夏回族在中国为实现中华民族伟大复兴、构建和谐社会与和谐世界的当前,适应社会发展、与时俱进的心境与理念,以特色魅力的回商视角彰显新时期宁夏回族的人文素养与国家意识,折射他们在维护祖国统一、社会稳定、民族团结、文化教育、经济建设与社会和谐进程中的精神风貌。同样,研究改革开放与西部大开发战略催生的新型特色回商现象——"阿语翻译及商务代理"与"阿语翻译商务化"及其正常、健康、有序的发展,也一定程度上有助于当下以新视角,通过新现象与新问题来深刻"理解、认识和挖掘回商的经营理念、经营智慧、创业精神、时代风貌,从而使其能够更好地推进回族社会经济全面发展,与时俱进地全面提升经济竞争实力和发展动力,从而为国家、社会、民族和地方的发展贡献出更出色的经济效益和社会综合效益"。[②]

(作者单位:宁夏大学)

---

① 郭成美:"当代'蕃坊'的崛起——义务穆斯林社区发展历程的初步调查",《回族研究》,2007年第2期。
② 丁克家:"试论回商文化及其时代意义",《回族研究》,2008年第2期。

中国外语资源监测数据库系统的设计与实现[①]

韩耀军　郭家堂　孔楠　王文聿

1. 引言

在全球化背景下,语言已经成为国家"软实力"的重要组成部分。为了准确地了解我国的外语分布、外语生活建设、外语的活力等问题,我们在全国开展了外语使用情况调查,并开发了中国外语资源监测数据库系统,本系统可以动态地存储和更新我国外语分布和使用情况的调查数据,提供快速、方便、准确、可靠、灵活的多种途径查询与统计功能,能够对国家外语情况进行监测和客观的描述,发布国家外语生活状况监测报告,为从事外语教学和研究的人员、外语政策决策机构、教育政策研究者提供我国外语状况的一手材料,为国家制定相关政策以及重大决策提供科学依据。

2. 系统结构及其功能

2.1 系统结构

本系统采用B/S/S结构,B/S/S结构是由Web浏览器、Web服务器和数据库服务器三层结构组成(如图1所示)。Microsoft SQL Server2000企业版作为后台数据库开发工具,ASP作为前台开发工具。SQL Server 2000是微软公司推出的大型关系数据库管理系统,它通过对高端硬件平台以及最新网络和存储技术的支持,既可适用于桌面系统的单用户数据库,也可适用于企业的网络数据库,甚至适用于专业的WEB站点数据库,具有很强的可伸缩性和很高的可靠性、可用性和安全性。ASP是微软公司推出的一种用以取代CGI(Common Gateway Interface,通用网关接口)的技术,ASP技术是目前开发Web动态交互网页的主流技术,应用该技术可以开发高效的服务器Web应用程序,具有很强的交互性。它通过在网页中插入服务器端脚本的方式,简单而容易地实现了动态网页。

[①] 上海市哲学社会科学规划课题"基于语义网格的多语言信息资源检索与调度研究"(编号:2010 BTQ001),上海外国语大学211工程三期项目"中国外语资源监测数据库"资助项目。

ASP网页中的脚本程序,用VBScript或JavaScript语言编写,这些程序在服务器端运行,然后把结果发送给客户端的浏览器。

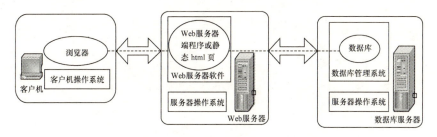

图1 中国外语资源监测数据库系统体系结构

2.2 系统主要功能

中国外语资源监测数据库系统的功能结构如图2所示。

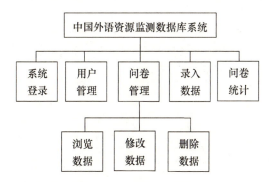

图2 中国外语资源监测数据库系统功能结构图

下面介绍本系统的几个主要功能模块。

2.2.1 系统登录

系统登录模块的主要功能是验证用户是否合法。用户登录由用于收集登录用户信息的页面部分和用于服务器端的后台验证部分组成。当合法用户登录成功后,将保存用户的主要信息(如用户名、用户类型等)供后续操作使用。系统登录界面如图3所示。

2.2.2 用户管理

只有使用管理员身份登录的用户才能进入用户管理模块,该模块的主要功能是用来增加新用户、修改正在使用该系统的用户(包括用户名、密码、用户类型等),以及删除不允许再使用该系统的用户。

图 3　系统登录界面

2.2.3　录入数据

录入数据模块的主要功能是用来输入全国外语使用情况调查问卷的原始数据,当点击页面左边所要录入的问卷名称后,便在页面右边显示出如图 4 所示的录入数据的界面。

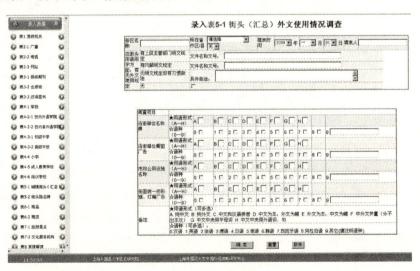

图 4　录入数据界面

2.2.4　问卷管理

问卷管理模块的主要功能是用来浏览、修改与删除调查问卷的数据。当点击页面左边所要编辑的问卷名称后,首先用列表的方式显示出所要编辑的调查问卷的主要信息,如:编号、单位名、录入人、录入日期等(如

图 5 所示),通过修改条件可以改变所要编辑的调查问卷的数量。之后通过点击相应的超级链接进入浏览、修改与删除数据页面。

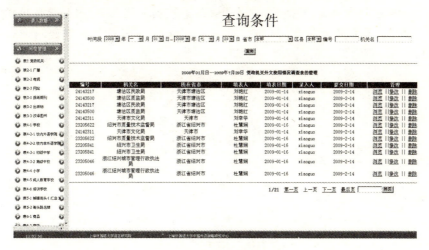

图 5　问卷管理界面

2.2.5　问卷统计

问卷管理模块的主要功能是用来对调查问卷的数据进行统计分析。当点击页面左边所要统计的问卷名称后(可通过修改条件来改变所要统计的调查问卷的数量),即可统计并显示该问卷的统计分析结果(如图 6 所示)。

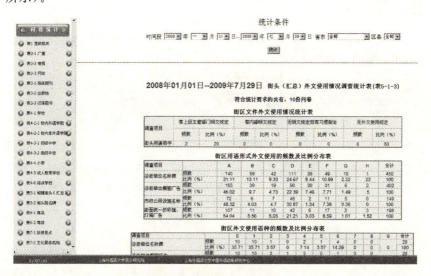

图 6　问卷统计结果界面

3. 系统的工作流程与特点

3.1 系统的工作流程

本系统为全国外语使用情况调查问卷数据的输入、编辑与统计提供一个平台,任何一个合法用户(具有系统认可的用户名和密码),通过 Internet 都可以登录到该平台,具体流程如图 7 所示。

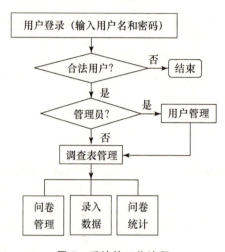

图 7　系统的工作流程

3.2 系统的特点

3.2.1 良好的用户界面

本系统具有良好的用户界面,尤其是输入与修改界面,具有友好的交互方式,操作简单。尽量使用单旋钮、复选框、下拉式列表框等控件,来减少用户的输入,降低输入错误。

3.2.2 自动的数据校验

输入数据的正确性是整个系统成功的基础。系统对所输入的数据进行自动校验,以便保证数据的相容性、逻辑关系的一致性与提高数据的正确性。比如自动验证所输入的数值型数据是否含有非数字字符,党政机关的网站无外文版时不能选择网站的语种,广播、电视无外语节目频道时不能选择节目的语种,大、中、小学教师分类人数与总人数保持逻辑关系的一致性等等。

3.2.3 严格的用户认证机制

本系统使用严格的用户认证机制。不同用户操作数据的权限不同。为了保证数据不被非法修改,系统限制谁输入的数据谁才有权修改与删除这个数据(当然,系统管理员除外)。

3.2.4 调查的数据可以随时随地输入

由于本系统采用 B/S/S 结构,具有独立的网站,只要能够上网,调查员调查所得数据可以随时随地输入,以便加快数据输入的速度,提高数据的时效性。

4. 结论

本文主要介绍了中国外语资源监测数据库系统的系统结构、主要功能及特点,帮助读者了解我们所开发的中国外语资源监测数据库系统。中国外语资源监测数据库系统目前正在试用,今后我们将根据试用的情况不断加以完善,以便为社会提供我国外语状况的完整的一手材料。

(作者单位:上海外国语大学)

外语教育规划

科学规划外语教育　切实服务国家战略

刘利民

在全球化及信息化社会的大背景下,国际间政治、经济、文化、科技、军事等各方面的交流更加频繁,各国之间相互依赖的程度及区域一体化的趋向将日渐加强。因此,外语人才的重要性也必将更加突出。成功的外语教育则有助于民族间的相互理解和合作,让人民学会从更宽广的角度来审视问题,并在相互交往中培养开放包容的性格以及善于交际合作的精神,从而促进世界的和平发展、社会的稳定。基于这一点,外语教育规划应切实视为国家的一种政治政策,只有对外语教育进行科学的规划,与国家战略的目标保持一致,并随之进行灵活的改变和调整,才能实现外语教育对国家战略的有效服务。

科学规划外语教育,是在当今全球化的大背景下进一步促进我国外语教育事业健康发展的要求。

新中国成立60多年来,我国的外语教育走过了一条不平凡的发展之路,所取得的成绩是巨大的。但在全球化的今天,从社会需求和人才培养本身等层面来看,从时代对外语人才所提出的要求来看,我国目前的外语教育仍存在一些不尽如人意的问题。整个外语教育仍以"粗放型"为主,区域差异、城乡差异普遍存在;教学上过于强调外语的工具性而忽视其本身的人文性;外语教育有着被社会不得不"公认"的必修性。一些专家学者、部分教师学生等都曾对我国现行的外语教育制度进行过质疑:全民的外语教育是否有其存在的必要性和合理性?如此的教育制度是否是对国家有限教育资源的一种浪费?显然,外语教育的机会成本过大,费时低效和分割重复的问题依旧突出,外语教育的科学规划已成为进一步促进我国外语教育事业健康发展的要求。

科学规划外语教育,是国家安全及发展战略的需要。

世界上许多国家的外语教育政策都贯穿着国家安全的战略考虑,包括政治、经济、军事和外交等安全,也一直致力于健全与改进以国家安全为目标的外语教育体系。在经济全球化及国力竞争日趋激烈的今天,各国也越来越认识到拥有优秀外语人才的重要性。为此,科学规划我国外语教育战略，尽快探索出优秀外语人才培养的模式，已成为切实服务国家安全及发展战略的迫切需要。在外语教育的规划中，既要突出对世界性语言的特殊关注，也要充分考虑地区性语言的关键所在。外语教育要在实现人才合理有效培养的同时，要服务于国家建设与和平发展，服务于国家安全战略，包括国家的政治、经济、军事、外交、科技、文化等安全，而不应只是抽象的政治标准，更不应只是具体的经济利益。服务于国家战略既是制订外语教育政策的缘由，也是其终极目标。

科学规划外语教育，是贯彻落实科学发展观的必然要求。

对外语教育进行科学的规划，既是优化教育之策，也是培养人才之道。应从切实服务国家战略的高度，把外语教育的科学规划作为促进我国教育事业科学发展的一项重大战略举措来抓。形成外语教育科学发展、外语人才有效培养的良好局面。立足我国教育国情，加强宏观引导，强化省时高效观念，切实改变传统的粗放型、费时低效的教育模式。要在现有外语教育资源的基础上，统筹规划，努力探索一条真正符合我国国情和人才培养发展计划的外语教育之路。

要科学规划外语教育，就要从整体方面加强对我国外语教育事业中的根本性问题进行研究，要有理有据，考虑时代背景，结合国内外形势，适应外语语言学习的特有规律，并系统研究政策方案在各个层面上的可行性，才能制定出全面、均衡、科学的规划，才可能有科学合理的外语教育政策。只有这样，才能全面实现外语教育的目标和意义，外语教育才能得到持续、健康的发展。

科学规划外语教育以切实服务于国家战略，需要我们：

1. 以人为本，统筹兼顾，全面规划。

科学认识外语教育的地位，对各语种在大中小学开设的范围、应培养的学生数量等进行合理的统筹，制定统一连贯的外语教育标准，协调和统筹各个层次的外语教育，实现外语人才培养在市场规律和宏观调控相互作用下的动态平衡。外语教育是一种语言教育，不应将其置于其他科目之上，更不应因不懂外语而剥夺他人受教育的权利，甚至影响一些专业优秀人才的发现和培养。外语教育的规划要以人为本，适度适量，高质高效。政府可运用政治、经济等杠杆进行宏观调控，有根据的统筹，有目标的规划。

2. 充分利用地缘等优势，建立外语重点发展区。

根据区域发展和社会需求，结合人才培养目标，实现区域性重点语种发展、关键性语言大中小学"一条龙"教育模式。应视当地社会经济发展的具体情况,结合地区的传统和优势,确定外语教育的目标和方向。在各级教育行政部门的指导和监督下,建立外语重点发展区,充分利用现有各种资源,重点发展具有区域特色的、可促进当地社会经济及其他方面发展的外语教育。如在东北三省重点发展俄语教育,在西南边疆重点发展东南亚国家语言的外语教育等。这既有天然的地缘优势,也有深厚的文化环境,不失为推进外语教育特色发展的有效措施。

3. 重视外语人才国际竞争与合作意识等能力的培养。

外语教育的最终目标是通过实现人的国际化为我国社会经济发展提供强有力的智力支持。当今的外语人才不仅要具有扎实的专业技能,还要具有国际竞争与合作的经验,良好的交往能力和开放的心态、广阔的视野。一直以来,我国将外语教育目标定位为掌握语言技能与实用知识,外语教育的工具性价值倾向明显。这种以实用性人才为目标的培养方式在社会发展的一定阶段会有一定的效果,但从长远来看,却从根本上削弱了外语教育的本质和外语教育所应具有的人文关怀。改变这种目标只侧重于培养专业知识与能力的局限,根据社会需求,拓宽课程覆盖面,适应社会发展对外语人才提出的要求,增强对外语人才的人文综合素质的培养。

4. 加强对外语人才的汉语及民族文化教育。

理解其他民族和被其他民族理解才能够增强国家安全,这是在外语教育中加强汉语及民族文化教育必要之所在。外语人才要能学习与借鉴国外先进文化,更要能珍惜并传播我国的民族语言和文化,能向世界介绍中国。因此,外语教育的取向、制度和模式在服务于国家战略的同时要能使所培养出的外语人才抱有较强的民族责任感和使命感。这就要求在加强外语教育的同时绝不能忽视汉语和民族文化的教育。可借助外语人才的培养,抓住一些国家"汉语热"的机遇,促进汉语国际化的推广和世界对中国的了解。可以说,外语教育和汉语的国际推广既是中国走向世界的有机环节,也是世界拥抱中国的当然之路。

5. 实现外语教育多元化,兼收并蓄世界文明。

外语教育走向多元是全球必然之潮流。随着全球化和一体化的不断加强,各国之间的交流也不断加强,外语已经成为当今国际政治、经济、贸易、文化交流的主要工具。各国都在尽可能地加强外语教育,着力培养有国际视野的外语人才,并扩展外语教育的语种范围。因此,外语教育要实现"大语种"与"小语种"的和谐发展,不但不能顾大弃小,还应采取措施加强对"小语种"的扶持力度,如可在教育经费的划拨、高考适当降分照顾等方面完善一些配套政策,以实现外语教育的"百花齐放"。中华民族向来能敞开胸怀,乐善好交。实现外语教育多元化,不但能彰显一个大国的风范,更能兼收并蓄各国先进文化,推动世界文明的共同进步。

科学规划外语教育,就要科学规划外语教育发展的规模、普及程度及目标、结构的协调与优化、人力物力财力的投入体制与方法,要贯彻科学发展观,以提高国民素质为出发点,以服务国家战略为目标,综合考虑社会发展需求和外语人才培养特点,实现人才培养战略与满足社会需求的有机统一。只有这样,才能做出具有战略性的、前瞻性的、科学、合理、有效的,并真正服务于国家战略的外语教育总体规划。

(作者单位:中华人民共和国教育部)

我国外语学科发展的约束与对策①

戴炜栋　吴菲

改革开放以来,我国经济建设和社会发展取得的成就举世瞩目,外语教育事业也发生了深刻变化。但是,尽管老一辈的外语教育与研究专家为外语学科的发展奠定了很好的基础,一大批中青年学者在继承和发扬前辈工作的基础上,将高校外语学科发展不断向前推进,但受制于教学与研究基础的相对薄弱,我国高校外语学科建设仍有诸多不成熟、不完善之处。而这也为学科的进一步发展提供了空间。本文在简要回顾高校外语学科发展历史的基础上,着重分析我国高校外语学科发展的现状及存在的问题,并结合外语学科在21世纪的发展趋势,提出关于我国高校外语学科发展战略的政策建议,以期早日形成具有国际普适性又不乏中国特色的高校外语学科发展范式。

一、我国高校外语教育的成就与问题

改革开放和经济全球化为我国的高等教育特别是高等外语专业教育事业提供了前所未有的发展机遇。无论是经济建设还是文化交流,都离不开语言这一媒介。随着信息技术的发展、互联网的不断扩展与完善,各国经济、文化等各方面的交流日益便利和扩大,国际社会相互依存的关系日益密切,也推动了教育的国际化,外语(特别是英语)的"桥梁"作用日益凸显。外语水平已成为衡量人才综合素质不可缺少的方面,也成为高校加快国际化办学进程的重要条件。

在这种环境下,外语教育受到空前重视,在改革开放大潮中蓬勃发展。综观改革开放以来我国的高等外语专业教育,可以看到,一方面,以服从和服务于国家经济和社会发展为己任,为国家培养了大量高素质、多层次外语人才;另一方面,高等外语专业教育遵循自身教育规律,已形成具有中国特色的高等外语专业教学体系。特别是进入21世纪以来,随着我国高等教育的快速发展,外语专业也迎来了新的发展周期,表现在外语专业学科点布局更广更全面。目前,国内高校教授的外语语种已超过50

---

① 本文获上海外国语大学"211工程"三期课题资助。

个。每个语种的教学点大量增加,如开设英语专业的高校达 900 多所,开设日语专业的 400 多所,开设俄语专业的 100 多所,开设法语专业的有 80 多所,开设西班牙语专业的也有 50 多所。作为高校外语学科重要组成部分的非通用语种,进入新世纪后也获得了跨越式发展,教学点布局不断拓展,目前已在全国建立了 9 个非通用语种本科教学基地。预计国家重点扶植的非通用语种教学点将达到 30 多个。同时,以外语为背景的外国语言文学专业硕士、博士学位授予点也大幅增加。目前,全国的英国语言文学硕士点已达到 200 多个,外国语言文学博士点(包括外国语言学及应用语言学)已有 40 余个[①]。

然而,若冷静而客观地审视我国高校外语教育的现状,可以看到问题依然存在。如在基础理论研究方面,外语语言学理论研究还缺乏突破性的、具有国际影响的标志性成果;教学实践方面,长期以来的"费时低效"与"哑巴英语"等问题依然没有得到彻底解决[②];人才培养模式方面,不少外语人才知识面过窄、技能单一、社会适应性不强,等等。

通过 2006 至 2008 年对 102 所高校进行的英语专业评估和近几年所作的调研,我们发现,不仅在英语专业教学中,在其他语种的教学中也都存在外语专业招生数量与教学质量的矛盾,高校外语专业的持续扩导致一些学校的教学质量难以得到有效的保障,部分高校外语大班授课问题极为严重,外语学科师资队伍出现"青黄不接"的现象,欠缺具有国际视野、能够把握学科前沿发展方向且具有团队协作能力的领军人才;部分院校对复合型外语人才培养目标把握不够准确,存在专业知识课程设置不够规范和相关复合型专业课时所占比重过大等突出问题;此外,我国高等学校外语教育还存在地区差异不断加大、部分外语院校学生语言基本功不够扎实的问题,相当一批院校特别是经济欠发达地区院校英语专业的学生在语言技能上没有达到大纲的要求,语言基础薄弱,缺乏用英语连贯表达思想的能力,特别是英语写作和口语应用能力较弱。而造成这些问题的深层次原因在于高校外语学科发展中长久以来存在的一些制约因素。

二、我国高校外语学科发展的制约因素

综上所述,制约我国高校外语学科发展的因素主要有以下三点:

---

① 戴炜栋:《高校外语专业教育发展报告》,上海:上海外语教育出版社,2008。
② 李岚清:"要培养高层次、掌握专业和外语的人才",《广东外语外贸大学校报》,1996 年 10 月 30 日。

1. 定位不明

毋庸置疑,外语作为中外文化沟通的桥梁有其不可或缺的功能性定位。特别是在经济全球化的背景下,外语不仅有着广阔的应用空间和发展空间,更是中国执行对外经济文化战略的重要工具。但是,近六十年来,外语在发展过程中往往受到中外关系亲疏冷热的影响,表现在高校外语教学与研究中经常出现专业发展的大起大落,原先积累的良好发展基础可能因为两国关系降温而受到冷落,而过去不受重视的某些语种也有可能由于中国和这些国家之间政治经济关系的日益紧密而格外受重视。其实,从国家的对外经济文化战略来看,不宜用工具价值的目光看待外语本身的价值,应该明确外语作为中国对外经济文化战略的重要组成部分所享有的独特地位,制定切实可行的外语发展战略规划,力求保持一支较为稳定的教学与研究队伍,确保外语专业可持续发展。

2. 投入不够

改革开放以来,外语在整个国民教育体系中的地位和作用得到了空前提高,各个层次的教育均将外语列为重点发展对象。全社会亦形成了重视外语、学习外语的风潮。但就高校外语学科发展所获得的资源支持与要素投入来说,仍存在着资源分配不均、要素投入明显不足的问题。除了外语院校和部分高水平大学以及其他类型的部分高校重视外语的学科定位并强化资源支持外,大部分高校的外语学科在本校的学科体系中尚处于弱势甚至边缘化地位。学校主要是基于任务需要或者是功能弥补的考虑来设立外语学科,实质性的投入明显不够,使得部分从事外语教学与研究的教师处境相对尴尬,既影响了工作积极性的调动,也不利于外语教学与研究水平的提高。基于此,有关高校应从促进外语学科发展的中长期战略考虑,适当加大对外语学科的投入,营造学科发展所需要的机制环境与舆论环境。

3. 高端人才欠缺

从对接国家战略来看,高校外语学科无疑拥有广阔的发展空间。但是应当看到,随着中国全面参与并争取积极主导国际经济与金融体系建设的发展,以及中国文化走向世界大潮的来临,国家对外语人才的培养提出了新的更高的要求。过去那种单向度的外语培养模式已经难以适应经济发展和国家战略的需要。而就存量外语人才来说,中国可能并不欠缺一般的外语教学与研究人才,但具备国际化视野、全球化意识并且熟练把握学科发展动态、掌握最新研究方法的战略性高端外语人才的欠缺,却是当前和今后一段时期制约外语学科发展空间扩大的瓶颈。以中国参与国际金融体系改革为例,既需要一流的银行家和金融家、金融风险管理师(FRM)、金融理财师(CFP)和金融分析师(CFA),也需要大批高级金融外语人才。如高校外语教育能够在这方面取得突破,不仅将大大提升外语学科的应用平台,也将拓宽外语学科发展的行为空间。因此,我们应以前瞻性的意识与实质性的行动接轨国家战略,争取在保持高校外语学科传统优势的前提下,在外语专业基础知识培养扎实的基础上加强战略性高端复合外语人才的培养,更好地为国家经济建设和对外经济文化战略服务。

三、高校外语学科发展的战略建议

我们既要正视中国高校外语学科发展面临的诸多问题与制约因素,更要看到广阔的发展前景。在新的历史时期,只要我们以改革的精神针对业已呈现的问题,结合国家中长期教育改革和发展规划,强化中外高校外语教学与研究者之间的交流,完全有可能形成既具有国际普适性又不乏中国特色的高校外语学科发展范式。基于此,笔者提出促进外语专业在新世纪可持续发展的十条建议:

1. 重视外语专业提升我国软实力的作用

在我国历史发展的各个时期,外语教育发挥了不同的作用:从19世纪末通过外语人才培养向西方学习,到20世纪50年代照搬苏联,再到70年代末改革开放后参与世界经济一体化进程,当今21世纪我国的外语教育还应肩负起向世界推介中国文化的重任。我们认为,具体到实践中,除了鼓励我国高校外语教师积极参与由国家组织的、旨在向海外介绍中国文化的重大课题外,外语教学也应作适当的调整:在本科教学中要注意克服学生的"中国文化失语症",培养学生主动对外宣传我国文化的意识;同时,还应在教学实践中大力加强中译外的训练,使我们的学生有能力用准确、地道的语言承担起传播中国文化的重任。

2. 制订我国外语教育中、长期发展规划

改革开放以来,针对高等学校外语教育的纲领性文件是经教育部高教司审核批准并于1998年下发的《关于外语专业面向21世纪本科教育改革的若干意见》[①],它至今仍是指导外语专业教学、制定各语种外语教学大纲和开展外语专业本科教学评估的重要依据。但是,1998年以来,我国的外语教育也出现了一系列新的变化,例如:中学外语教学水平近年来有了长足进步,许多高校向综合性大学方向发展的趋势使外语专业

---

① 教育部:《关于外语专业面向21世纪本科教育改革的若干意见》,1998。

学科建设要在多学科的背景下进行,外语专业学科点的急速增长都对我国外语专业教育提出了许多新的问题和挑战。因此,我们认为,应该配合《国家中长期教育改革和发展规划纲要》[①],在《若干意见》的基础上制定一个符合我国国情的外语教育发展中长期规划,以便为今后 20 到 30 年我国基础阶段外语教育、中等教育和高等院校的外语教育勾画出一个既有一定前瞻性、又切实可行的发展蓝图。

3. 制订外语专业规范,为专业建设设必要门槛

高等学校外语专业教学指导委员会目前正着手制订外语专业本科指导性专业规范,它是在认真总结我国高校外语专业教学的历史经验和广泛调查研究的基础上产生的一个指导性文件。专业规范比较集中地体现了中国高校外语专业教育的基本规律,对于高校设立外语专业的软硬件基本条件都有明确的规定,对于应开设的课程、基本教学方法和教学手段、学生评价指标体系等也都提出了指导性的意见。针对目前有些地区盲目设立外语专业点的做法,建议教育主管部门将审议后的外语专业规范作为新建外语专业点的准入门槛,严格把好外语专业学科建设的第一关。

4. 建立健全各级外语教师资格认证制度

外语专业教学改革和教学水平提高的关键在于外语教师。因而,加强外语专业教师的资格认定和培养成为外语学科建设的重中之重。为了解决新设教学点和经济欠发达地区院校教师教学、科研水平偏低的问题,建议在我国建立起各级外语教师资格认证制度,针对各级外语教师的外语实际运用能力、外语基本知识、汉语水平和教学能力等,制定出明确的资格标准和切实可行的考核办法;向通过相应考试的教师颁发外语教师资格证书。同时,为了帮助外语教师了解所教语言对象国的风土人情、人文风貌,从根本上教好外语、教地道的外语,我们建议国家在逐步扩大对教育投入的同时,国内高校可在教育主管部门的指导下,积极创造条件,分期分批为高校外语专业教师提供一年左右赴对象国进修学习的机会,将国外先进的教育理念带回国内。近年来,教育部高等学校外语专业指导委员会在有关学校协助下,为提高国内高校外语教师实际教学能力和科研能力,定期举办课程教学或科研方法研讨班,取得了一定成效。

---

① 教育部:《国家中长期教育改革和发展规划纲要》(2010—2020 年),2010。

5. 发挥外语专业评估的宏观调控作用

从2004年开始,英语专业率先在外语专业中开展了教学评估。评估工作在加强英语教学质量保证体系建设方面起到了积极作用。从对近60所院校的英语专业评估效果来看,尽管在评估等级划分、评估方法与手段等方面确实存在一些有待改善之处,但被评估院校普遍反映这项工作对规划专业建设、整合教学资源、提升专业整体实力和学科定位和内涵等方面均有较大促进作用。根据2005年教育部《关于进一步加强高等学校本科教学工作的若干意见》的精神[①],今后要做的是针对前一阶段评估过程中发现的问题,完善评估方法,提高评估效果,使其可以发挥规划外语专业学科点建设、遏制部分院校盲目扩招的作用。要重点关注对独立学院(含二级学院)和新设立的外语本科、专科升本科院校的监控和管理,定期检测,严格标准;同时改变过去评估指标过于单一的做法,针对外语类、师范类、经贸类、理工类等院校的英语专业制定不同的评估标准;进一步完善评估方案,并积极探索由被评估院校教学状态数据发布、专家进校评估和社会评价相结合的评估机制,从而真正提高外语专业各语种和每个语种的不同学科点的办学水平。

6. 进一步加强非通用语种的学科建设

2001年开始建设的非通用语种本科人才培养基地为我国非通用语种的教学提供了一个极好发展契机。截至2008年10月,全国共有71所高校、231个学科点承担了46种非通用语言的人才培养任务[②]。这样的教学规模和教学水平,在很大程度上得益于教育部建立非通用语种本科人才培养基地这一重要举措。从20世纪60年代起,非通用语种的教学就与我国的外交政策紧密相连,在推动我国与发展中国家的友好往来方面做出了独特贡献。希望教育部将建设非通用语种本科人才培养基地这一做法坚持下去,进一步加大对非通用语种建设的支持力度;同时考虑到各个非通用语种之间的发展差别,在建设中认真探讨每个语种的实际社会需求与学科基本建设的关系,在投入时不搞一刀切,在学科建设上更不能追求整齐划一。

7. 进一步发挥外语专业教学指导委员会的作用

改革开放以来,教育部高等学校外语专业教学指导委员会在教育部的指导下,在深化高校外语教学改革、提高外语教育质量、加强教育行政部门对高校外语教学工作的宏观调控、推进高校外语教育宏观决策的科

[①] 教育部:《关于进一步加强高等学校本科教学工作的若干意见》,2005(1号文)。
[②] 戴炜栋:《高校外语专业教育发展报告》,上海:上海外语教育出版社,2008。

学化和民主化等方面发挥着建设性的作用。近年来,外语专业指导委员会无论是在组织和开展学科教学领域的理论与实践研究,还是在加强专业建设与规范,乃至组织专业评估提高本科教学质量以及加强师资队伍建设和把握外语战略发展方向等方面,都进行了一些积极的探索,也取得了很大的进展。我们建议,今后一个时期,外语专业指导委员会可在完善现有工作的基础上,加强对各层次外语教育的统筹工作,适当拓宽高等学校外语专业教学指导委员会的工作范围,使其在统筹全国高校外国语言文学专业(本科和研究生)教育方面发挥更大的咨询和指导作用。同时,邀请有实际教学经验的资深外语专家参与有关外语教育、教学的重大决策,加强我国外语教育管理的科学性。

8. 加强科研,以原创性研究提升学科地位

中国高校外语学科要提升自身的学科地位,首先必须拿出原创性的研究成果。如仍像过去那样介绍和罗列国外外语教学经验和做法,或按照某个先验的标准来进行比较和研究,很难得出多少原创性研究成果。从国内近年出版的有关研究成果看,不少是对国际上(尤其是美欧)教学研究成果的消化,至多加上对中国外语教学实践的相关分析,因而普遍缺乏原创性。今后除了要加强中国高校外语学科的基础理论研究外,更要面对实际进行有创见性的研究。显然,国内高校外语界在这方面还有相当长的一段路要走。

其实,在当前的情势下,中国高校外语学科教学与研究是有很大发展空间的。改革开放以来的探索与创新为中国高校外语学科的发展打下了较为坚实的基础,经济建设与社会进步亦为外语学科提供了广阔的应用平台与极具价值的试验样本。另一方面,由于近年来中外文化交流空前活跃,世界文化出现东移趋势;中国外语学科发展水平的不断提高,使得外语学科发展有可能在中国获得某种程度上的后发优势。

9. 在中外学科融合中找到发展突破口

要发展中国外语学科,进而使之在国际外语学科体系获得一定的地位,重要的是在把握当今语言教学与研究发展趋势的基础上,抓住中外学科发展日渐融合的趋势,寻找突破口。中国外语学科并非一个封闭的自循环的体系,而是植根于中国外语教学与研究实践,不断吸取世界各国语言教学与研究的精华,进而形成为一个开放的学科发展体系。中国外语教学与研究之所以未受到国际学术界的足够重视,不仅在于国内学术界没有充分利用国际外语界长期形成的现代语言学规范,来研究中国外语教学与实践的发展,更由于中国外语界尚未形成自己独特的理论。中国

外语学科发展要在世界语言学科体系中占有一席之地,就必须研究中国外语教学实践过程中的现实问题,也就是说要有自己独特的东西,有自己独特的理论范式和理论框架。过去30年我们大量引进了西方的语言学理论与方法。目前要做的是,应该结合中国自己的特点,研究中外语言学方法论相结合的问题。要强调研究的规范性,要注意定性与定量的结合,不可偏重,也不可偏废。笔者认为,随着中外学术交流的日渐活跃,以及中国学者对外语前沿理论的理解和驾驭能力的不断提高,中国学者在掌握运用现代语言学发展的最新成果的基础上,是完全可以缩小与国外同行研究的差距的。

10. 主动对接国家战略,争取学科更大发展

20世纪80年代提出的外语专业复合型人才的培养战略,对于改善高校外语专业学生的知识结构,拓展外语专业的学科内涵起到了相当的推动作用,受到了学生、教师和用人单位的欢迎。当然,十几年的实践过程中也出现了一些偏离。建议教育主管部门在审批外语衍生专业时,在新专业论证过程中要从严把关,对很多明显不符合申报条件的学校限制审批;设立新的专业时,从教学计划、大纲设置、课程设置、测试评估、师资安排、教学教法等基本环节一步一步、稳妥有序地推进,客观科学地促进外语专业体系的完善。

对国家急需的战略性高端复合外语人才的培养,则要整合相关资源,力争在较短时间内取得实质性成效。这是主动对接国家战略,拓展外语学科应用与发展空间的重要突破口。目前,国家正在实施"千人计划",力争在不太长的时间内从国外引进一批世界级的应用性人才,以推动国内相关学科发展,促进经济和社会的进步。在此进程中,掌握专业知识又能熟练运用外语的高级人才无疑是极为稀缺的人力资本。而从国内相关存量外语人才来看,符合国家战略发展需要的这方面人才非常欠缺。基于此,各有关高校应该通过培养和引进两种途径,加大投入,力争在短期内造就一批契合国家需要的战略性高端复合外语人才,扩大外语学科的行为空间,提升学科的应用价值和社会地位。

五、结束语

我国的外语学科在改革开放尤其是进入新世纪以来获得了长足发展,但其整体水平依然落后于高等教育与社会发展的要求,亦与中国全面融入世界、强化各国之间经济文化交流的趋势有不相适应之处。早日形成具有国际普适性又不乏中国特色的高校外语学科发展范式,是中国外语教学和研究者面临的重要课题。中国高校外语学科必须在把握学科发

展规律、掌握前沿理论与方法的基础上,提高对学科发展的理解和驾驭能力,寻找促进中国高校外语学科发展的突破口,力求建立具有中国特色的外语教学体系和方法论。同时,中国高校的外语教学与研究工作者,还应该能在国际语境下进行交流,能够进行"跨情景的学术对话",这样,才既有国际普适性又不乏中国品格。

(作者单位:上海外国语大学)

论外语教育政策与规划的价值维度①

沈骑 夏天

1. 问题的提出

在全球化时代,外语教育战略是世界各国和各地区"国际行走"的重要语言政策和规划,而外语教育政策发展已经逐渐成为不少国家的外语战略研究的核心命题。当前,我国已初步规划《国家中长期教育改革和发展规划纲要》,而以科学发展观规划我国的外语教育政策,已经成为外语教育界的共识。外语教育政策既是语言政策和语言规划的一个组成部分,也具有教育政策的特点,属于公共政策的一个部分,具有明显的公共政策特征,是公共政策在外语教育领域的具体表现。回顾公共政策研究历程,受到实证主义社会科学研究范式的影响,20世纪60—70年代的公共政策分析主要侧重于政策评估、政策执行和政策终结等领域;进入80年代后,随着实证研究范式的日趋式微,现代政策科学理论强调公共政策的价值选择功能,政策分析研究逐步集中在政策伦理和价值观等问题上,融入人文关怀因素。

在外语教育政策发展研究过程中,政策价值研究是外语教育政策研究中最为根本、最为核心的问题。外语教育政策面对的不是纯粹的客观事实或者自然现象,而是现象背后的利益关系、价值冲突和价值选择。所以,在外语教育政策研究中,价值是一个不可回避的重要领域,外语教育政策必然是价值负载(value laden)的。本文在对外语教育政策价值分析现状基础上,借助公共政策学和教育政策学理论视角,尝试建构外语教育政策价值分析框架,探讨全球化下我国外语教育政策价值维度的主要问题。

2. 外语教育政策价值研究现状回顾

环顾国际,欧美等国以及东亚日本、韩国以及东盟等国和地区的外语教育政策的价值研究都已开展多年,其中尤以美国和欧盟的理论建构和

---

① 基金项目:2010年教育部人文社科研究青年项目"全球化下外语教育政策的价值研究"(项目编号:10YJCZH124);第五批"中国外语教育基金"资助项目(项目编号:ZGWYJYJJ2010A01);江苏省教育科学"十一五"规划青年专项课题。

实践应用研究较为丰富。美国外语教育政策的价值取向的一个特点就是维护国家安全,一系列外语教育政策的出台印证了这点。9·11事件后,外语教育政策上升为美国国家安全战略的重要部分。相关研究均体现出其以国家安全为价值取向的特色。

近二十年来,在全球化和欧洲一体化趋势的影响下,发展区域内和平共处、互相沟通已经成为欧洲社会发展的共识。欧盟外语教育政策研究的价值观主要建立在倡导全球化下的多元文化多语学习,塑造国际公民这一理念上,欧洲语言教学共同纲领最终出台正是其价值研究应用的成果。欧洲的价值研究认为,外语教育不应该只追求其实用工具性,而应当贯彻培养跨文化公民身份的理念之上,需要更多地考虑外语的教育价值,而不仅仅是其用途。这一外语教育政策价值观点,在欧洲获得不少国家(如西欧和北欧)的认同。

从周边国家来看,进入新世纪后,日本和韩国的国际化步伐逐步加快,外语教育政策研究作为其"软实力"体现的语言基础,已经成为其重要研究领域。日本和韩国外语教育政策的价值取向更加注重实用主义,将外语作为国际文化交流和输出的工具。但是,由于日韩外语教育政策研究缺乏对教学、课程以及利益群体分析,特别是政策价值的科学研究,因此外语教育政策在理论和实践上还有待改善。在日本外语教育史上,外语教育政策的价值问题一直备受关注。1974年至1976年,围绕外语教育的价值选择,调整现有的外语教育政策问题在日本激起了一场大争论。这场争论实际反映出日本外语教育的发展从二战后狂热快速发展,逐步开始进入理性反思的分析阶段,从而逐步改变了日本过去单纯由政府指令性发布命令,一窝蜂地高速发展态势,忽视外语教育效率和价值的局面。

近年来,我国外语教育的价值问题研究逐渐增多,不少学者从多个层面谈到外语教育的价值:戴忠信和刘军从价值理论探讨外语教学的价值问题[①];白臻贤运用后现代理论从外语课程文化自觉角度进行审视[②];吴宗杰利用福柯知识谱系学理论,站在外语学科发展的高度,对我国外语教育的价值取向等问题进行了深刻的思考[③]。同样,张中载、杨忠和张绍杰

---

① 戴忠信,刘军:"从价值关系的角度论外语教学及其改革",《华北电力大学学报(社科版)》,2003年第3期,第94—96页。

② 白臻贤:"外语课程文化自觉价值取向的后现代视角",《外语与外语教学》,2009年第3期,第37—39页。

③ 吴宗杰:"外语学科知识谱系学考辨",《广东外语外贸大学学报》,2009年第4期,第64—68页。

都对外语教育的功用主义和人文主义或是工具性和人文性价值取向提出统一和协调的观点。以上研究虽然视角不同,但都是对我国外语教育政策的价值取向进行的有益探索,为后续深入研究奠定了基础。

但从我国外语教育政策发展研究的现状看,相关研究还没有系统全面地思考外语教育政策的价值,研究成果相对零散,批判反思有余,系统建构缺少,因此,外语教育政策价值分析需要一个整体性分析框架来统筹价值这个核心命题。

3. 外语教育政策发展的价值维度
3.1 公共政策学视角下的政策价值维度

由于外语教育政策不仅是一个国家或地区的语言政策的一部分,同时也是教育政策的具体分支,但其母体还是公共政策。从公共政策价值定义及其分析模式来看,价值在政策研究中扮演着重要角色。

3.1.1 公共政策价值的定义

美国政治学家哈罗德·拉斯维尔(H. D. Lasswell)在创立政策科学时曾提出,公共政策是"一种含有目标、价值和策略,通过相关规定和措施来实施的活动过程的大型计划"[①]。这一定义强调了公共政策的设计功能及其目标取向。政策价值是指在整个政策过程中体现并贯彻实施的公共选择,它往往决定了政策行为取舍和导向,政策价值也被认为是集体和公共行为的原则、动机和目标。

在具体政策分析中的价值分析是回答"为什么"的问题,包括为谁,为什么目的,有多大风险,值不值得等。价值分析和研究的目的就是确认某个目标是否值得争取,采取的手段能否被接受,对现状所作的改变结果是否良好等。

3.1.2 公共政策分析框架中的价值维度

建构公共政策研究框架和模式,是近30年来西方公共政策研究者重要的研究领域,国外的公共政策学者在政策分析框架和模式方面,做了大量的探索性研究。主要研究模式包括:邓恩(Dunn)的信息转换分析模式、戴伊(Dye)提出的八种分析模式以及决策过程模型,以及霍格伍德—刚恩(Hogwood & Gunn)提出的过程、内容和价值三维分析框架。首次提出价值在政策分析中重要作用的是霍格伍德和刚恩。他们认为在政策分析框架中,除了传统的内容和过程分析法之外,还必须考虑政策的价值分析,而公共政策研究的价值分析必须贯穿整个政策研究体系之中,并扮

---

① Lasswell,H. D. 1971. *A Preview of Policy Science*. New York: Elsevier, p.1.

演核心和统领的角色。

3.2 教育政策学视角下的价值维度

自上世纪 90 年代开始,教育政策的研究渐成热点,其原因不仅在于教育政策研究相对于课程与教学或是教育原理等成熟学科来说,属于新兴发展学科,更是因为越来越多的教育研究者认识到,教育政策研究是将教育科学理论与理念付诸于具体教学实践的制度纽带,是将教育外部世界的国内外社会、经济、历史、文化和教育等领域的发展与教育内部的实践衔接的关键点。教育政策学可以将语言政策和外语教育两个系统整合在一个框架内考察,有机地将教育政策和外语教育联系在一起,可以拓展外语教育政策研究的视角。

3.2.1 教育政策的价值及其内涵

教育政策价值是教育政策活动的客观属性(教育政策要素、结构、内部运行机制和功能等)满足教育政策主体需要的一种关系。国外学者认为教育政策往往是价值负载的,因为教育制度的一个比较重要的特点,便是它与社会——经济机构之间的重要联系。因此,任何政策变化不纯粹是技术上的变化,而是受到了一些政治、经济方面因素的影响。教育政策承载了质量(quality)、效率(efficiency)、公平(equity)和可选择性(choices)等价值标准,是推动政策变革的一个主要原因。随着教育政策研究的深入,教育政策研究思路和方法的重点也逐步转移,从过去政策的文本静态分析上,趋向于对政策过程的科学研究以及政策价值的判断分析上来。教育政策的价值分析回应了教育政策的价值基础特性,反映了教育政策知识的主观性和研究者的人文视野。

3.2.2 教育政策分析的价值维度

基于价值哲学角度审视教育政策,考察和分析教育政策的价值,对于价值负载的政策研究来说,显得尤为重要。孟卫青通过梳理教育政策概念和现有教育政策研究方法,提出教育政策分析的三维模式,将政策过程、内容和价值作为其分析模式的立足点,在教育政策研究的三个维度中,价值统率政策的过程和内容,起到核心和支撑作用[①]。教育政策的价值分析是以价值哲学的世界观和方法论作指导来探讨教育政策的价值。教育政策价值分析的主要研究内容价值选择、合法性和有效性三个向度。

首先,政策价值分析的核心内容是以价值目标为标准对价值事实进行评判,最终确立价值规范或选择,比如教育政策的公平、效率、质量以及

---

① 孟卫青:"教育政策分析的三维模式",《教育科学研究》,2008 年第 8,9 期,第 21—23 页。

可选择性等基本教育价值。劳凯声认为我国教育政策应当建立在"以人为本"、"教育平等"、"效益优化"和"可选择性"等价值观的基础之上①。此外,澳洲学者珍妮·斯图亚特认为政策的价值取向也表现为具体教育政策所要实现的政策目标、决策动机和判定标准等,这其中包括对教育政策的公共价值追求、政策主体的价值倡导、利益群体的价值协调三个方面②。教育作为准公共产品,其政策的价值选择的确定过程,实质上就是政策主体或是决策者在分析和衡量教育政策的公共价值追求和利益群体的价值冲突和取舍的基础上,确定的价值取向和准则。

其次,在教育政策的本体形态上,教育政策的价值特征表现为价值选择的"合法性"。根据尤尔根·哈贝马斯对于合法性的论述:合法性意味着对于某种要求作为正确的和公正的存在物而被认可的政治秩序来说,有着一些好的根据,一个合法的秩序应该得到承认,合法性意味着某种政治秩序被认可的价值。这里教育政策价值选择的合法性是指教育政策内容体现的价值取向符合普遍性的规则、规范并由此在社会范围内被承认、认可、接受和遵守,其本质就是教育政策的价值选择符合目的性,符合人们的需要、价值理想和追求。

从价值角度看,政策过程就是指政策目标完整和真实地转化为政策结果的过程。因此,在教育政策过程意义上,教育政策价值特征又表现为价值选择的"有效性"。教育政策的有效性是指教育政策的效能,是效益、效率和效果的统一,其含义是指教育政策活动以最小的代价获得具有最大化正价值的政策结果,是教育政策功能和效益的最大化。

澳大利亚学者海因斯将教育政策内容中体现的合法性,归结为实质价值(或称基本价值),将教育政策过程中体现的有效性特征,归结为形式价值③。这两者是教育政策价值不可分割的两个方面,是价值内容和价值实现形式的关系,又是目的和手段的关系,体现了互动双向的联系,它们分别是政策价值选择的结果在教育政策内容和过程中的体现。

3.3 外语教育政策价值分析的作用

从教育政策学的角度看,外语教育政策和其他教育政策一样,既是政策文本和行动准则,更是一个发展的过程和系统。在外语教育政策分析

---

① 劳凯声等:"论教育政策的价值基础",《北京师范大学学报(人文社科版)》,2000 第 6 期,第 5—17 页。

② Stewart, Jenny. 2009. *Public Policy Values*. New York: Palgrave Macmillan.

③ Haynes, B. 1987. *Educational Policy Studies: Guide*. Edith Cowan University for WADEC, p. 10.

的过程、内容和价值三个维度中,外语教育政策的价值统率政策的过程和内容。在外语教育政策的三维分析框架中,外语教育政策价值分析是政策分析的一个核心领域。外语教育政策发展的价值维度是以价值分析为工具,结合语言政策和教育政策理念,分析外语教育政策,主要回答"外语教育政策处理各种有冲突的教育利益诉求、或者分配有限的教育资源所依循的价值准则是什么"的问题。价值分析贯穿外语教育政策的全过程,既关注静态的政策文本和背景分析,也有政策选项、分析、执行、评价和调整的动态发展过程研究,具有整体统摄性。

3.4 外语教育政策价值维度研究框架

鉴于价值维度在外语教育政策中根本和核心地位,我们认为价值维度研究本身又可以成为外语教育政策分析的新方法,拓宽外语教育政策研究的视野。综合公共政策和教育政策价值分析理论,我们可以初步建构外语教育政策价值维度的研究框架如下:(见图1)

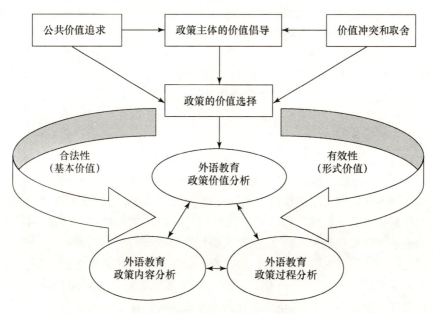

图 1 外语教育政策价值分析框架

外语教育政策的价值选择分析主要分三个环节:第一个环节就是要确立外语教育政策的公共价值追求,外语教育作为国民教育的重要组成部分,其公共价值追求与教育的价值追求应该是一致的,具有普适性和恒久性特征,具体价值追求有:公平、公正、以人为本、效率、自由、可选择性等价值观。

第二个环节是要探讨外语教育政策决策主体和执行主体的价值倡导,这方面主要体现政府或是公共权威部门对于外语教育的价值判断和标准。比如2006年美国政府推出的"关键外语"计划,就是国家根据本国外语教育基本情况,确定一部分语种作为其外语教育的关键发展,以满足国家的特殊需要。这就明显体现了政府对外语教育政策的价值倡导。

　　第三个环节就是要明确各教育利益群体的价值冲突与取舍。外语教育所涉及的利益群体包括:国家、社会、企事业单位、学校、社会教育培训机构、教师(专职或兼职)、专业研究者、研究机构或组织、学生和家长等。这些利益群体对于外语教育的价值观存在一定相似性和差异性,充满着分歧和冲突。外语教育政策决策者和执行主体必须积极协调和取舍各方利益,权衡左右。

　　根据外语教育价值三个环节博弈和融合分析的结果,决策者方能确定外语教育政策的价值选择。外语教育政策的价值选择就是指外语教育的价值取向:如外语教育是否单纯具有工具价值,或是兼有人文价值。其研究内容包括:外语在国民教育中的地位确定;外语教育与母语教育的关系,外语教育中的文化与本土文化的关系等问题。

　　其次,根据外语教育政策内容分析,可以判断外语教育政策是否兼顾教育公平和效率准则,即是否体现合法性特征,确定外语教育的实质价值即基本价值。这里包括对外语教育政策体系构成和政策文本的宏观层面,也包括外语语种的选择和确定,外语学习的起始年龄和学习期限,外语课程标准和教学标准,外语教学理念,教学目标,教学内容和教学方法等,外语测试和评价体系以及师资建设等主要微观具体内容环节的合法性判断。

　　最后,根据外语教育政策过程分析,我们可以确认外语教育政策是否以价值理性统率工具理性,以公平价值统率效率与自由,符合有效性标准。这里包括对政策过程整体动态发展过程的价值约束和监控。政策价值取向会主导政策决策和执行情况、政策的评估、评价和调整阶段,综合全面考虑外语教育政策的效能。如通过有效性标准,可以判定外语教育政策是否与教学实践相互衔接,外语教育是否"省时高效",还是"费时低效"等一系列的具体政策相关问题,真正体现外语教育政策科学有效的发展。

　　综上所述,外语教育政策价值维度是一个复杂多变的系统,在全球化背景下,外语教育战略的制定和实施,必须立足价值维度,进行统筹规划,积极开展基于外语教育政策价值维度的专项研究,科学构建走向21世纪的中国外语教育战略。

(作者单位:沈骑,上海外国语大学;夏天,华东政法大学)

基于多源流框架的中国外语教育政策分析：
历史与未来①

韩高军

1. 多源流框架的主要内容

在早期,研究政策科学的学者们受理性主义研究方法的影响,认为社会问题是客观而明显地呈现在决策者面前的。决策主体本着最优化的原则,通过理性的"计算",对社会公众广泛关注的具体问题进行体察和认定并将其提上议事日程,最终形成公共政策。随着政策科学的发展,理性主义的观点受到越来越多的质疑。学者们认为由于社会问题的复杂性,政策制定并不是决策主体可以进行理性计算的,而是在一种模糊状态下,由多个利益主体共同推动而完成的。在这样的背景下,政策分析的多源流框架(The Multiple-streams Framework)诞生了。这一理论是在科恩(Michael D. Cohen)等人1972年提出的"组织选择的垃圾桶模型"(The garbage can model)基础上,由美国著名政策科学家和政治学家、密歇根大学政治系教授约翰·金登(John W. Kingdon)提出的。其代表作《议程、备选方案与公共政策》被誉为"公共政策研究的不朽之作",该书认真考虑了政策制定的动态本质②,通过对政策制定过程的各方参与者及其在政策议程设立和备选方案提出中所处的地位、所起的作用和所利用的资源等的详细分析,为我们打开了政策过程的黑箱。

不同于垃圾桶模型提出的"问题、解决方案、参与者和选择机会"四大源流,金登提出了"问题流、政策流和政治流"(Streams of recognized problems, policy solutions, and political events)三大源流。在现实的社会环境中,私人领域和公共领域都会有许多问题在四处漂流,它们会形成若干条问题流。其来源可能是政府关注的某些指标的变化、公众的反馈以及预算的限制,也可能是由一次危机、一种变得流行的符号或者政策制

---

① 湖北省教育科学"十一五"规划2009年度重点课题"外语教学全球化与本土化的融合之路——以湖北为例"(编号：2009A014)。
② 詹姆斯·A.瑟伯："议程、备选方案与公共政策"序,《议程、备选方案与公共政策》,北京：中国人民大学出版社,2004。

定者的个人经历而引发的。但是并不是所有问题都能够得到政策制定者的关注而被排进议事日程。金登认为,特定社会问题只有进入政府的问题"清单"才有可能获得解决的机会①。政策流是指政策建议产生、讨论、设计以及受到重视的过程,这个过程大多是在由某一特定政策领域中的专业人员组成的共同体中发生的,包括政府官员、国会成员、学者和思想库的研究人员等。他们会利用各种机会来发表自己对某一问题的看法,抛售有利于自己的政策建议,力争自己的政策建议能被政策制定者采纳。政治流是指对问题解决产生影响的政治过程。金登认为,构成特定时期政治系统"气候"的各类要素,包括国民情绪、公众舆论、行政或立法的更迭和执政党的意识形态等,它们共同构成了政治流。这些因素的变化都能够促使政治家在考虑问题时调整他们的侧重点,从而影响到政策制定②。

在正常状态下,问题流、政策流和政治流是彼此独立,互不相交的,其发生和发展都不依赖于其他源流。只有当三大源流在一个关键的时间点上汇合到一起的时候,问题就会被提上议事日程,金登将这样的时间点称为"政策之窗"(Policy window)。政策之窗被定义为"提案支持者们推广其解决办法或吸引别人重视他们的特殊问题的机会",而且该机会是稍纵即逝的③。

2. 建国以来外语教育政策的变迁

纵观建国以来的外语教育发展史,我国外语教育政策经历了几次大的调整。建国之初,受向苏联学习的"一边倒"的外交政策的影响,我国外语教育政策也"一边倒"。俄语成为当时的第一外语,全国大部分师范院校英语系都被停办,英语教育规模大为缩小。在1953年院系大调整之后,全国高校只剩下9个英语教学点,从而导致英语人才培养出现断档,英语教师大量缺乏,其负面影响持续了十年以上。20世纪60年代,随着中苏关系破裂以及国民经济的复苏和国际地位的日益提升,政府于1964年制定了《外语教育七年规划纲要》。该纲要提出:"学校教育中确定英语为第一外语,大力调整高等学校和中等学校开设外语课的课种比例",并明确要求"学习英语的人数要大量增加"。到1966年,开设英语专业的院校达到了74所。但随后不久,文化大革命运动再一次使英语教育遭受

---

① 约翰·W·金登:《议程、备选方案与公共政策》,北京:中国人民大学出版社,2004。
② 周超,颜学勇:"从强制收容到无偿救助——基于多源流理论的政策分析",《中山大学学报》,2006,45(5):80—85。
③ 保罗·A·萨巴蒂尔:《政策过程理论》,北京:生活·读书·新知三联书店,2004。

重创,十年间整个外语教育处于严重的封闭状态。1978年,经国务院批准,教育部在北京召开全国外语教育座谈会,出台了《加强外语教育的几点意见》。提出了"加强中小学外语教育"、"大力办好高等学校公共外语教育"以及"集中精力办好一批重点外语院系"等政策主张,并指出"当前主要的任务还是大力发展英语教育"[①]。由此以来,我国外语教育,尤其是英语教育迎来了快速发展的时代。

上个世纪九十年代末以来,我国以英语为主的外语教育得到了空前发展。从幼儿园到博士教育的各个阶段都开设了英语课,并且占据了大量的学时。目前在普通高校中开设的语种有50多个,设有英语专业点将近1000个,日语专业点385个,德语、法语专业点各70个,西班牙语专业点14个。英语专业普通高校在校生大约有40多万,高职高专在校生有近50万。2006年学习英语的初中生为5937万,高中生为2514万。小学3—6年级学生共7281万,其中绝大部分在学习英语[②]。此外,英语成为人们升学、毕业、就业和升职的必考科目,成为人们学业和事业成功的必备敲门砖。这段时期,关于外语教育的政策文件,一是1998年教育部高教司以司局文件颁发的《关于外语专业面向21世纪本科教育改革的若干意见》,提出了在外语专业培养复合型人才的总体政策目标,成为外语专业教育教学改革的指导性文件。在公共外语方面,先后于1998年颁布了《大学英语教学大纲(修订本)》以及2007年修订的《大学英语课程要求》。但与外语教育大发展形势形成鲜明对比的是,这段时间,政府未曾出台任何有关外语教育的总体政策。

3. 基于多源流框架的分析

3.1 问题流

在多源流分析框架下,一些问题是否被政策制定者关注,主要取决于决策者了解实际情况的方法,其次是取决于这些实际情况怎样被定义为问题。了解实际情况有三种方法:第一,一种情况存在与否及重要程度可以用一系列指数来反映;第二,一些重大事件或危机事件经常能够导致对某个问题的关注;第三,从现行项目中所获得的反馈,可以推动对问题的关注。从历史上来看,中苏关系破裂、文化大革命结束等重大事件,在很大程度上使得当时外语教育存在的问题浮出水面。决策者通过简单统计和分析,即可意识到解决问题的迫切性,从而使得当时的外语教育问题

---

① 戴炜栋:《高校外语专业教育发展报告(1978—2008)》,上海:上海外语教育出版社,2008。
② 胡文仲:"建国60年来我国外语教育的成就与得失",《外语界》,2009年第5期。

很快进入政策议程,被推进"政策加工车间"并形成权威性的政策方案。

目前,我国外语教育面临着一系列的问题和矛盾。例如,外语与母语的关系、各种外语语种的分布与比例、外语教学投入与收效的悬殊、大中小学外语教育的衔接等。此外,还有英语人才培养和输出不平衡的矛盾;外语语种单一化与需求的多样化的矛盾;大部分人的外语学习暂时的无用性和长期的有用性的矛盾;外语教育的区域、城乡差异的矛盾等。但从多源流的视角来看,这些问题具有长期性和复杂性,需要系统的解决方案。此外,也有一种观点认为,我国外语教育近几十年来取得了长足的进步,总体上契合了世界经济一体化的发展趋势以及国家深化改革开放的大政方针。这种符合时代特征的表象和蓬勃发展的繁荣景象,在一定程度上掩盖了上述问题的存在。从而导致上述问题在民间和纸面上"漂移",难以进入决策者的视野。

3.2 政策流

随着"问题流"不断汇集,政治系统内的利益相关者会通过"政策企业家"(Policy entrepreneurs)提出各种行动议案,金登将这些议案形象地称为"政策原汤"(Primeval policy soup)。在"政策原汤"的周围"漂浮"着多种意见主张的声音,这些意见主张由政策共同体中的专家们提出。但是,尽管意见主张很多,但仅有少部分能够引起高度重视(survival of the fittest)。其中选择的标准包括技术上和行政上的可行性以及是否与主流意识形态相吻合。操作性不强的建议生存下来的可能性较小,与决策者的价值观念不一致的建议也很少被考虑采用。再者,这些政策建议和备选方案往往不是一次性完成的,而需经历一个不断讨论、修改的过程,这既是不同政策利益群体之间展开博弈的过程,也是各种观点不断碰撞,逐渐产生出成熟的政策思想的过程。

由于中国的国情,历史上较多的外语政策建议大都是由政策共同体中的政府官员发起甚至亲自促成的。如在 1978 年全国外语教育座谈会上,时任全国人大副委员长廖承志和中国社科院副院长周扬的讲话,对其后一个时期内中国外语教育政策起到了重要作用。1996 年,国务院副总理李岚清主持召开外语教学座谈会,对当时外语教育的现状、存在的问题、解决问题的途径都作了详细的指示,从而引发了持续多年的公共英语课程改革。而最新一轮的全国大学英语教学改革政策的出台和实施,与教育部主管部门可以说不无关系。

同时,在近三十年的各种外语教育政策出台过程中,中国公共外语教学研究会(后来改为高等学校大学外语教学研究会)、大学外语教材编审委员会(后改为高等学校大学外语教学指导委员会)、外语专业教学指导委员会等专门机构也起到了一定的烘托作用。往往相关政策的论证、细化,都是由这些半官方、半民间的外语教育智囊机构所完成的。但其中存在的问题是,我国一直没有设立一个统一的、权威的外语教育咨询机构,这正是近几十年来我国未能提出一个长远的外语政策规划的主要原因之一。不少专家学者已然意识到这个问题并不断在呼吁,但似乎一直未能进入政府决策者的问题"清单"。根据历史的经验,包括这一提议在内的外语教育政策主张,最好的途径也许是引起某一政府部门或官员的注意并由其来提出。

3.3 政治流

在政治源流的若干因素中,执政党的意识形态对中国外语教育政策的影响是非常明显的。在建国之初,中国共产党与西方国家的对立以及与苏联老大哥之间的亲密关系基本上就决定了当时执行淡化英语,以俄语为主的外语教育政策。而20世纪60年代确立以英语为第一外语,其主要原因也是由于中苏两党之间关系恶化所致。另外,近三十年来外语教育大发展,在很大程度上取决于党的十一届三中全会以后全面实行的改革开放政策。

至于文化大革命结束之后的外语政策调整,背后涌动的政治源流则主要在于政府的换届。四人帮倒台以后各个领域的"拨乱反正",也惠及到了外语教育领域,从而催生了一段时期内重要的外语教育政策。诚然,同年开展的关于真理标准问题的大讨论,在国民情绪、公众舆论等因素方面也起到了一定的作用。金登曾指出,国民情绪和政府更迭这两个因素的结合,会对政策议程产生强有力的影响。

国民情绪是政治源流的一个重要因素[1],指的是在某一既定国家中的相当数目的个体都倾向于沿着共同的方向思考和具有共同的文化价值,并且这种情绪会随着时间的变化而改变。在考察近些年来外语教育政策时,国民情绪是不容忽视的一个因素。当前,外语尤其是英语的重要性已经深入人心,并嵌入进了各个行业和部门进行人才筛选和甄别的各类标准之中。但是,在这样一种普遍积极看待外语教育的观点背后,却又涌动着另外一些逆向的情绪源流,即不少人认同整个外语教育"费时低效"的说法。其他相关的情绪还包括:过于强调外语而忽视了母语和传统文化的教育;过于突出英语而形成了其"霸权地位";过于重视应试教

---

[1] 鲁子问:"美国外语教育政策的国家安全目标对我国的启示",《外语战略动态》,2009年第1期。

育,等等。这些种种相互矛盾的国民情绪,是制定今后整体外语教育政策所必需仔细予以考虑的。

4. 未来:更多政策企业家的参与

我国正处于社会的转型时期。就公共政策而言,政策的科学化和民主化是社会转型的必然要求。作为一种对社会价值的权威性分配,公共政策的形成,正从由少数精英及其代表的组织机构所独断,逐渐过渡成为一个由政府公共部门、各种利益集团、大众媒体和社会精英等共同参与的过程。换言之,个体公民参与公共政策过程的可能性越来越大。但由于受到参与动机、个体影响力、参与能力等因素的影响,大部分个体在政策过程中仅仅处于被动地位,其作用十分有限。只有少数个体,由于他们参与的积极性和主动性比一般个体要高,并且掌握资源和运用资源的能力比较强,因而可能通过他们的积极参与对公共政策制定发挥重大影响。这些积极参与公共政策过程的个体被称为"政策企业家"(Policy entrepreneurs)。金登认为,所谓的政策企业家是指那些愿意投入自己的资源——时间、精力、声誉以及金钱来促进某一主张以换取表现为物质利益、达到目的或实现团结的预期未来收益。

政策企业家既可能来自政府系统内部,也可能来自其外部的利益集团或研究组织等。他们积极倡导某些政策理念或政策方案,愿意通过促成这些政策方案而实现个人目的(如升职),或者促进公共利益,或者仅仅是为了满足参与的欲望。从上文分析可以看出,在我国外语教育政策出台过程中,来自政策共同体中的不同个体,如政府官员、学者,还有未曾提及的利益集团代表(如外语出版、培训机构等)都曾发挥过相应的作用。但是就总体而言,政策企业家的组成相对还是过于单一,其作用发挥也比较有限。外语政策与规划在很大程度上关系到国家安全、社会发展以及经济增长,需要多方面的共谋和参与。因此,未来我国更加合理、和谐的外语政策的制定与实施,呼唤更多来自各方面的政策企业家的力量。

(作者单位:武汉工程大学)

中国近代历史背景下的外语教育规划

高晓芳　宋志明

1. 引言

中国的外语教育历史悠久,见于元代,但正式且有相当规模的外语教育始自近代。鸦片战争后,在国内社会动荡与外强入侵的双重打击下,清廷为了"疗病起弱"、"御敌自强"、巩固统治而创办新式教育,学习、引进西方先进的科学技术,培养洋务翻译、外交、军事和实业技术人才,从1862年起,建立了30余所新式学堂(含外国语文学校、军事学校和科技实业学校三类)。这些学堂以"西文"、"西艺"为核心,以外语教育为先导,造就了不少外语人才,对我国近代外语教育产生过重要影响。

本文拟从学校的建立与语种选择、招生与聘任教习、课程设置与教学三个方面来梳理近代外语教育的政策与措施。考察范围是外国语文学校。作为新式教育的领头羊,外国语学校经历了从专门的语言学校到以外语为核心的综合性学校的发展过程,教学内容立足"西文",兼顾"西艺",具有很强的代表性。

2. 学校的建立与语种选择

近代外语学校在清廷"欲悉各国情形,必先谙其文字,方不受人欺蒙"的认识下诞生。第一所外国语文学校是京师同文馆,建立于1861年1月,归属总理衙门,次年6月正式开学,之后,由于各地对外交涉事务不断增加,又相继建立了上海广方言馆(1863年)、广州同文馆(1864年,亦称"广州广方言馆")、新疆俄文馆(1887年)、台湾西学馆(1887年)、珲春俄文书院(1889年,吉林)、湖北自强学堂(1893年)以及湖南湘乡东山精舍方言斋(1895年)等学堂。

称外国语文学校为"方言馆"或"同文馆",从语言学意义上看,前者是因为"清末文字改革家也还没有把'语言'和'方言'区分开,往往把不同的语言也称为'方言',……"[①]。"方言"在当时即指各国语言文字,学习方言的学校即为"方言馆";从文化学的角度解释,"同文馆之名始见于《宋

---

① 李宇明:"清末文字改革家的方言观",《方言》,2002年第3期。

史》,原是招待藩属国家贡使的处所。清廷将学习外国语言文字的学校定名为同文馆,不无唯我天朝独尊之意。至于把英、法等外国语言文字叫做"方言",把学习这种语言文字的学校定名"广方言馆",其天朝老大的意味就更为明显"①。

新疆俄文馆与珲春俄文书院旨在培养俄语翻译人员,单设俄语一个语种,其他学校则开设了英、法、俄、德、东(即"日文")多个语种。当时外语语种的选择以外交需要为指导,以实用为原则,依据的是该语言国在中国外交事务上的地位。例如:

(1)奕訢等《核查同文馆办理情形折》:"查通商各国,以英、法、俄交涉事务为多,学习外国语言文字,亦以英、法、俄为要。美国文字大略与英国相同。是以臣衙门分设三馆,同时并习。广东省与外国交涉事件,英、法多而俄较少。是学习英、法文字,实为粤省急务"(224)。

(2)《堂谕》关于光绪二十三年(1897)开设东文馆的记载:"查日本同洲邻近,交涉日繁,亟应添设东文学馆,以备异日翻译之选。"(48)。

(3)张之洞《札道员蔡锡勇改定自强学堂章程示》"方言各国不同,择其最要分立英文、法文、俄文、德文四门……查英文为东方各国所通用,故学者较多,法文、德文虽属无多,尚易访求"(263)。

外语语种按其重要性排列依次是英、法、俄、德、日。近代早期的师资依赖外国人,学校规模小,每年级的学生人数为10至30人不等,不能做到常年招生。师资有限,加之校舍简陋,语种选择以及开设的时间缺乏自主。比如:

(4)奕訢等《遵议设立同文馆折》:"俄、法等国语言文字,亦应一体学习,容俟觅有妥人教授,再行随时酌办,合并陈明"(38)。

(5)刘瑞芬:《禀复南洋通商大臣沈》:"查法文生徒现在仅存四名,头班二名,学有成效,一俟教习定妥,或添收生徒,或挑英学聪慧子弟改习法文,届时再酌。至俄文、布文②本应兼习,只因教习颇少馆屋又住满,一时无从安置师徒。"(194)

外语教育的实施需要多方面的投入,对办学条件、教学设施、师资力量、不同语种之间的比例等方面应予以充分的考虑。但是战祸接踵而至,办学只能因陋就简,近代外语教育虽在诸多条件不够成熟的情形下开始,但在建立学校和选择语种所依据的原则方面是合理的,因为一个国家在

---

① 转引自高时良:《中国近代教育史资料汇编 洋务运动时期教育》,上海教育出版社,1992,第215页。(以下凡出自该书的引文均只标示页码。)
② 布文即指德文。见赵尔巽等,《清史稿》(第16册),中华书局,1976,第4599—4615页。

某个时期的外语教育应该基于其社会需求。

3. 招生与聘任教习

招生要求高,选拔比较严格,类似于贵族学校。生源以满汉八旗子弟为主,以保送与考试相结合的方法招取。比如:

(6) 奕訢等《遵议设立同文馆折》:"请饬广东、上海各督抚等分派通解外国语言文字之人,携带各国书籍来京,选八旗中资质聪慧、年在十三四岁以下者,俾资学习。"(37)

(7) 李鸿章《请设外国语言文字学馆折》:"臣拟请仿造同文馆之例,于上海添设外国语言文字学馆,选近郡年十四以下,资禀颖悟、根器端静之文童,聘西人教习。"(174)

(8) 张之洞《自强学堂章程》:"一、学生必须年在二十四以内十五以外,口齿较灵,志趣渐定者,过二十四岁或不及十五者,均不录取。""三、挑取学生,先考华文一次,照定额加倍挑取,再行面试。并相其器宇端正,口齿灵敏,体质壮实,确无嗜好者,录取入堂。"(261)

战争赔款使清廷财政赤贫,对教育的投入自然捉襟见肘,以八旗子弟为生源,考虑的是经济因素,同时能保护统治集团的利益,因为"凡是旗人无论满汉,都是生来就有饷的,所以叫他们入学可以省些费用;并且如有薪津等等利益,也可以落在统治阶级的手里,利权不致外溢"(143)。要求进馆学习的学生器宇、品行端正,采取保送或荐举的方式则是顾及国家的外交形象与外交安全。而限定年龄,考试录取以及重视汉语基础,则是语言学意义上的考虑。在社会处于动荡时期做出这种理性的决策决非一时冲动,说明当时已经认识到外语教育的特殊性,尤其是翻译人才培养的特殊要求。

办学初期,教习依赖外国人,聘任的是传教士与外国使馆的翻译。《同文馆题名录》中有关历任汉洋教习的记载表明,从同治元年(1862)到光绪二十四年(1898),仅京师同文馆一所学校的洋教习就有 43 人(英文 14 人、法文 12 人、俄文 10 人、德文 6 人、日文 1 人)(65—69)。据文献记载,高薪聘请的外籍教员大多恪尽职守,在教学上发挥过积极的作用。期间,清政府也意识到本土师资培养的重要性,通常是选聘成绩优异的高年级学生担任副教习,先辅助教学,然后独立承担。至十九世纪末,二十世纪初,中国人开始担任外语教习。比如张之洞在《招考自强学堂学生示并章程》中规定:"今分立英、法、德、俄语言文字四门,每门学生以三十人为额,四门共一百二十名。英文、法文各省传习较久,目下四学始基,即派华员为教习,俄文、德文通习素罕,分派俄员、德员为教习,辅以华员协同授课"(261)。可见,近代新式教育就地取材,利用外语学校培养自己的外语教师,为本土双语师资的培养积累了经验。

4. 课程设置与教学

外国语文学校原本培养翻译,以备朝廷差委。外语是必修课,课程设置以"西文"为主。教学内容比较简单,从字母、读音、拼写、句子开始,然后逐步过渡到翻译。教学采用语法·翻译法,重笔头,轻口语,考试是照会的中外互译。其结果是学生的语言能力局限于书面材料的翻译。虽然不少学生通过学习获得了较高水平的阅读与翻译能力,但几乎不具备听、说等实际应用能力。听说能力差是当时外语学校的通病,几乎成了社会问题,引起清政府的高度重视①,而且从外语学校毕业被派往各地衙门任职的不少翻译官只懂"西文",几乎不懂得算学、格物、机器、航海等"西艺",很难胜任对外交涉事务。为应对时事需求,不少外语学堂在"西文"的基础上,增加"西艺"科目,学制也相应延长,实施藉"西文"通"西艺"的培养模式,开始重视口语与听力能力的训练。这些调整表明外语学校已经从专门的语言学堂转变成以外语为主的综合性教学机构。比如1876年,京师同文馆将学制从三年调整至八年,增加了不少的"西艺"课程,外语仍然是主课。其八年课程表如下:

(9) 京师同文馆的八年课程表

年次	学习内容	年次	学习内容
首年	认字写字。浅讲辞句。	二年	讲解浅书。练习文法。翻译条子。
三年	讲各国地图。读各国史略。翻译选编。	四年	数理启蒙。代数学。翻译公文。
五年	讲求格物。几何原本。平三角。弧三角。练习译书。	六年	讲求机器。微分积分。航海测算。练习译书。
七年	讲求化学。天文测算。万国公法。练习译书。	八年	天文测算。地理金石。富国策。练习译书。

(86)

课表高度强调翻译,突出教学重点,遵守循序渐进的教学原则,目的是帮助学生由洋文而及诸学,充分体现了借"西文"求"西艺"的办学模式。至此,京师同文馆实现了立足外语,兼顾其他学科,向综合性学校发展的转变。

---

① 这一社会问题还引发了近代留学教育政策的出台。

在教学用语方面,京师同文馆明确规定语文以外科目,均用英文或中文教授(164)。这是双语教学的雏形,类似情况在上海广方言馆与湖北自强学堂中也存在。

1861年,冯桂芬在《采西学艺》中写道:"如以中国之伦常名教为原本,辅以诸国富强之术,不更善之善者哉?"①明显地流露出"中学为体,西学为用"的思想,与魏源"师夷之长技以制夷"的主张相吻合。"中体西用"的思想贯穿于所有外国语文学堂的教学中,就是重视学生汉语的功底,学校章程不仅明确规定中文学习的时间,还制定十分严格的纪律,对不习汉语者予以惩罚。例如:

(10) 光绪二十四年(1898)以前的同文馆章程:"后馆学生(及由后馆兼充前馆之学生)每日仍照旧章。俟洋文功课完时,即习汉文。每月月底将各学生汉文功课,由汉教习呈由帮提调查核,倘有学生不往学汉文,即由帮提调将该学生惩办。"(50)

汉语学习内容主要为经史辞章。当时重视汉语学习是因为相信汉文西文能相互促进,有助于理解西语深意。例如:

(11) 同治十年(1871)正月奉堂谕:"本衙门设立同文馆原为学习洋文,然必通晓汉文者,方能于洋文得力。汉洋自应一体专心分学。"(98)

当然,还有与此类似但兼有其他考虑的。例如:

(12)《自强学堂章程》:"学生有年齿稍长或已列胶庠者,必已通晓儒书。每日除西学功课外,尽可自温旧业。其年齿稍稚、华文较浅之学生,另于该堂设立华文教习,于西文之暇,课授儒书华文,并作论说,庶几中外兼通,不致忘本。"(262)

(13) 刘铭传《台湾设立西学堂招选生徒延聘西师立案折》:"于西学之余,兼课中国经史文字,既使内外贯通,亦以娴其礼法,不致尽蹈外洋习气,致堕偏陴。"(256)

保持自我并向西方学习,融贯中西,这是开放的姿态,不过,认为外语学习有忘国乃至堕落的嫌疑,或认为"文化侵略"注定要与外语学习相伴,又是时代的局限,无可厚非。事实上,即使在今天,纯粹被动的外语学习也是不存在的,只要学习就会带来文化上的影响。如果是在忽视乃至轻视母语以及本土文化的条件下学习外语,文化上的影响就令人担忧。反之,文化流通所带来的互补将有利于造就新型人才。从这个角度看,当时外语教育强调汉外双轨并行是很有积极意义的。

---

① 转引自喻本伐、熊贤君:《中国教育发展史》,武汉:华中师范大学出版社,1991,第393页。

5. 规划得失与教益

近代的外语教育产生于社会动荡时期,规划体现了外交需要。而长期闭关锁国后的被动外交没有为规划提供得天独厚的条件,外语教育既缺乏可资借鉴的经验,又鲜有必要的前期准备,在制定相关外语教育政策和实施外语教育的过程中,不少决定是为了应一时之需而仓促形成,这些因素在很大程度上导致外语教育发展不平衡和缺乏长远计划。具体表现在外语学校大多设立在大城市和通商口岸,交战国是选择外语学习语种的唯一依据,外语师资受洋人控制,学生的听、说、读、写、译技能不能平衡发展。

但是近代对外语教育的重视、热情和投入又是前所未有的,这一点从京师同文馆隶属总理衙门、外国语文学校如雨后春笋般地建立以及在经济十分困难,学校开支取自海关船钞税的条件下仍坚持高薪聘请外语教师就可知,客观上也取得过不少有目共睹的成绩。

这些成绩主要是:

一、促进人才培养。外语学校的毕业生在当时的外交和政治舞台上都发挥过重要作用,不少出使日、英、法、德各国的使臣以及一些洋务要员、户部尚书、刑部尚书等均毕业于外语学校;

二、养成双语师资。近代培养了一批既通晓外语又懂得专业的双语教师,为外语教育师资本土化打下了基础;

三、成就西书翻译。语法翻译教学法虽有其弊端,但确实造就了不少优秀的翻译人才,他们把西方先进的科学技术知识翻译引进到国内,架设中西交流的桥梁,功不可没;

四、形成外语教育双轨模式。近代在外语教育的同时,注重学生的母语教育,这对于我们今天如何在教授外语的同时注重学习母语,保持和弘扬中华民族文化尤其具有现实意义。

我们在评价某个时期的外语教育规划时,既不要以古非今,认为前人不可及,也不必以今非古,以为前人不足道,而是应该从历史唯物主义的角度,尊重事实,结合当时的社会、政治、军事、文化等状况,客观地予以认识和理解,从中寻求有益的启示。

我们今天的外语教育规划不是"白手起家",不是"平地起楼台",我们总结前人的成就,认识其不足,是为了今天和明天走得更好,正所谓"继往开来"。

教育周期长,影响面大,规划宜早不宜迟,须汲取前人的教训,立足当今,放眼未来,外语教育规划也不利外。

从"同文馆"的开办到现在,我国的外语教育走过了一百四十多个年头,无论是从数量还是质量上都大大超过了前人,社会需要的外语人才和外语技能早已不局限于外交事务翻译人员与书面对译,但是外语学习与教育中不尽如人意的现象仍然存在,比如外语学习语种的比例不够合理、平衡;外语语言学习与知识学习脱节;外语学习的各个阶段之间缺乏交流与沟通。这些问题应该引起规划层面的高度重视,从中找寻规划的内容。三种现象里存在着外语教育规划需要考虑的三个内容,即宏观调配不同外语学习语种之间的比例以利于国家利益和人才培养、开展双语教育以促进语言学习与知识学习相结合以及实施外语教育"一条龙"的战略,使各个阶段的外语教育既相对独立又互相联系。

(作者单位:华中师范大学)

以跨文化教育为导向的外语教育：
历史、现状与未来①

张红玲

跨文化交际和跨文化冲突是人类文化形成和发展过程中的固有现象，在以全球化、国际化、多元化和信息化为时代特征的当今世界，跨文化交际和跨文化冲突更是成为人们日常工作和生活中不可回避的内容。"人类的跨文化冲突这一问题没有随着社会经济的发展日益消解与弱化，而是随着利益冲突的日益复杂而愈演愈烈，并已经成为当今世界不得不开始解决的攸关世界和平与人类发展的重大问题"②。跨文化教育因此应运而生，成为当今教育界努力倡导的一个新的发展方向。而外语教学以其与跨文化交际和跨文化教育千丝万缕的联系，有望成为跨文化教育最强大的平台。

1. 跨文化教育的历史渊源与内涵界定

1992年，联合国教科文组织在其国际教育大会上颁布的题为《教育对文化发展的贡献》的文件中，正式提出了跨文化教育的思想，希望通过跨文化教育实践来促进人们对文化多样性的尊重和对其他文化的了解，并在充分理解本族文化的基础上，培养对其他文化积极、欣赏的态度，提高跨文化交际能力，最终促进世界各种文化的积极健康发展。2006年该组织又颁布了《跨文化教育指南》，对跨文化教育的目的、原则和标准进行了阐述，并从课程设计、教学材料、教学方法和教师培训等方面对跨文化教育的具体实施提出了建议。该文件还明确指出跨文化教育不是一门独立的、新增加的学校课程，它的理念应该融入到学校的教育体制和各门课程的教学中，其中外语教学的作用非常重要。

跨文化教育是在以美国为代表的多元文化教育发展过程中形成的，是国际教育发展的一种新理念。跨文化教育和多元文化教育是两个近义词，联合国教科文组织的文件就是将这两个词等同起来进行阐述的。但

---

① 上海外国语大学英语学科"211工程"三期重点学科建设项目，项目编号：211YYZHLL1。
② 鲁卫群："跨文化教育引论"，《华中师范大学博士论文》，2003。

是,根据黄志成和魏晓明的理解,多元文化教育与跨文化教育是两个既有联系又有区别的概念,也反映了两种不同的教育理念[①]。多元文化教育(multicultural education)强调的是多元文化并存的一种状态,是静态的。而跨文化教育(intercultural education)指的是不同文化之间的交流与互动,是动态的。从本质来看,多元文化教育一般是指多民族国家对各民族学生(尤其是对少数民族和移民学生)进行的有关多种文化的教育,其目的是让他们享有平等受教育的机会,能理解本民族独有的文化特点,并受到社会应该给予他们的文化尊重。多元文化教育隐含着消极的一面,因为它强调对少数民族文化的理解,强调少数民族文化被主流文化包容和接纳,强调少数民族文化对主流文化和主流社会的适应。跨文化教育的概念是与教育平等、教育民主联系在一起的。跨文化教育的目的是要通过教育促进对人类间差异的理解,重视人权,尊重差异,承认文化差异的价值,理解对生活方式的选择,主张和谐共处。跨文化教育超越了多元文化观,主要关注多种文化之间的相互关系、相互作用,是促进各种文化在社会中平等交融的一种动态过程。与多元文化教育的被动性共存不同,跨文化教育是一种主动的互动式教育,也就是要在教育中关注不同文化的差异,研究不同文化对学生的影响,使来自不同文化的学生能够相互交流、相互理解、相互学习。

总之,跨文化教育是要在多元社会中、通过教育来促进不同文化团体之间的相互理解、尊重和对话,发展和维持一种能够平等共处的生活方式。跨文化教育的核心价值是接受并欣赏文化差异;尊重人的尊严和人的权利;各文化均有其特性,应相互尊重、相互学习;非主流文化也应受到应有的重视。跨文化教育思想超越了以往的移民教育、少数民族教育、多元文化教育、双语教育等概念,逐渐形成一种新的教育理念,是教育的发展趋势,并成为一种国际教育思潮和运动。

2. 外语教学的跨文化教育目标

跨文化教育是一项庞大、复杂的工程,需要教育界,乃至整个社会群策群力、协同努力去完成。学校是跨文化教育的主要实施者,而外语教学则是跨文化教育最有效、最重要的阵地之一。这一方面是因为语言所具有的浓厚人文性,语言与文化血肉相连,密不可分,语言交际必然以文化为基础,语言教学本身就是文化教学。另一方面,外语教学具有双重目标:语言文学目标(即掌握目标语言系统和语言应用技能)和社会人文目

[①] 黄志成,魏晓明:"跨文化教育—国际教育新思潮",《全球教育展望》,2007第11期。

标(即培养社会技能和人文素养)。前者指的是培养能够用目的语进行阅读和交际的人才,即将外语作为工具进行学习;后者侧重的是学习者个人能力和素养的培养,在当今世界这种能力和素养主要指的是与来自各种不同文化背景的人们和谐相处、有效沟通、平等合作的能力,也包括学习者个人认知情感的发展。总之,在全球化背景下,外语教学服务社会发展和个人需要的一个重要表现就在于将跨文化情感、态度、知识和能力的培养确定为最终目标。

实际上,文化从来没有脱离外语教学,只是在外语教学的不同历史阶段,文化的存在方式和处理方式各有不同。在以阅读、欣赏和翻译文学作品及宗教文本为主要目的外语教学初期,文化存在于作品中,外语教学对文化的处理主要是背景知识介绍,目的是扫清学习者理解这些文本的障碍。这个阶段的外语教学主要针对一些社会精英或上等社会人士,外语教学中的文化教学基本上围绕高雅文化(High Culture)展开,即有关文学、艺术、宗教等内容的学习。从上世纪 70—80 年代开始,交际法外语教学盛行,交际能力成为外语教学的重要目标。在这个阶段的外语教学中,文化存在于各种交际功能和交际场合中,文化教学开始从 High Culture 转向 Low Culture(通俗文化),以语言交际功能密切相关的目的语文化中的生活习惯、社会习俗等成为外语师生关注的重点。外语教学中的文化教学在这两个阶段虽然在目的和内容上有很明显的差异,但有一点是相同的:文化教学从属于语言教学,前者为后者服务。这与前文所阐述的外语教学应该实现的社会人文目标不相吻合。特别是在人类进入 21 世纪后,外语教学的时代背景发生了极大的改变,外语教学承担起跨文化教育的重任的意义更加重要和深远。在这个时期,跨文化教育不应该从属于外语语言教学,它应该与语言教学有机结合。将跨文化教育融入外语教学不仅能使外语学习本身更有意义、更加有趣,而且能促进外语教学社会人文目标的实现,使外语学习者成为既掌握外语交际能力,又具有跨文化意识、国际视野和跨文化交际能力的新时代人才。

根据全球化、国际化和多元化时代特征,笔者将外语教学中的跨文化教育定义为:一项由学校通过培养目标的确定、课程的设置、教学内容和材料的选择、教学理念的更新、教学方法和教学活动的设计以及学校教育与社会实践有机结合等途径,进行的关于个人世界观、价值观、身份认同和跨文化意识和能力的教育活动。它的目标包括:

- 增强学生的跨文化意识和敏感性,帮助他们用跨文化的视角去看待、分析和解决问题;

- 培养学生对不同文化和个人尊重、包容、理解和欣赏的态度;
- 丰富学生的文化知识,包括本族文化知识和外国文化知识,帮助他们建立全球视野;
- 增强学生的跨文化交际能力,使他们能够根据不同语境灵活调整自己的文化参考框架,以保证交际的有效性和恰当性;
- 培养学生在多元文化环境中与人交流与合作的能力;
- 提高学生应对冲突和不确定因素的能力,鼓励他们敢于冒险,敢于创新的精神。

以上跨文化教育目标体现了外语教学的人文性,应该成为新时期外语教学的重要内容。值得注意的是,在实际教学中,我们应该将这些目标内容与外语语言教学内容进行整合,使两个层面的教学有机结合。

3. 国内外跨文化外语教学的现状

针对如何在外语教学中重视和开展跨文化教育,欧美地区的教育行政部门和学者已经给予了极大的关注,取得了令人瞩目的成绩。美国早在1996年通过的《面向21世纪的外语学习全国标准》中就指出:外语教育应该包括5个目标(即5个C):语言(communication)、文化(cultures)、联系(connections)、比较(comparisons)和群体(communities),其中语言交际能力是外语学习的重点,文化知识是交际的基础保障,联系(即应用所学的外语,巩固和拓展已学的其他学科的知识或获取和学习其他学科知识,掌握新的技能)是外语学习的重要目的。这三方面是外语界普遍认同和长期践行的目标。而"比较"和"群体"则是针对21世纪时代特征提出的新的目标概念。通过比较目的语和母语以及目的语文化和本族文化,学习者不仅增强了对两种不同语言和文化的认识,而且也认识了语言和文化的本质,了解了文化差异可能导致的交际困难。"群体"作为一个目标概念指的是外语学习者融入国内外多元文化环境,应用所掌握的外语技能和文化技能有效地工作,愉快地生活。这两个目标概念强调了外语学习对于学习者认识本族文化、参与多元文化活动的重要作用。

在欧洲,为了增强各国经济、政治和文化在国际竞争中的实力,自2002年以来,欧洲委员会的语言政策部就一直致力于帮助各成员国改革其语言教育政策,2003年颁布的《从语言多元化到多元语言教育:欧洲语言教育政策发展指南》指出:当代语言教育的目的是进一步维护和发展欧洲语言和文化多元化特征,同时帮助学习者适应这种多元化社会环境,通过国际交流和跨文化交际,促进相互理解,培养对不同文化包容和尊重的态度,加强欧洲各国之间的紧密合作。虽然这一指导性的文件强调发展和应对欧盟内部的文化多元现象，但这种面向地区的跨文化语言教育思想同样适用于全球化的国际环境。近年来，欧洲各国开展的各类跨文化语言教育实践表明多元语言教育在欧洲成效显著。

我国的外语教学界虽然也完成了面向21世纪的外语教学调查研究和改革报告，制定了《大学英语课程教学要求》(2007)，但是在这份纲领性文件中，只有教学性质和目标部分提到了跨文化交际能力的培养："大学英语是以外语教学理论为指导，以英语语言知识与应用技能、跨文化交际和学习策略为主要内容，并集多种教学模式和教学手段为一体的教学体系。大学英语的教学目标是培养学生的英语综合应用能力，特别是听说能力，使他们在今后学习、工作和社会交往中能用英语有效地进行交际，同时增强其自主学习能力，提高综合文化素养，以适应我国社会发展和国际交流的需要。"由于没有对跨文化教育提出具体的建议和要求，我国外语教学中的跨文化教育并未真正展开。虽然很多外语教师意识到文化教学和跨文化交际能力培养的重要性，但是因为没有接受系统、科学的教师培训，又得不到行政管理方面的认可和支持，他们对在外语教学中开展跨文化教育的认识比较片面和肤浅，热情不高。

正因为如此，当前我国外语教学中的跨文化教育存在很多问题，其中两个问题最为突出。其一，将文化教学作为语言教学的附属品，只在时间和条件允许的情况下予以关注，文化教学因此不成系统，学习者学到的往往是零碎的文化知识和信息，这种将文化作为零碎知识和信息进行介绍和学习的方法很容易导致对目的语群体片面，甚至错误的认知。第二，外语教学中的文化教学长期以来目标不明确，教学内容不完整。很多外语学习者和教师只关注影响外语阅读和交际的文化因素和内容，没能充分认识到外语教学在培养学习者人文素养和综合素质层面的作用，外语教学的潜力因此没有得到充分的开发。

基于跨文化教育的外语教学是一个新兴的研究领域，自上世纪80—90年代以来，国内外学者纷纷从不同角度开始关注这个课题。在欧美，从八、九十年代着重研究外语教学的文化教学意义、目标和方法到进入21世纪后以全球视野为导向的跨文化居民素质培养(education for intercultural citizenship)和多元语言教育(pluralingual education)，外语教学作为跨文化教育重要平台的地位愈加明显，这些研究成果表明外语教学已经不是一门普通的学校课程，它对于国家、民族和个人而言都具有重要的战略意义。欧美的相关研究因为与其国内和地区的政治、经济、文化和社会环境紧密结合而得到政府的大力支持，研究成果成为政府制定教育政策的重要依据。这一点值得我们参考借鉴，进行跨文化教育本土化研究，明确我国进行跨文化教育的意义和目标势在必行。

在我国，来自教育学和外语教学领域的学者构成了这个课题的研究主体。他们的研究主要集中在对美国等国家的多元文化教育和跨文化教育进行介绍和批评，并阐述在中国开展跨文化教育的重要意义。而在外语教学界，随着文化学习和跨文化交际能力培养作为外语教学的重要内容得到广泛认可，有关外语教学中的文化教学和跨文化教育的研究也逐渐升温，具有代表性的研究成果包括《外语教学与文化》（胡文仲、高一虹，1997）、《外语教育中的文化教学》（陈申，1999）、《中小学英语跨文化教育理论与实践》（鲁子问，2005）、《跨文化外语教学》（张红玲，2007）等。其中前两部著作都是从语言教学自身的需要出发，结合相关语言现象来谈文化教学，是从语言视角指向文化视角。后两部著作则由文化视角转向语言视角，从外语教学的时代背景出发，阐述外语教学的跨文化教育功能。这些成果拓展了当前外语教学研究和实践的视角和途径，唤醒了人们对外语教学中文化教学和跨文化教育的认识。尽管如此，我国的基于跨文化教育的外语教学研究刚刚起步，上述著作在研究深度、广度和系统性上都各有不足，我们应该在这些研究成果的基础上，进一步阐述我国开展跨文化教育的重要意义，梳理跨文化教育相关理论，探讨在外语教学中开展跨文化教育的途径和方法，充分发挥外语教学的人文素养和综合素质培养功能。

4. 我国跨文化外语教学的研究方向

跨文化教育的重要意义已经逐渐受到广泛关注，跨文化教育的理论研究和实践探索近年来也逐步丰富起来。然而，由于各个国家开展跨文化教育的基础和环境各不相同，西方多年积累的理论体系和实践经验不一定适合中国的国情，因此我们应该对跨文化教育进行本土化研究，通过回顾跨文化教育的历史，界定跨文化教育的相关概念，评述国内外跨文化教育的研究成果，分析中国目前开展跨文化教育的必要性和可行性，阐述中国跨文化教育的意义、目标和途径。

与欧美国家相比，我国跨文化外语教学研究和实践比较落后，其中一个重要原因在于外语教学政策尚未对此给予足够的重视，具体体现在教学大纲、教材、方法、测试等各个教学环节中有关跨文化教育的内容基本缺失。在没有纲领性文件指导的情况下，很多一线教师往往只是凭借自己的理解，在课堂时间允许的时候，向学生介绍文化知识，讲述个人体验。这种缺乏指导、没有系统、肤浅片面的跨文化教育活动或许可以在一定程度上弥补学生对跨文化交际能力提高的需要,但是很多时候,这样的教学会适得其反,导致对文化狭隘、僵化的理解。因此,我国在外语教学中开展跨文化教育应该自上而下。

具体说来,在外语教学中开展跨文化教育首先应该更新观念,增强认识。跨文化教育的相关思想对于我国外语界来说是一个比较新的理念,教育行政部门的专家和领导应该首先明确认识跨文化教育的时代意义、跨文化教育的目标和内涵,通过借鉴欧美国家的跨文化教育的经验,制定符合我国国情的跨文化教育目标、原则和方法。以此为基础,外语界的专家学者应该探讨外语教学作为跨文化教育重要途径的理论和实践问题,制定教学大纲、调整课程体系、更新教学方法和活动、编写教学材料,等等,从而将跨文化教育理念贯穿于外语教学的各个环节。

目前,我们还应该对跨文化外语教学进行实验研究,将这些新理念应用于课堂教学,在实践中探讨语言教学与文化教育有机结合的途径。同时,教师培训也是确保跨文化教育理念得以贯彻落实的重要保障。对于文化教学和跨文化教育我国外语界一直混为一谈,很多教师误认为他们课堂上对文化知识的介绍就是跨文化教育,因此我们迫切需要帮助教师深入理解跨文化教育的本质和内涵,纠正跨文化教育中的一些谬误。

5. 结语

跨文化教育是新时代教育发展的趋势,外语教学因为将语言、文化、交际等有机结合,必然成为开展跨文化教育的重要平台。然而,外语教学的这一优势如果不加以重视和研究,也很难转化成为现实的教学效果。我国跨文化教育刚刚起步,应该在借鉴欧美相关研究成果的基础上,进行本土化研究,确定符合中国国情的跨文化教育目标,制定教学大纲,编写教学材料,研讨教学方法,开展教师培训,从而将跨文化教育理念落实到各个环节。

(作者单位:上海外国语大学)

社会学视域下的英语语言测试

王立群

1. 引言

近十多年来(1996—2010),我国大规模英语语言测试研究主要集中在语言测试的教育学、工艺学等领域。涵盖了测试的6个主要方面——测试信度、效度、测试类型、题型、测试的反拨作用、测试问题与改革等。这些研究主要针对语言测试的内部特征,而较少涉及外部特征。另一方面,英语语言测试是在一个国家或地区社会和教育大环境下实施的,语言测试的方方面面都体现了测试的社会性。为使测试结果能更好地服务于教学、教育和社会,英语语言测试除了尽一切可能保证测试对考生的语言能力提供准确、客观和公正的测量,对考生学习有较好的反拨作用外,还要确保测试的社会维度和社会功能。从社会学视角关注并研究语言测试,将开辟一个新的语言测试研究方向,并且也将指导英语语言测试社会化改革,承担起应该承担的社会责任和义务。

本文拟以全国大学英语四、六级考试为例,对全国教育大省——江苏省近年来四、六级考试的相关数据进行整理和分析,并对语言测试发展中的社会学特性进行客观的概述和分析,从而,提出对四、六级考试进行社会化改革的思考和建议。

1.1 全国大学英语四、六级考试的报考热现象

1.1.1 报考资格

根据《大学英语课程教学要求(试行)》(2004),大学英语四级考试面向按一般要求修完大学英语课程的在校大学生;大学英语六级考试面向按较高要求修完大学英语课程的在校大学生(www.cet.edu.cn)。这样,本科学校的大一学生是不能参加四级考试的,要到大二下半学期才能参加。修完大学英语六级课程且持有CET4合格证(2005前),或者持有达到教育部考试中心规定分数的成绩单(2005年起)的可报考CET6。

为突出大学英语四、六级考试为教学服务的功能,从2006年1月份考试起,逐步将参加考试的考生范围尽可能限制在高等学校内部。按照教育部文件要求,从2006年下半年开始,大学英语四、六级考试不再接收社会考

生报名。报名对象仅限于全日制普通高等院校专科生、本科生、研究生和各类全日制成人高等院校(含高等教育自学考试全日制助学班)在校生。

1.1.2 报考统计人数

江苏省2005—2009年大学英语四、六级报考人数及年度增幅统计表。

表一　　　　　　　　　　　　　　　　单位：人次

年度	2005	2006	2007	2008	2009
6月	429,112	471,533	581,032	694,365	800,608
12月	458,623	551,933	672,039	780,489	788,650
报考总数	887,735	1,023,466	1,253,071	1,474,854	1,589,258
年度增幅		15.29%	22.43%	17.70%	7.75%

从表一中可以看出,2005年6月江苏省大学英语四、六级报考人数为429,112人,到2009年12月报考人数为788,650人,增长幅度为83.79%。2005年全年四、六级报考总人数(887,735人)占江苏省普通高校在校生总人数(1,497,600人)的59.30%,而到2009年,全年四、六级报考总人数(1,589,258人)已经占到全省普通高校在校生总人数(2,025,100人)的78.74%。可以看出,报考人数的增幅很大,并且报考人数在全省高校在校生中的比例也非常高。

另外,2005年6月江苏省大学英语四级的报考人数为272,708人、六级报考人数为156,404人;到2009年12月,大学英语四级报考人数增加到472,534人、六级报考人数为316,116人,增长幅度分别为73.27%、100.02%。从相关数据可以看出,大学英语四、六级的增幅都很大,并且,六级增幅为100.02%,高校学生报考级别发生了很大变化。由于教学资源有限,为控制学生报考人数,有的高校采取抽签参考的方式来限制四、六级考试的参考人数。

1.1.3 刷分族

江苏省大学英语四、六级报考人数近年来增长迅速,虽有扩招的因素,但和大学生不断"刷分"也有很大关联。为求得一张高分的成绩单,不少大学生选择多次参加四、六级考试进行"刷分"。从这两年汇总的数据来看,四、六级考三四次的考生不在少数,"刷分族"的壮大是报考热的主要原因之一。

"刷分族"的出现有下面几个原因:一是考生为了增加自己择业的竞争力,充实个人简历的含金量,多次参考,力争高分。二是"刷"不到高分参加不了口试。按照规定,四、六级考试只有达到一定成绩,才能进入口试环节。这也成了很多"刷分族"再战的理由。以最近几次来看,低的时候,四级分数在550分以上或六级分数在520分以上的考生才有资格参加下次的口语考试。而高的时候,四级成绩超过560分、六级成绩超过540分的同学才可以报考口语。三是有些企业对人才的四、六级分数有着严格的限制,一般四级不得低于480分。最后一个客观原因就是四、六级的报名费很低,考生不会因多次刷分而影响个人的经济问题。

2. 全国大学英语四、六级考试的社会权重

2.1 社会关注度

2.1.1 搜索说明

由于社会对该考试的称呼不太规范,为此,研究把搜索的关键词分为:江苏省四级考试,江苏省六级考试,江苏省大学英语四、六级考试,江苏省大学英语四级考试,江苏省大学英语六级考试和江苏省大学英语四、六级考试六类。另外,在附加的关键词中以公众关注明显的"通知"、"报名"、"报名费"、"考场"、"试题"、"作弊"和"替考"等为主,能充分体现社会关注度。

根据江苏省教育厅2010年上半年四、六级考试的安排,四、六级考试时间为6月19日,报名日期为3月15日—4月2日。为此,本文设定3个不同日期进行网络搜索,即报名前:3月6日,报名中:3月30日和报名后:5月15日。2010年3月6日的具体搜索时间是:20:35—21:03,搜索引擎:www.google.cn;3月30日的搜索时间是:21:03—21:43,搜索引擎:www.google.com.hk;5月15日的搜索时间是:21:55—22:35,搜索引擎:www.google.com.hk。

2.1.2 搜索数据

表二　　　　　　　　　　　　　　　　　　单位:条

搜索关键词	3月6日	3月30日	5月15日
江苏省四级考试	1,950,000	2,050,000	2,150,000
江苏省六级考试	1,570,000	1,570,000	1,650,000
江苏省大学英语四、六级考试	1,290,000	1,350,000	1,450,000
江苏省大学英语四级考试	692,000	828,000	824,000
江苏省大学英语六级考试	628,000	730,000	741,000
江苏省大学英语四、六级考试	523,000	616,000	673,000

表三 单位：条

搜索关键词	3月6日	3月30日	5月15日
江苏省大学英语四、六级考试＋通知	367,000	555,000	607,000
江苏省大学英语四、六级考试＋报名	199,000	300,000	346,000
江苏省大学英语四、六级考试＋报名费	86,500	122,000	162,000
江苏省大学英语四、六级考试＋考场	109,000	126,000	131,000
江苏省大学英语四、六级考试＋培训班	132,000	164,000	240,000
江苏省大学英语四、六级考试＋作弊	20,200	36,500	44,800
江苏省大学英语四、六级考试＋违纪	14,000	27.200	32,000
江苏省大学英语四、六级考试＋替考	58,300	149,000	174,000

2.1.3 搜索数据分析

从表二和表三可以看出：全国大学英语四、六级考试倍受社会关注，相关信息量之大令人惊奇。不同日期的搜索结果也各不相同，考生或社会对其关注程度也较报名前呈现出阶段性差异。特别是在报名期间（3月30日），相关关键词的搜索结果增幅大都超过50%。其中，关键词"江苏省大学英语四、六级考试＋通知"的增幅达51.23%，关键词"江苏省大学英语四、六级考试＋报名"的增幅达50.75%。

报名结束后，部分考生关注的核心转移到考前培训。因此，关键词"江苏省大学英语四、六级考试＋培训班"的搜索数据比报名前和报名中的数据分别增加了46.34%和81.82%。让人感到吃惊的是，关键词"江苏省大学英语四、六级考试＋作弊"、"江苏省大学英语四、六级考试＋违纪"、"江苏省大学英语四、六级考试＋替考"的搜索结果比报名前的增幅分别高达121.78%、128.57%和198.46%，可以推测部分考生在考前一个月时间内更为关注的是如何作弊、违纪和替考。信息的主要内容是涉及高科技的作弊工具、作弊器材网站、作弊方式、枪手替考等。

2.2 社会权重

2.2.1 2010年江苏省公务员考录职位表

表四

单位名称	职位名称、学历要求	职位介绍	毕业专业要求	英语要求
省商务厅	商务管理科员（研究生）	商务管理相关工作	机械工程、材料科学与工程等	大学英语六级
镇江市女子劳教所	信息化管理员（本科）	网络管理、信息管理与计算机维护	信息管理与信息系统	大学英语六级

续表

单位名称	职位名称、学历要求	职位介绍	毕业专业要求	英语要求
苏州市审计局	科员（本科）	审计工作	审计学、会计与审计等	大学英语四级
苏州市物价检查分局	科员（本科）	价格宣传	汉语言文学、新闻学	大学英语六级
无锡市锡山区粮食局	粮食管理科员（本科）	粮食仓储、检验	食品科学与工程等	大学英语六级
南通市国土局开发区分局	科员（本科）	国土资源行政执法	法律	大学英语六级
连云港市灌云县杨集镇政府	城建办事员（本科）	规划设计	城建规划	大学英语四级及以上证书

2010年江苏省招录公务员的职位总数为3320个，其中，招考明确要求四级以上证书的有119个，要求英语六级以上证书的有54个，所占比例分别为3.58%和1.63%，比例不大，但影响很大。

从表四可以看出，在政府部门的公务员招考中，全国大学英语四、六级证书的重要性。大到省厅机关，小到镇政府，都对应考者的英语提出了四、六级证书的要求。有的工作确实需要应考者具有四、六级证书，如省商务厅的商务管理、劳教所的信息化管理等工作。但是有的工作或职位基本上不用或很少使用英语，也对四、六级证书提出了要求，如粮食管理科员、国土资源行政执法工作。高学历的研究生和一般的本科生都需要四、六级证书。无论是经济发达的苏南地区（苏州、无锡、镇江），经济发展一般的苏中地区（南通），还是经济相对落后的苏北地区（连云港），在公务员的选聘中都对其英语提出了很具体的要求。这些要求无疑抬高了四、六级证书、分数单和四、六级考试的社会权重，加大了四、六级考试的社会责任和义务。

2.2.2　企业的人才招聘

一项"你心目中的大学生求职十大最有用证书"调查结果显示，"四、六级证书"排在"学校荣誉证书"后，名列第二。华中人才的调查报告显示，在1000名受访者中，拥有英语四、六级证书的人数占75.2%。江苏海事职业技术学院的相关人士证实，确实很多用人单位只认可英语四、六级证书。几乎每年都来该校招聘的香港远航、中远集团、中海集团等大公司，青睐于把招聘计划投在该校，正是因为该校学生不少已经拿到英语六级证书。

确实,一些外企或有外贸关系的单位需要应聘者有四、六级证书。但是,在最近几年的企业招聘中,对英语的要求却不是人们想象的那么高。例如,在中国苏州人才市场网、南京人才网等网站上,对四、六级有要求的招聘企业不足20%。上海常祥实业有限公司2008年的招聘中就没有对英语四、六级提出要求。上海博斯曼投资管理有限公司、江苏炜伦航运股份有限公司中高级会计、厦门乾照光电股份有限公司研发工程师、江苏史福特光电科技有限公司等诸多大型企业也没有在企业高层次人才的招聘中提出英语四、六级的要求。可以看出,很多企业也逐步从原来的盲目招聘转为理智选才,并不把四、六级成绩作为选拔人才的标准,甚至是唯一标准。这对大学英语四、六级考试来说是一个利好的消息。

3. 思考与建议

3.1 语言测试社会化

从我国考试历史的发展看,语言测试起源于学校内部——校内考试,完善于校外——社会考试。任何语言测试的设计和实施都应考虑其社会维度,勇敢地承担起应尽的社会义务,不能也不应该脱离社会大环境。并且,在条件成熟的时候,将语言测试社会化,使其独立于校园之外,并使之走向国际。因为,当语言测试进入社会大市场后,测试本身就必然会适应社会发展对人才测试与选拔的要求,敢于用最新的测试理论和语言学研究成果来装备自己。这样,语言测试才能更健康地发展。当初开发大学英语四、六级考试的目的是为高等学校英语教学使用,教育部也一直坚持其为高校服务的宗旨而进行改革,如改革计分方式,变合格证书为分数单,严禁各高校将其与毕业证、学位证等挂钩,禁止社会人员参考,但其社会权重日益加大,已经成为社会很多领域就业的重要标尺。考试委员会应该考虑把考试推向社会,不要局限于校园内,甚至禁止社会人员参加考试。因为,只有推向社会才能体现考试的社会价值,使考试健康发展。

3.2 借鉴国外的语言测试发展模式

国外很多英语语言测试的发展给我国英语语言测试提供了很好的借鉴。如美国的托福考试、托业考试,英国的剑桥商务英语证书考试、雅思考试等等,这些国外的考试都是推行社会化模式,完全在整个社会的大环境中产生、发展、壮大,成为世界知名品牌考试。为人们提供了科学、公正的语言测试,也为本国从世界各地招揽了大量人才。四、六级考试作为国内大规模的语言测试,应该借鉴国外语言测试的发展模式和运作机制,走出学校,走进社会,走向世界。

3.3 企业的理智招聘

四、六级证书对于部分领域、行业和企业来说可以作为其人才招聘的主要条件,但并不是所有企业或行业都需要应聘人员拥有四、六级证书,或较为漂亮的分数单。对于在实际工作中用得着的或确实用得多的企业可以考虑把该项考试成绩作为招聘人才的重要依据。使用少、甚至不使用的企业或单位,就完全没有必要硬把其加入到招聘条件之中。企业应该做出理智的选择,降低招聘成本,提高人才招聘的效能。事实上,目前很多企业已经在自己的人才招聘条件中取消了对四、六级考试证书或分数的要求。这样无疑从根本上降低了考试的社会权重。

3.4 考生的聪明选择

为检验自己的大学英语学习情况,考生在大学期间认真学习,按时顺利通过四、六级考试应该是很自然的事情。事实上,部分考生没有能够认真执行自己的学习计划,完成自己的学习任务,造成很难通过考试。另一方面,由于四、六级考试的社会权重越来越大,含金量越来越高,考生对该考试的重视度也随之升温。原来合格的证书要换成优秀,低分的 425 分要改成高分的 480 分或 550 分,考生自身也在对四、六级推波助澜。"刷分族"的出现就是很好的证明。四年的大学时光是很宝贵的,对待四、六级考试考生应做出明智的选择。

(作者单位:南通纺织职业技术学院)

我国大学英语教学方向必须进行战略调整和重新定位①

蔡基刚

1. 引言

《国家中长期教育改革和发展规划纲要》指出我们要"适应国家经济社会对外开放的要求,培养大批具有国际视野、通晓国际规则、能够参与国际事务与国际竞争的国际化人才"。也就是说我国的外语教学的方向是:培养学生具有国际竞争的能力。改革开放的30多年来,我国的大学英语教学经过了一轮又一轮的改革,尤其是自2002年启动的一次改革力度之大,影响之深,把教学定位从阅读第一层次改变为听说为主,突出交际能力的培养。但是从我们的调查看,学生对大学英语教学的满意度并没有显著的提高。

于海等对上海市12所高等院校(部属3所,市属9所)的1615名大学生进行抽样调查:在外语、计算机、专业、逻辑思维、人际交往、创新等10项社会用人单位最看重的能力中,学生反映自己的外语能力的提高最不理想,排在倒数第一。学生认为自己的外语能力有很大提高仅为11.3%,有一定提高为45%,没有提高为23.6%,反而下降的达到20%②。2009年5月我们对全国10个省市21所大学的非英语专业大四学生课程满意度调查,共发出1260份问卷,收回有效问卷1130份。对大学英语教学基本满意和比较满意的占47.4%,而勉强满意和不满意的占到52.6%。我国大学英语教学的问题在哪里,未来之路又在何方?

2. 我国大学英语教学目标定位在基础英语具有方向性错误

我国大学英语教学目标一直定位在基础英语,指导思想是"打基础应多多益善,基础扎实终身受益"。1985年的《教学大纲》规定"大学英语基础阶段的教学必须把重点放在语言基础上"。1999年的《修订大纲》再次

---

① 本文为国家社科基金项目"转型时期大学英语教学发展现状调查及对我国外语人才培养政策制定的影响研究"(项目编号:09BYY027)和上海市教委科研创新项目"后大学英语教学的特征与对策研究"(项目编号:09ZB15)阶段性成果。

② 于海、钟晓华:"2006—2007年上海大学生发展报告综述",《复旦教育论坛》,2008年第1期。

指出大学英语教学目标是"帮助学生打下扎实的语言基础"。2007年的《课程要求》提出"既要帮助学生打下扎实的语言基础,又能培养他们较强的实际应用能力,尤其是听说能力,使他们在今后工作和社会交往中能用英语有效地进行交际"。如果在上个世纪这个定位还基本正确,那么今天还是把培养目标停留在基础英语则有方向性的错误。这种一成不变的基础英语定位带来的直接问题就是严重的应试教学、普遍的学习懈怠和系统的费时低效。

2.1 基础英语定位造成严重的应试教学

学以致用,这是人类学习知识的动力之一。打基础,"培养学生的英语综合应用能力"还是为学习语言而学习语言,并没有实际使用目的。"使他们在今后工作和社会交往中能用英语有效地进行交际",这样目标更是含糊的:今后什么样的工作?什么样的社会交往?而且这些目标至少是四年以后的事,毕业后是否从事和英语相关的工作也不确定。可见由于目标的遥远性和不确定性,学生在大学里学习英语是迷茫的。而另一方面各大学基本上都规定学生在完成大学英语学习后要参加大学英语四级统考,同时学校的大学英语课程以及大学英语教材都是最适合或针对各种英语水平考试的。这样,学生就很自然地把大学里学习英语的最终目标定位在通过四级考试上。而通过四级后,一部分学生又会按照自身的需求再接再厉考六级、考口译、考研、考托福、考GRE,不论我们承认与否,英语学习对我国大多数大学生而言就是为了考试。可见,我国大学英语只打基础,不盖楼房,不提出在校期间的具体使用英语的目标,只能是一个半拉子工程,只能把我国大学英语引向应试教学。Hutchinson & Waters把外语教学分成基础英语和专门用途英语,并明确定义"基础英语一般就是为应试目的的"。

2.2 基础英语定位造成普遍的懈怠状态

戴炜栋在研究中发现,学生英语学习中普遍存在着一种"懈怠"[①]。我们在2009年7—8月间,利用四、六级考试阅卷点和出版社暑假培训点对全国289所院校1282名教师进行调查,认为现在学生学习英语积极性不高的有42.8%。我们认为这种普遍的懈怠状态正是大学英语定位在基础英语,造成学习内容重复和应试教学而产生的。我们2009年对21所大四学生的调查表明,认为"大学英语内容和高中重复"、"方法和高中无区别"、"还是应试教学"、"没有学到需要的东西"的人分别占到10.4%、

---

① 戴炜栋:"构建具有中国特色的英语教学'一条龙'体系",《外语教学与研究》,2001年第5期。

19.2%、32.5%和31.5%。王海华对上海交通大学学生的问卷调查结果显示69.6%的学生在大学英语学习期间学习有退步的感觉,"有71.4%的学生认为造成这一情况的主要原因是教学内容不合理,与中学所学内容重复多"[①]。经济学理论中有一个边际效用递减效应的原理,即从心理上讲,消费一种物品的数量越多,心理上得到的满足会相应递减。简单说,一个人得到的享受是随着欲望的不断满足而不断减弱,最后变成反感。中国学生从小学(一般从三年级,不少大城市都从一年级开始)开始学英语都是基础性的(主要是语法规则和词汇),内容是人文性的,目的是为了升学考试,到中学再到高中,然后再到大学还是基础英语,还是为了考试。这种年复一年同一内容同一目的、看不到任何实用目的(除了考试)的英语学习必然将他们最初从中获得的新鲜感和享受感消耗殆尽,使他们对英语最终充满厌烦甚至痛恨。崔敏等对吉林大学1036名大二学生的调查,超过50%的学生认为要"彻底改变以灌输知识为主的课堂教学模式","对所用的应用教材进行颠覆性的改革"[②]。

2.3 基础英语定位造成系统的费时低效

尽管学界对李岚清在1996年关于我国英语教学"费时低效"的提法有很大的争议,但是有两个事实不能回避:1)我国大部分学生的大部分时间都花在英语学习上。教育部语委对全国大学生的一项调查发现"大学生用他们全部学习时间的1/4以上学外语的比例很高,有的人是全部,有的人是3/4,有的人是一半,占1/4以上的可以达到65%以上"[③]。学习目的就是一个:应对各类英语考试。英语学习对专业学习的冲击是不言而喻的,这也就是钱学森之问的答案之一。当我国大多数大学生把大多数学习时间放在英语学习上,怎么可能在他们中产生诺贝尔获得者这样的杰出人才? 2)我国大学生花了这么多时间学习英语,但到毕业时,整体英语水平并没有提高,甚至是下降的。我们2009年对21所大学的调查,学生在回答"比较四年前刚入校时现在的英语水平如何"时,认为有提高和有些提高的占到55.7%,基本没有提高和有些下降的为44.4%(其中有些下降的占到21.1%)。原因很简单,除少数学生需要考研或出国读研,大多数学生考过四级后,英语学习基本停止。不仅因为大多数学校在学生通过四级后基本不再开设英语课,学生也没有再学习英语的动力了。从小学一路拼杀到大学,12年的英语学习所花费的时间和精力就是为了

---

① 王海华,王同顺:"双语教学与公共英语教学的接口问题",《外语界》,2003年第1期。
② 崔敏、田平:"大学英语教学新型评价体系的研究与实践",《中国外语》,2010年第2期。
③ 王登峰:"中国语言生活状态报告",教育部新闻发布会,2007。

中考、高考、四级和考研几个关键性考试,不能不说是对国家资源和个人时间的极大浪费。从小学生到大学生再到研究生,基础英语连绵不断,但出来的人很少能够用英语开展研究和工作。我国的基础英语教学是世界上时间进行最长,但效率最低的,这恐怕不能不是一个事实。

3. 我国大学英语教学应培养学生在专业领域内的国际竞争能力

3.1 国际竞争能力不等于一般的交际能力

这轮改革我们把大学英语教学的目标定为提高学生听说交际能力。但是一般的听说交际能力是否等于国际竞争力? 能够在奥运会,在世博听得懂老外,能够说一口漂亮的英语是否就具有了国际竞争力? 四级通过率即使达到100%是否意味着我们能在国际上处于领先地位? 我们学界尤其是大学英语界都不看好日本人的英语水平,他们听说能力不行,口语发音不好,考托福成绩也差。但是许国璋的观点不同:"我看,日本英语教学的特点就是实实在在,不做表面文章,训练学生用英语为汲取现代科学文化的工具。日本在这一点上做得很成功,已为它的经济发展所证明"①。岑建君认为"日本英语的总体水平不如我们,但他们的阅读与写作能力较强,还有一支相当精干的翻译队伍,能及时把国外最新的科技信息译成日语,供国人知晓。日本作为二战时期的一个战败国,经过四十多年的努力变成了世界上最发达国家之一,科技进步起了重要的作用,其中也包含外语教学对科技进步的贡献。"②

因此,提高英语水平,增强国际竞争力首先看的就是我们学生能否用英语作为工具在科技经济等方面和国际展开竞争,而不是主要用学生能不能开口,能不能听懂来衡量。

3.2 我国大学生的国际竞争能力很薄弱

要有较强的国际竞争力,我们不仅需要有较强的一般的听说交际能力,更重要的是要有较强的阅读能力和专门用途英语能力。显然仅仅具有较强的听说能力并不意味着我们就能在中草药贸易方面,在软件技术方面,在吸收世界先进科技文明成果方面就有很强的国际竞争力。但现实情况是我国大学生的阅读能力还很薄弱。第一,我国大学生的英语词汇量一直不能有效地突破。1999年大纲对大学毕业生四级要求词汇是4200。但到了今天《大学英语课程教学》提出的同一要求还是4700。这个要求甚至还不如解放前的高中毕业生8000词汇要求,和其他一些把英语当作外语学习的国家对中学生的词汇要求更是相差甚远。如日本和俄

---

① 许国璋:"论外语教学任务的方针",《外语教学与研究》,1978年第2期。
② 岑建君:"困难与挑战并存,机遇与希望同在",《外语界》,1997年第4期。

罗斯这两个国家对大学生的要求分别是13,000和15,000个。Diller认为,外语学习者如果想较顺利地阅读中等难度的文章,满足交流的需要,1万个词是最基本的要求,而其中如有1000个词是某一专业的词汇,那么外语学习者在阅读有关专业的文章时,阅读效率就会更高[1]。Laufer认为外语学习者如果拥有词汇量9000,阅读正确率才可达70%[2]。可见我国绝大多数大学毕业生离此最低交际要求的词汇量还很遥远。如果我们提出的词汇要求仅仅是为了考四级,不能派用场,那么"我国从中(小)学开始延续至大学阶段的英语教学无论如何也算不上有效率的教育,真的符合了'费时低效'"[3],这只能表明我们英语教育的失败。

第二,我国大学生的英语阅读速度一直处在国际公认的慢的档次里。语言学家们对母语为非英语的学生划定的评估标准是:60词/每分钟——非常慢,80词/每分钟——慢,120词/每分钟——一般,150词/每分钟——快,180词/每分钟——非常快。而目前《课程要求》中的一般要求的阅读速度仅为70词/每分钟(快速阅读为100词/每分钟)。可见《要求》对我国大学生的英语阅读能力是在慢的档次里。但即使如此,我国绝大多数学生还达不到这个档次。这可从每年大学英语四级考试通过率(按430分计算)在20%—30%之间得到证实。清华大学的学生是全国最好的了,但看看他们怎么说的:"我通过四级,又过了六级,拿到证书,我为自己的胜利沾沾自喜,仿佛可向世人炫耀,我考了高分,我能行。但碰到英文文章,心中顿时务实起来,我不行,通篇都是生词,一小时只能看几行。写的英文论文,外国人看不懂。"清华大学英语教授孙复初每年收到清华学生这样的抱怨,他发现"各系一线的老师们意见一点也不比学生少,很多老师一谈起来就骂:学生四、六级考试过关之后,英文文献读不了,英文论文写得一塌糊涂"(《南方周末》2005/2/24)。

3.3 提高国际竞争能力主要途径就是专门用途英语

要大幅度提高学生的词汇量和阅读能力,提高学生在专业领域内的国家竞争能力,世界上通常的做法,就是在完成基础英语后,进行ESP(专门用途英语)教学。ESP是一种结合专业学习的英语教学,其目的是让学

---

[1] Diller, K. 1978. *The Language Teaching Controversy*. Rowley, Mass: Newbury House Publishers.

[2] Laufer, Batia. 1989. *What Percentage of Lexis is Essential for Comprehension*. In Lautern, C. and Nordman, M. (ed.). *From Humans Thinking to Thinking Machines*. Clevedon: Multilingual Maters.

[3] 刘润清、戴曼纯:《中国高校外语教学改革现状与发展策略研究》,外语教学与研究出版社,2003。

生了解和掌握某个专业领域内（如软件、医学、金融等）的英语表达方式，以便让他们具有用英语在这些领域内开展研究和工作的能力。ESP 可以分为两大类：一般学术英语和专门用途英语。前者有学术书面交流和学术口头交流等课程，后者有工程英语、金融英语、软件英语、法律英语等课程，主要帮助他们熟悉专业词汇特点、句法结构和语篇特征。纵观世界，大学里非英语专业的英语教学基本上都是 ESP 的。且不论英美国家留学生在大学里学习的英语就是 ESP，即使是亚洲的大学里也同样如此。如香港的大学为非英语专业学生开设的英语必修课程就是专门用途英语课程。这样的课程香港大学开设一个学年，共 60 课时。香港科技大学时间最长，一共开设三学年。日本的大学开设 ESP 非常普遍，尤其是日本的一流大学。如东京大学和京都大学一年级本科生就开设一般学术英语，二年级到四年级有专门用途英语，基础英语学习在高中就已完成。台湾大多数高校除了大学一年级开设的通用英语，从二年级起大多都开设 ESP 英语，如成功大学专门成立了 ESP 教学中心，把 ESP 课程设定为大二学生的必修课程。

4. 我国大学英语教学必须定位在专门用途英语

4.1 基础英语有望在高中完成

回顾历史，我国早在上个世纪 80 年代就提出专业英语或科技英语的观点，但鉴于当时大学新生的英语水平，ESP 始终不能进入大学英语教学领域。30 多年过去了，这个阻碍大学英语开展 ESP 教学的理由已难以立足。对照《高中英语课程标准》和《大学英语课程要求》，我们就会发现无论在培养目标、还是在课程设置和教学要求诸方面都基本接近甚至雷同。《课标》明确规定高中英语课程目标是"培养学生的综合语言运用能力，特别是用英语获取信息，处理信息和传达信息的能力"；而《要求》也提出"大学英语的教学目标是培养学生英语综合应用能力，特别是听说能力"。《课标》规定参加高考的高中毕业生要达到八级水平，大约为 3300 词汇量，优秀高中毕业生要达到九级水平，词汇量为 4500；《要求》则要求大学毕业生要达到的一般要求水平，其词汇量也只是 4700。《课标》有 6—10 级的高中综合英语必修课程和翻译、应用文写作、报刊阅读、演讲与辩论、文秘英语、和文学欣赏等修课程。《要求》则有一般要求到更高要求的 6 级大学英语必修课程和英语写作、翻译、口语、英美报刊、外贸英语等选修课程。这个和《要求》基本雷同的高中新课标已经实行了 7 年。据统计，到 2009 年全国已有 20 个省实施高中新课改，"新英语教材的词汇量都有了大幅增加，学生在高中毕业时掌握的单词必须达到 3500 个，直逼大学四级英语水平"①。

4.2 语言是在使用中提高的

当然大学英语可以提出较高要求和更高要求。打基础是无止境的。问题在于,我们是否有足够的教学资源和时间像英语专业一样培养非英语专业学生。如果是的话,大学英语和英语专业究竟有何区别?显然,大学英语的发展方向不应是英语专业。打基础是相对的,基础的厚实程度取决于培养目标和教学时数。非英语专业学生有自己明确的专业,有比较确定的需求目标,对于达到了一定英语水平的学生,把有限的教学资源还用在打基础上,把大学四年宝贵的时间主要用在对付四、六级乃至考研、托福等更高级的考试上,不能不说是大学英语教学的失败。

章振邦认为"在中学阶段,只要英语师资合格,教学安排合理,教材、教法得当,学生努力奋进,一般可以在普通英语方面打下扎实的基础。有这样英语基础的中学毕业生上了大学,应该可以直接过渡到专业英语的学习,而不必再学普通英语"②。戴炜栋对 16 位大学生访谈,"其中 15 位认为他们完全能在中学阶段打好听说基础,不用在大学阶段再来补课,把精力放在提高听、说技能上"③。"如果我们仍然沿用旧的教学模式,在有限的学时里继续'打基础',就必然使大学外语教学'滞后'"④。章振邦明确提出:"需要对我国外语教育作战略性的调整,要点是把普通英语教学任务全部下放到中学阶段去完成,以便学生进入高校时便可专注于专业英语的学习。"⑤

其实许国璋早就指出:中学学习普通英语,大学学习分科英语,研究生学习专业英语。我们的英语教学目标是"中学 6 年,大学和研究生 6 年,12 年培养出与麻省理工大学同行专家交流(听说读写)学术信息的专家"⑥。秦秀白认为"从长远角度看,我国高校英语教育的主流应该是专门用途英语(ESP)教学"⑦。

---

① 黄利生:"新课改高考加大词汇量考查力度",《21 世纪英语教育周刊》,2009 年 6 月 22 日。
② 章振邦:"也谈我国外语教改问题",《外国语》,2003 年第 4 期。
③ 戴炜栋:"构建具有中国特色的英语教学'一条龙'体系",《外语教学与研究》,2001 年第 5 期。
④ 胡庚申:"'双外'教学法:大学外语教学改革的新思路",《外语与外语教学》,1998 年第 5 期。
⑤ 章振邦:"也谈我国外语教改问题",《外国语》,2003 年第 4 期。
⑥ 许国璋:"一个可行的模式:'三级英语教学'",《课程、教学、教法》,1986 年第 9 期。
⑦ 秦秀白:"ESP 的性质、范畴和教学原则",《华南理工大学学报》,2003 年第 4 期。

4.3 双语教学需要学术英语

如果说过去双语教学在大学里开展并不普遍,但随着教育部在2001年提出大力发展双语教学,2010年提出国际化课程下的全英语教学,各高等院校都采取倾斜等优惠政策,大力推进全英语课程的建设,势头强劲。复旦大学在2009—2010学年的第二学期,用全英语开设的专业课程就急增101门。我们调查发现,为应对这种全英语专业课程,学生和各学院都对学术英语有强烈的需求,他们希望在上这种全英语专业课程前大学英语部能开设一门衔接性课程。如学生建议"可以改良大学英语课程,在大学英语中融入简单的专业知识,这样既学了英语,也对专业知识有所裨益。或在大学英语和专业英语课之间开一门过渡性课程,讲授一些科技英语的文体特点和语言习惯表达法"①。我们在和复旦大学上全英语课的专业课程教师访谈中也发现他们都希望大学英语部改革目前的基础英语教学。因为从基础英语训练出来的学生直接去上全英语专业课程,无论在听英语专业讲课,记笔记,小组陈述观点,还是在阅读原版教材和专业文献,写期末小论文等方面都存在一定的困难或不适应,而学术英语课程就能为他们弥补这方面的缺陷。杨惠中指出:多次大规模社会调查需求分析的结果都确认:我国大学生学习英语的主要目的是把英语作为交际工具,通过英语获取专业所需要的信息、表达自己的专业思想,因此大学英语教学在性质上就是专门用途英语。

4.4 社会需要专门用途英语

我们注意到,进入新世纪后,涉外企业,尤其是新闻、法律、经贸、医学、生物、化学、环境、软件、电子、海事等领域需要的毕业生不仅仅是一般的听说读写,而且是专门英语的能力。企业要求大学毕业生一上岗就能立即承担起与自己专业相关的专业英语工作。2009年大连国际IT人才招聘大会吸引了戴尔、惠普、华为等200余家企业参加,提供需求职位5000余个,应聘者也高达近2万人。然而60%的应聘者因尚未具备专业英文的阅读和写作能力而落选,其英语水平与职位所需要英语能力相差甚远。可见"在IT产业发展过程中,无论是用人单位,还是企业员工,普遍感到英语尤其是职业英语应用能力始终是一个制约我国软件行业,尤其是软件外包产业顺利发展的瓶颈"。因此"高等教育的课程改革向企业和社会应用靠拢,是不可回避的发展趋势"。

---

① 何宇茵,曹臻珍:"北航双语教学现状调查",《山东外语教学》,2007年第2期。

5. 结语

我国大学里以应试教学为导向的基础英语已经实行了近半个世纪,该是到了结束的时候了。大学英语教学定位战略调整已刻不容缓。我们对全国1282名教师调查表明,非常同意和基本同意"逐步把大学英语教学重心从基础英语向 ESP 转移,把大学基础英语改为选修课"的教师分别达到17.3%和48.6%。把大学英语定位在学生和社会所需要的学术英语上,不仅仅"是改变我国英语教学中严重的应试教学倾向的根本出路"[①],也是中国大学英语的未来之路。

(作者单位:复旦大学)

[①] 俞理明、袁笃平等:"双语教学与大学英语教学改革",《高等教育研究》,2005年第3期。

中国中小学外语教育均衡发展的政策问题与对策[①]

李娅玲

1. 引言

20世纪末,中国实现了基本普及九年义务教育的宏伟目标,在很大程度上保障了广大少年儿童享有接受义务教育的权益。进入新世纪以后,为了保证与提高普及九年义务教育的质量,减小义务教育发展过程中城乡之间、区域之间以及校际之间的差距,实现义务教育的均衡发展与可持续发展,国家出台了一系列的政策与措施,特别是在"十一五"开局之年的2006年,新修订的《中华人民共和国义务教育法》,明确政府应当"合理配置教育资源,促进义务教育均衡发展"。这些政策法令对于推进教育的均衡发展起到了非常重要的作用,各地的基础教育都向均衡迈进。

基础教育均衡发展,就是在教育公平、教育平等原则的支配下,国家制定的有关基础教育法律、法规和政策,各级政府和教育部门制定的有关基础教育法规、政策,都要体现教育均衡发展的基本思想,不同地区之间、城乡之间、学校之间、群体之间的基础教育资源,必须均衡配置;各级学校和教育机构,在具体教育活动和教学活动中,要为每一个受教育者提供均衡的教育和发展机会。本文主要探讨基础教育均衡发展过程中外语教育均衡发展的问题及影响因素,并就这些问题提出了建设性的对策。

2. 中国中小学外语教育不均衡发展的表现

本文探讨的中小学外语教育主要是指英语教育,因为在中国90%以上的中小学外语教育都是英语教育。长期以来,由于历史发展在各地区造成了资源缺陷,中国的中小学外语教育发展存在着严重的非均衡发展现象。每年各种类型的全国中小学英语演讲比赛获奖者基本上都来自东部地区、发达城市、重点中学。如全国影响较大的"21世纪学乐杯"中小学比赛获奖情况就是例证(见表1)。中国中小学外语教育存在着东西部

[①] 本研究为第五批中国外语教育基金项目"中国中小学外语教育政策发展研究"(ZGW-YJYJJ2010A02)的部分成果。本研究亦为广东省教育科研"十一五"规划2010年度研究项目"广东十年小学外语教育发展研究"(课题批准号:2010tjk303)的部分研究成果。

之间、城乡之间、校际之间发展不均衡问题。

表1 "21世纪学乐杯"全国中小学英语演讲比赛2006—2008年获奖情况

比赛届次		冠军	亚军	季军
第五届 (2006)	小学组	青岛金门路小学 刘慧雪	中国人大附小 竺秋逸	北京景山学校 桑浩然
	初中组	香港拔萃女书院 袁思颖	中国人大附中 张嘉恒	深圳外国语学校 王柔婷
第六届 (2007)	小学组	广州中星小学 杨熠	哈尔滨佳音英语学校 谭嘉慧	上海虹口区第四中心小学 季炜宸
	初中组	香港拔萃女书院 黄晴	深圳外国语学校分校 顾丽诗	哈尔滨秋实中学 乔治
第七届 (2008)	小学组	厦门外国语学校附属小学 尹擎	沈阳市勋望小学 吴可菲	深圳市南山区学府小学海珠部 雷雅鑫
	初中组	南昌市外国语学校 傅书宁	广州市第16中学 柳雨淮	香港培正中学 王佑中

数据来源：根据 http://contest.21stcentury.com.cn 官方网站信息资源整理而成。

2.1 中小学外语教育东西部差距大

中小学外语教育东西部差距大，主要体现在师资力量、教学条件、教学水平、社会对中小学外语教育的重视程度上。东部地区有着得天独厚的优势，地处沿海，经济发展快，对外交流历史悠久，文化教育较为先进。国家和各级政府给予了极大的政策和经济支持，办学条件好，现代化的设备，如多媒体教室、语音室、教学音像图书等设备齐全，师资力量雄厚，教学水平高，家庭和社会高度重视外语教育。西部地区自然条件差，交通不便，经济发展缓慢，文化教育较为落后。尽管国家和各级政府给予了极大的关注，办学条件仍然较差。且不说语音室、电视机等现代化技术设备的配置与运用，大部分学校连收录机、电脑等最基本的外语教学设备和一些起码的外文图书资料也没有，学校的外语教学完全依靠教师的一张嘴和一本书来完成。家庭和社会对外语教育的认识也不够。

2.2 中小学外语教育城乡差距大

中小学外语教育城乡差距主要是指全国各地的基础外语教育在教学设备、师资力量、财政投入、家庭和社会对外语教育的认识上有显著差异。

以全国城乡小学外语教育为例(表2)，首先，乡镇与城市多媒体教学设备拥有情况相差为13%，但使用情况差距显著，为32.53%。调查数据显示，在乡村小学，57.5%的多媒体只是上公开课时使用，还有

7.5%只是摆设,从不使用。其次,在学历结构上,城市小学有37.5%的教师拥有硕士学位(虽然这个数据也不理想,且主要集中在重点小学),但在乡村小学却为零。而在本科和专科学历层次上,乡村学校的英语教师更多的是其他学科大专或本科毕业生。从访谈中获悉,乡村学校英语教师学历起点低,为及早达到教育部规定的本科学历要求,老师们更多地选择比较容易获得文凭的其他学科的函授学习,如中文、历史等专业的本科函授,英语专业对口则放在次要地位。外语教学质量得不到保证是可想而知的。而在极少的外语教育专项资金方面,城市小学投入是农村小学的4倍。

另外,教育部虽然明文规定小学开设英语课程的起始年级为三年级,但同时又提出各地"可以根据当地的实际情况做出调整"。在这样"宽松的"政策下,乡镇小学英语开展的情况并不乐观。比如海南省的琼中县、屯昌县等,只有县级小学开设了英语课程,县级以下的乡镇并没有开设。更有甚者,定安县的县级小学都未开展英语教学,只有直属于海南农垦系统的农场小学才开展了英语教学。① 而导致这一局面的因素正是上面所论及的几个方面。

表2 全国城乡小学外语教育教学设备、师资力量、财政投入统计

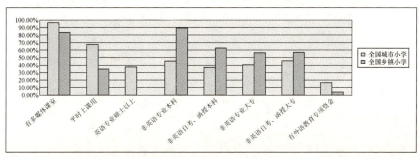

数据来源:作者对全国128所学校所作问卷调查数据

我们再用李克特量表(Likert scale)来计算城乡家庭和社会对中小学外语教育的认识程度(表3),发现乡村家庭和社会的认识度都处于"弱"(2.02,2.22)状态,而城市家庭和社会则高度重视基础外语教育,认识程度处于"高(2.99)"和"高走强(3.25)"状态。

---

① 林道捷:"海南中部地区小学生英语学习情况调查",[EB/OL]www.baidu.com,2010年9月26日。

表 3　全国城乡家庭和社会对中小学外语教育的认识程度

类别	全国城镇小学	全国乡村小学	全国城镇中学	全国乡村中学
家庭的认识程度	2.99	2.10	2.98	1.93
社会的认识程度	3.34	2.35	3.15	2.08

数据来源：作者对全国 424 所中小学校所作问卷调查统计数据。

我们认为，良好的认识能促进外语教育的良性发展，而认识的不足只会阻碍其发展。中国现有农村人口占全国人口的 60% 以上，文盲半文盲主要在农村。显然，在中小学外语教育中，农村外语教育是大头。农村外语教育不能得到健康的发展，就不是真正意义上的基础教育均衡发展。

2.3　中小学外语教育校际之间差距大

在同一区域内，重点中小学和普通中小学的划分和相应的资源分配使不同学校的学生所接受的外语教育在质量上有着很大的差距。从上表 1 可以看出，获得全国中小学英语演讲比赛冠亚季军的学生均来自重点中学和外国语学校，他们所在的学校有足够的经费购买外语教学相关的设备和音像图书资源、聘请外籍教师、引进高水平师资、招收优秀的学生、提供良好的学习环境和资源。而处于劣势地位的非重点学校在经费、师资、设备等显性差距方面使得该校学生不能享受同等的高质量教育，既凸显外语教育的不均衡发展，也限制了个人的健康发展。还有一个重要的原因是非重点学校领导亦不够重视该校的外语教学，问卷调查和访谈证实了这一点。

3.　影响中国中小学外语教育均衡发展的因素

导致中小学外语教育发展不均衡的原因错综复杂，既有政治的、经济的、文化的和历史上的因素，也有战略规划上的因素。本文针对上述三个均衡发展的问题探讨影响均衡发展的若干因素。

3.1　区域经济发展的不平衡和城乡二元结构限制了外语教育的均衡发展

中国区域辽阔，由于经济特区和开放沿海城市等政策原因，中国目前东西部地区经济发展水平差距极大，社会发展很不平衡。东部地区外语教育得到重视，人们对外语教育的投入远远高于中西部地区。长期存在的城乡二元分治结构，导致城乡之间教育经费、教育设施、师资等资源存在巨大差异。义务教育改革之后的"三级办学，两级管理"的体制在本质上把城乡义务教育实行区别对待政策，在教育政策上形成了城市优先、重点优先的价值取向，使得原本比较紧张的教育资源集中于城市和城市里的重点学校，而农村则出现"农村教育农民办"的局面，加剧了城乡中小学外语教育的不均衡发展。[①]

3.2 重点校政策人为地扩大了校级外语教育的差距

中国基础教育"重点校"政策由来已久。从20世纪50年代教育部发布的《关于有重点地办好一些中学和师范学校的意见》开始,到20世纪80年代《关于分期分批办好重点中学的决定》,以及之后的相关决定,都强调了办好重点中学的必要性。因此,全国各省市自治区乃至县都先后形成了一大批重点中小学。重点中小学分布集中于县及县以上的大中城市。"重点校"政策为中国各地区造就了一批教育资源丰厚、教育质量较高的中小学,为上一级学校输送了一批"精英"。但"重点校"政策在推动部分学校教育质量提高的同时,人为地扩大了城乡间、学校间在资源配置和教育质量上的差距,不可避免地带来了许多弊端,导致了教育公平的缺失。[②] 如重点学校在外语师资、教学设备、外语教育经费等的投入上远远大于非重点学校,使得重点学校的学生在外语教育上享有优质的教育资源。

3.3 师资的参差不齐阻碍了外语教育的均衡发展

师资是教育教学质量得以保证的基本条件。不少学者对西北地区、少数民族地区和农村中小学英语教师师资情况进行了调研,普遍认为外语师资参差不齐。主要表现在:1. 大部分中小学英语教师学历达标率低,专业基本功不扎实,难以胜任英语教学,更不用谈创造性地完成教学任务;2. 中小学英语教师普遍工作量过重,没有精力根据不同阶段学生的年龄特点安排与之适应的课堂教学活动;3. 存在着非英语专业教师从事英语教学工作的现象。由于中国英语教师资源储备长期匮乏,加上本世纪初小学开始开设英语课程,使本来就极为短缺的基础教育英语教学师资面临更大的挑战,部分地区只得挑选一些其他学科教育背景的教师经过短期培训后成为英语从业教师,用于填补英语教师岗位的空缺。以上调研发现,这些教师对外语缺乏系统的认识,在教学过程中暴露出诸多问题,如严重的语音语调问题、明显的讲解错误等。4. 以上地区各校外语教学各自为政,缺乏同级同类学校间的校际联系,更缺乏有组织、有计划的地区性外语教学、教材教法、教育科研的讨论与交流,教育观念陈旧,教学方法落后,墨守成规,闭关自守。

---

① 金久仁:"中国义务教育阶段学校差距问题研究",《江西教育科研》,2007年第5期,第39—43页;中央教育科学研究所教育政策分析中心:"义务教育均衡发展是实现教育公平的基石",《教育研究》,2007年第2期,第7页。

② 王善迈:"'重点校'政策影响了教育的公平",《中国教育报》,2007年3月8日。

4. 解决中国中小学外语教育非均衡发展的对策

中国是一个弘扬集体主义价值观的社会主义国家,政府制定合理的中小学外语教育政策,能调动全国中小学外语教育界的主动性和积极性,促进中小学外语教育均衡发展。因此,本文主要从政策层面对解决中国中小学外语教育非均衡发展提出一些建议。

4.1 国家宏观政策向西部地区、乡镇倾斜,缩小东西部外语教育差距

针对上面三个因素,国家的宏观政策主要侧重经费政策、教师政策和办学条件的规定。

1) 国家制定科学、合理的公共教育财政政策,高度关注中国中小学外语教育发展不平衡现象。设立外语教育专项资金,并对西部和乡镇学校实施倾斜政策,逐步提升西部和乡镇学校外语教育发展水平。西部和乡镇学校也要把中小学外语教育的均衡发展作为巩固和发展义务教育的重中之重。

2) 在农村、贫困地区设立"国家教师岗位"[①],吸引大学生到农村建功立业,并把城市教师支援农村和边远地区中小学外语教学作为教师晋职提升的条件之一。

3) 规定中小学外语教育办学基本条件。2001 年教育部颁布的《关于积极推进小学开设英语课程的指导意见》中提出:2001 年秋季始,全国城市和县城小学逐步开设英语课程;2002 年秋季,乡镇所在的小学逐步开设英语课程。小学开设英语课程的起始年级一般为三年级。然而,该意见并没有明确规定学生是在什么条件下接受什么质量的外语教育。因此,各地办学条件差别很大,外语教育质量高低不等,全国中小学外语教育发展极不均衡。为确保中小学外语教育的均衡发展,国家要像制定贫困人口生活标准那样制定中小学外语教育最低办学标准,保证所有学校都能满足最基本的办学条件。如录音机、电脑、多媒体教室、音像教学资源等最低配置量,并建立国家中小学外语教育基准监控体系,确保各校外语教育国家基准。

4.2 省县级政策向农村学校、薄弱学校倾斜,缩小城乡差距

省县级政府在认真贯彻与落实国家的各项政策的同时,应制定有利于中小学外语教育的地方性政策和措施,监督各校的外语教学。

1) 省县级政府教育主管部门要有计划、分步骤地逐步消解城乡二元

---

① "缩小差距,中国教育政策的重大命题"课题组:"落实教育均衡发展的十条政策建议",《中国教育报》,2005 年 7 月 3 日,第 4 期。

结构。重视英语学科教学,为各校配备数量足够的英语教师,并提供外语教育专项经费。本地教育资源配置规划要向农村地区义务教育学校、薄弱学校倾斜。废除"重点校"政策,采取多种措施缩小区域内城乡教师的资源配置差距。建立中小学外语教育质优地区和学校对弱势地区和学校外语教育对口帮扶机制,推动省县域内中小学外语教师定期交流,促进省县域内外语师资力量均衡配置,提高每一所学校的中小学外语教育质量。

2) 制定中小学外语教师定期培训制度,建立、健全教研网络,加强业务培训和指导。教研和师训部门制定措施,定期有针对性地对中小学外语教师进行业务培训,不定期开展观摩课、研讨会活动等,指导教师课堂教学,提高教师教学能力。

3) 提高中小学外语教师待遇,以政策倾斜、待遇优惠等方式吸引高学历、高层次人才加入农村外语教学行列,为其创造良好的工作环境。

4.3 学校政策扶持与改善外语教学条件,支持教师专业发展

中小学外语教学的正常开展有赖于各学校领导的高度重视与政策支持。学校在认真贯彻与落实国家和省县级的各项政策的同时,应制定校本政策,鼓励教师在职进修,改善办学条件,积极扶持外语教学。

1) 积极扶持外语教学。学校在外语教师的配备标准、教学工作量、课时安排、职称评定、职务聘任、继续教育和工资待遇等方面要与其他主要学科教师同等对待,并营造良好的英语学习环境,开展丰富多彩的英语教学活动。

2) 改善外语教学条件。外语学习在国内缺少必要的语言环境,教学中对硬件的要求比其他课程要高,学校应该利用外语教育专项经费配备基本的教学设备、教学参考资料、图片资料、音像资料、录音机等,条件允许的应该配置电视机、影碟机、电脑、多媒体教室等,为外语教学创造良好的条件。

3) 积极倡导校本培训。学校管理部门要制定相关师资培养政策,鼓励英语教师在职进修,努力提高自身素质。为外语教师提供参加上级部门组织的业务培训、观摩学习、充电学习的机会,在财力和物力上,大力支持教师进行教学改革尝试,探索优化课堂教学的新模式,提高课堂教学能力。积极开展大学和小学之间的院校合作[①],促进教师在合作研究中领会新的理念,实践新的教学观念,提升专业素养。

---

① 院校合作,即大学和小学合作开展的培训项目,这种培训项目一般以教学实验为依托,教师在职培训是其中的重要组成部分和核心因素。

5. 结语

综上所论,影响中国中小学外语教育均衡发展的主要因素涉及国家政府、地方政府和学校管理三方面。解决中小学外语教育发展的不均衡问题单靠任何一方的努力都是徒劳无益的,只有三方各司其职、通力合作,采取相应措施,才能促进中小学外语教育的均衡发展。

(作者单位:华南师范大学、中山大学)

外国语言文学学位论文：用什么语言写作？

谢天振

用什么语言写作学位论文？这个对于绝大多数学科来说不成问题的问题，对外国语言文学专业来说，却成了一个问题。因为目前的现状是，有的学校规定学位论文必须用外语写作，有的学校规定学位论文可以用母语写作，而有的学校却规定既可以用母语写作，也可以用外语写作。这种对论文写作语言规定的不一致反映了我们对论文写作语言问题认识的混乱。而在我看来，更加值得我们关注和重视的是蕴藏在这一认识问题背后的其他一系列问题，诸如博士学位论文的写作语言规定与国家主权、尊严的关系，博士学位论文的写作语言规定与我们对博士生培养目标的设定之间的关系，博士学位论文的写作语言规定与博士学位论文写作规范之间的关系，等等。

1. 博士学位论文的写作语言规定与国家主权、尊严的关系

如上所述，目前在我们国家的高等学校对于博士学位论文的写作语言并没有十分明确的规定，各校基本上是各行其是。但在大多数学校的英语语言文学专业学位点，都要求研究生用英语写作博士学位论文。但假如要问有关教师为何有此规定，那么有关教师大多自己也说不清，往往以一句"一向如此"或"规定如此"敷衍过去。

在外国语言文学专业、尤其是英语语言文学专业，这样的规定确实"一向如此"。假如我们追根溯源，就可以一直追溯到解放前的教会学校，像上海的圣约翰大学、北京的燕京大学等。当时之所以有如此规定，那是不难理解的，因为当时学校的导师多是西方人，他们不识中文，也不想识中文，而是照搬西方大学的一套学位管理模式，硬套给在中国开设的学校。

这里我无意对当时照搬的西方大学的学位管理模式做总体的评价，但我想指出的是，当时强制要求学生用英文写作学位论文的规定无疑是为了迎合当时学校的西方管理人员和指导教授的需要，同时也在某种程度上反映了当时西方文化对旧中国大学（主要是当时的教会学校）的文化殖民。这种规定，对于当时尚处于半殖民地、半封建境地的旧中国大学来

说,也是无可奈何的事,但到了新中国成立以后,我们仍然沿用这种规定就没有道理了。① 我们不妨冷静想一想,目前世界上有哪一个国家的大学是规定用外文撰写他们本国的博士学位论文的?除了极少数的前殖民地国家,恐怕很难找到一个国家会有这样的规定。英美高校一律规定要用英文撰写他们的博士学位论文,自不待言,俄罗斯、日本等国也都规定要用他们国家的语言撰写学位论文,不管你写的是俄罗斯、日本语言文学的题材,还是中国语言文学的题材。

因此我觉得,关于我们国家的博士学位论文应该用何语言撰写的规定,实际上关系到在我们国家的学制建构上,如何在最高学位级别的研究生培养工作中体现我们国家的主权、捍卫我们国家的尊严和民族语言的地位等原则问题。

也许有人会问,那我们还要不要鼓励研究生用外文撰写论文?还要不要鼓励研究生走出国门与国外学术界合作交流?回答当然是肯定的,但这与博士论文写作语言的规定是两回事。如何看待这个规定,其关键在于我们如何设定博士论文写作的目的,具体而言,我们是把培养研究生的科研能力、创新能力放在第一位呢,还是把提高学生的外语写作能力放在第一位。

2. 博士学位论文的写作语言规定与我们对博士生培养目标的设定之间的关系

有一些教师认为,外国语言文学专业的研究生只有用外语撰写学位论文才能显示他们的专业特点,显示他们的水平比其他专业的研究生高,否则就反映不出他们的特点,显示不出他们的水平。还有的教师甚至认为,用外文撰写学位论文就说明论文水平高,反之,就是水平低。这些观点反映,我们某些教师在如何设定博士论文的撰写目的上存在着一些认识上的误区。

这里的核心问题就是如上所述:我们要求研究生撰写博士学位论文,究竟是为了训练他们的外语写作能力呢,还是通过博士论文的撰写培养研究生的独立科研能力和创新能力?我认为,无论哪个国家,恐怕都不会把前者设定为研究生撰写博士学位论文的目的吧?我们要求研究生撰写博士学位论文的目的肯定是让研究生通过撰写学位论文,培养并提高研究生的独立科研能力和创新能力。博士论文的撰写过程,从最初酝酿、确定选题,到广泛收集、逐步筛选相关资料,再到一步步论证论点,直到最

---

① 确切地说,新中国成立以后很长一段时间我们并没有实行学位制度。真正全面恢复并实行学位制度还是从1978年恢复研究生考试以后才开始的。

后完成全篇论文的撰写,这一过程正是我们培养研究生独立科研能力的过程。而研究生在经历了这一全过程后,是否真正具备了独立的科研能力,是否具有了创新的能力,这一切最终又都反映在研究生的博士论文中。因此,我们审读一篇博士论文,虽然也要看他的写作能力如何,诸如结构是否合理、完整,语句是否顺畅通达,但这不应该是我们主要关心的问题,这些能力研究生在入学之前就应该具备。一个博士生,如果入学前连基本的写作能力(无论中文还是外文)都还没有具备的话,那他还有什么资格来读博士课程呢?因此,就博士论文而言,我们主要应该关注的是该研究生在这篇博士论文中是否有自己的独特见解,是否能对自己提出的论点进行严谨周密的论证,所提出的观点是否具有创新意义,等等。

然而,当我们要求研究生用外文撰写博士学位论文时,我们的注意力、我们的关注重心却不知不觉地发生了转移。由于研究生大多是第一次撰写如此大篇幅的论文,行文遣句就会暴露出不少外文写作中才有的毛病,这样导师往往花很多精力为研究生修改病句、纠正修辞、甚至语法方面的错误,而本该深入研讨的论文的论述是否严谨、推理是否合乎逻辑、结论是否令人信服、整篇论文是否有创新等等,却反而顾不上了。

从研究生方面来说,他们也因为要用外文撰写而把相当部分的注意力放到外文写作的规范上。为了达到博士论文的一定字数的要求,他们有的甚至不惜破坏论文的整体结构,大段大段地引述外文参考书中的有关段落。而为了避开伤脑筋的中文学术论著的汉译外工作,他们也就极少、甚至根本不引用相关的中文著作,即使有的中文著作于他们的论文写作有很重要的参考价值和意义。这一点我们从许多外文撰写的学位论文中可以发现,论文后面的参考书目中文书目很少,而即使有,在论文中也很少能找到相关的引述。

更有一个值得注意的问题是,因为是用外文撰写的学位论文,所以一俟论文答辩通过以后,相当数量的博士论文就此束之高阁,很少有研究生花精力把用外文写成的论文译成中文后出版发表,这样,其中一些优秀的学位论文也就无法为国内学术界做出它们的贡献,从而造成学术资源的极大浪费。

这里还有一个相关问题,即博士学位论文写成后,它设定的读者是谁?仅为了少数几个懂外文的参加论文答辩的评委?是为了马上要拿到国际上去发表?还是希望能对国内相关的学术领域也能产生影响,作出贡献?如果是前面两条,规定用外文撰写博士学位论文当然无可非议,而如果是最后一条,那么这个用外文撰写博士学位论文的规定就大可置疑了。事实上,我们的博士学位论文大多就只是打印十几本,供答辩委员以及留校供有关部门存档用。此外,也就再不见印刷出版了。至于拿到国际上去交流发表的,更是凤毛麟角,至少对于外国语言文学专业博士论文来说是如此。

由此可见,那种要研究生用外文撰写博士学位论文规定,对于培养、提高研究生的科研能力、创新能力,是弊大于利,它把我们的博士研究生的教学、培养工作引向歧途。

3. 博士学位论文的写作语言规定与博士学位论文写作规范之间的关系

这里我们要讨论的是博士学位论文的写作规范,主要也是与论文的写作语言有关,并不是全面探讨博士学位论文的写作规范。

具体而言,由于论文的写作语言规定(即规定要用外文写作),从而导致我们对学位论文写作中特别强调的几个"意识"有所忽视,这几个意识就是:文献意识,问题意识和学位论文意识。

用外文撰写学位论文带来的第一个负面影响表现在文献意识上,那就是对中文文献的忽视。我看过不少用英文写作的博士学位论文,在论文最后的"参考文献"部分中列举了不少外文的资料,这当然无可厚非,但相关的中文文献却非常少,有时甚至连最基本、最必要的中文文献都没有列上。譬如,有一本研究美国剧作家奥尼尔的博士论文,它对这位美国剧作家创作的"隐秘世界"背后所蕴藏的"广袤天空"洋洋洒洒写了十余万字,既有对奥尼尔剧作的"精神家园"、"社会全景"的展示,也有对其"文化内涵"的探究。但是,该研究生在答辩时,当评委问她奥尼尔与中国有什么关系,对中国的剧作家有什么影响时,该研究生却连一句话都答不上来。而众所周知,奥尼尔对中国的戏剧创作、尤其是对曹禺的创作,有着巨大的影响,国内学术界在这方面也已经有不少的研究成果。一位专门研究奥尼尔的中国博士生却对此一无所知,实在是太不应该了。

撰写博士论文的第一步就是应该尽可能详尽地收集与所选论题有关的资料,这些资料不仅仅是外文的,还有中文的。特别是对于中国研究生来说,中国在该选题的研究领域达到了怎样的程度,是必须了解、掌握的,否则怎么指望他的研究能对中国的学术研究作出贡献呢?然而现在,一个中国的研究生,对该选题与中国的关系(奥尼尔与中国的关系恰恰是非常密切的)几乎一无所知,这不能不说是一种反常的现象。之所以造成如此情况,这其中当然有多种原因,但因为论文是用外文撰写,所以在撰写论文的过程中忽视了对中文文献的收集、整理和消化,无疑是其中一个比较主要的原因。

由于用外文撰写博士学位论文,研究生的问题意识(与此同时,还有创新意识)也同样受到影响。众所周知,博士论文的撰写首先要详尽占有资料,通过对资料的全面阅读、梳理,才能发现问题、提出问题。但是,当我们规定研究生必须用外文撰写论文之后,他们通常就把目光集中在外文资料的收集上,结果不少论文把精力花在对外文资料的综述上,并未能发现问题、提出问题。比较好一些的论文,虽然也能提出问题,但它们提出的问题往往游离于国内学界的焦点之外,并不是国内外国文学研究界所关注的热点和所迫切需要解决的问题。譬如有一篇写得很不错的研究柯尔律治及爱伦·坡神秘主义诗歌的博士论文,作者通过对柯尔律治及爱伦·坡两位诗人神秘主义诗歌深入细致的梳理,尤其是通过对诗意神秘主义发展历史的描述及其丰富内涵的全面而又具体的审视和剖析,实际上已经触及了当代人类社会普遍面临的一个巨大社会问题:即随着人类物质生活和经济生活的日渐富足,随着科学技术的飞速发展并在人类的生活中越来越占据似乎是主宰一切的地位,人类生活中的诗意精神却正在丧失。如果论文作者能联系国内当前社会中人文精神的失落和重建等问题作进一步的阐发的话,那将是一篇非常出色的立足点高、现实性强的博士论文了。但是非常可惜,作者只是联系浪漫主义诗歌产生的政治、经济、文化和哲学背景等,对柯、爱两氏的神秘主义诗歌的创作起源、神秘特色及诗意风格,进行了相当详尽的描述和分析,却没有与国内的现实问题挂上钩。

用外文撰写论文带来的第三个负面影响是,它制约了论文作者的创新能力,影响了作者的学位论文意识。学位论文与一般的专著不同,它有自己的一套格式,绝不是对某一个作家、某一部或几部作品的简单梳理和分析。我看过一篇博士论文,是写美国南方文学的。作者引用了大量的第一手资料(有些资料还是我们国内所没有的),对美国南方作家及其创作进行了相当具体的评述。但我对这样的论文评价不高,我觉得这与其说是博士论文,不如说是一部简明美国南方文学史。如果说作为一部简明美国南方文学史它还不错的话,那么,作为一篇博士论文,严格来说,它是不成功的,因为它缺少博士学位论文意识。

所谓博士学位论文意识,我觉得大致包括两方面的内容,一个方面是形式方面,即它至少必须由以下三个部分组成:一是课题史的叙述,即展示研究生所选课题前人有何研究,目前研究到何种地步;二是论文的正文,提出问题、论证问题、得出结论;三是参考文献,这些文献应该是论中确实参考过的文献,而不是仅仅列出几十本书目装装样子。对照这些要求,我们就可以发现博士论文与一般的专著、文学史类的著作的不同:前者从形式到内容,都是一个完整的科研过程,后者则仅仅是科研的结果,对研究并不作全面的交代。

譬如,我还看过一篇研究当代著名美国作家厄普代克的代表作"兔子"四部曲中的性现象的博士论文。论文从厄普代克作品所处的时代及外部环境、美国社会的宗教意识、道德意识等方面,对"兔子"四部曲中主人公的"性"行为、表现、态度、立场以及内心的矛盾等等,进行了比较深入的探索和剖析,揭示了主人公在性方面的行为与其所处的二战之后的整个美国社会中弥漫的"性革命的洪流"之间的关系。当然,这种分析对于中国读者了解和认识厄普代克的创作并不是没有益处,但是作者对与该课题有关的前期研究(包括国外和国内对厄普代克创作的研究)缺少交待,所以读毕全文,读者对论文作者通过对"兔子"四部曲中性现象的考察想提出什么问题或解决什么问题就不很清楚。这样的论文,自然也不可能有什么创新的观点,其价值自然也就大受影响。

我当然清楚,造成以上这些情况,其原因并不能仅仅归咎于用外文撰写学位论文的规定,其他如导师的指导、学生的文化素养、研究功底等,也都是其中的原因。但用外文撰写论文这个规定无疑是其中一个比较主要的原因。这只要对照一下中文系用中文撰写的外国文学论文即可得到一点佐证。中文系研究生撰写的外国文学博士论文,无论在论文的问题意识上,还是在论述的深度、论证的力度上,都明显超过外语院校研究生用外文撰写的论文。目前不少用外文撰写的博士学位论文,如果翻译成中文的话,其内容之单薄、论述之无力,简直惨不忍睹。当然,在对第一手外文资料的引用上,他们也许与外语院校的研究生还有一定的差距,但随着目前中文系攻读外国文学专业的研究生的外语水平的日益提高,这个差距正在日渐缩小。(这里的原因有两个,一是当代研究生的总体外语水平在提高,一是有越来越多的外语专业出身的硕士生报考中文系的外国文学专业博士生)但反观我们外语院校的研究生的学位论文撰写,我们在研究的视野、理论修养、问题意识等方面,与中文系研究生的差距却不见有缩小的趋势。更因为有了用外文撰写论文这样的规定,我们的研究生在写作时的注意力无形中被引导到外文世界中去了,这样有不少研究生被外文资料牵着鼻子走,往往迷失了一个中国的外国语言文学专业博士生的立场和视角,发现不了只有站在中国文化、文学的立场上才能发现的问题,于是,他们的论文便成了外文资料的梳理和堆砌。著名外国文学专家、北京大学杨周翰教授生前曾多次强调,我们中国人研究外国文学一定要体现中国人的灵魂,但我们目前用外文撰写的博士学位论文大多看不见这个中国人的灵魂,这是值得我们警惕和反思的。

综上所述,为了在学位论文的撰写中体现我们国家的主权、捍卫我们国家的尊严和民族语言的地位,为了让研究生通过博士学位论文的撰写,得到一个比较严谨、比较完整的学术训练,同时,也为了让研究生能在其撰写的博士论文中更好地展示其开阔的学术视野、表现其积极的创新能力,我建议,除特殊情况外,一般的外国语言文学专业的博士论文应该规定用我们的母语撰写。

4. 不用外文写作学位论文引发的几个需要进一步思考的问题

4.1 不规定用外文写博士学位论文,如何提高和检查学生的外语写作能力?

这个问题其实还是与我们规定研究生要撰写博士学位论文的指导思想有关。如果我们大家都同意规定研究生撰写博士学位论文的主要目的是要给学生一个比较严谨、完整的学术训练,那么提高和检查学生的外语写作能力就没有必要放在博士学位论文的撰写、指导中去考虑。我们完全可以有其他途径来解决这个问题,诸如平时可设置专门的学术写作课程,布置用外文写作一些篇幅适中的小论文,在提交博士论文时,规定附上用外文撰写的比较详细的论文提要,等等。

4.2 不规定用外文写博士学位论文后,外国语言文学专业研究生的特点和优势如何体现?

从以上所述可以看出,用外文撰写博士学位论文,表面上看似乎体现出了外语院校外国语言文学专业研究生的特点和优势,其实这些特点和优势都是表面的,实际上我们因这个规定反而丧失了我们的特点和优势。我们的特点和优势应该体现在我们能在第一时间引用大量的第一手的外文资料,为我们的研究服务,这样,我们的研究视野比中文系的外国文学研究生更开阔,资料比他们的更丰富,与国际学术界的最新动态的接触比他们更密切。此外,在必要时,或在有机会时,我们能熟练地运用外文与国际学术界的学者进行自如的交流。

4.3 不规定用外文写博士学位论文,如何与国际学术界交流?

这个问题应该从另一个角度来发问:迄今为止,我们用外文撰写的博士学位论文中有多少已经被送到国外,被国外的大学、图书馆收藏了?有多少用外文撰写的博士学位论文里的观点被国外学术界引用了?有多少用外文撰写的博士论文已经在国外出版或发表了?我很希望教育部的有关部门做一个统计,但就我本人所接触到的,可以说几乎没有。由此可见,是否能与国际学术界进行交流并不取决于博士学位论文撰写的语言,而是应该提供其他更加有效的途径,譬如我们可以鼓励研究生把他们的博士论文中有创新观点的部分单独整理成文,用中文和外文去发表,我们也可为研究生提供机会出席在国内或国外举行的国际学术研讨会,等等。此外,经常邀请国外著名的学者来学校讲学,让研究生直接聆听国外学者的讲演、与国外学者直接对话,也都是建立与促进研究生与国际学术界交流的极好方法。

(作者单位:上海外国语大学)

新疆外语教育现状和调整策略[①]

周殿生　王　莉

新疆地处反分裂斗争前沿,也是欧亚经济贸易桥头堡,外国语教育非常重要。它不仅决定着本地区外语人才的培养,而且直接或间接地影响国家安全和新疆的对外开放。外语教育种类的选择和外语教育层次的布局,必须与国家安全、经济建设和社会发展需要相适应。在与多国相邻的边疆多民族地区,外语教育处在语种繁多、内外渗透、文化与社会因素交织的复杂格局中,因此,新疆的外语教育,首先必须考虑如何结合本地区实际,为国家安全和对外开放服务。

新疆与蒙古国、俄罗斯联邦、哈萨克斯坦共和国、吉尔吉斯斯坦共和国、塔吉克斯坦共和国、阿富汗共和国、巴基斯坦共和国、印度共和国等8个国家接壤。目前中亚局势依然复杂:一方面,由于我国经济发展迅速,新疆在中亚的影响力日益增强,但敌对势力遏制中国发展和分裂新疆的活动更趋多样化,西方在打击恐怖主义的同时插足中亚,使中亚地区国际形势扑朔迷离,打着保护人权和宗教自由的旗号干涉我国事务的活动从未停止;另一方面,国际恐怖势力向中亚地区渗透,各国反恐斗争更加尖锐。新疆是地处亚洲中心的多民族多语言地区,它与东部地区的差距在继续扩大,但所肩负的与周边国家维护良好关系、反对各种敌对势力、进行国际贸易和文化交流的任务更加繁重,这对新疆是前所未有的挑战。新疆既要反对西方敌对势力的西化分化,又要反对三股势力渗透而加强内部团结和稳定,还要与邻为伴,与邻为善,保持国际友好关系,发展边贸经济,在这样的形势下,新疆地区的外语教育发展策略的调整,显得格外重要。

1. 新疆的外语教育历史和现状

新中国成立以前,新疆的外语教育只有很小规模不成系统的俄语教育,英语教育几乎是空白。解放后,新疆外语教育中的语言选择一直比较

[①] 本文为国家语言文字应用"十一五"重点科研项目"国家外语发展战略研究"(ZD115-01)的子项目(西北边疆地区外语教育现状与对策)阶段性成果,同时受上海外国语大学重大科研项目及211三期经费资助。

重视本地区所处的国际环境。在50年代到60年代,作为新疆大学前身的俄文专科学校曾经培养了许多俄语人才,为新疆外语教育做出过重要贡献。到了上世纪60年代初期我国与苏联关系破裂后,新疆外语教育中俄语教育份额依然还是很大,甚至许多中学都在开设俄语。上世纪60年代后,新疆有了公共英语的教学。文革前,新疆有不少中学开设有俄语课程。文革期间,俄语和英语都有里通外国之嫌,外语教育停滞。从上世纪70年代后期开始,新疆高校理科开设英语,文科开设俄语,俄语教育保持在一定的规模。与此同时,新疆大学最早开设了英语专业。80年代末期到90年代,随着我国开放的进一步扩大,欧美文化对我国教育的影响也随之上升,而苏联国家解体对中亚地区影响力的下降,新疆外语教育格局出现了前所未有的变化,特别是大学实行英语四、六级考试以来,英语热席卷神州,英语专业火爆。与此同时,全国的俄语教育日渐冷落,新疆更是如此,高校许多俄语教师到年龄的自然退休,不到年龄的纷纷进修英语改行教英语,俄语专业招生情况进入了严冬,从此形成英语教育独大,俄语教育很快在高校迅速萎缩的局面。解放以来的新疆外语教育中,俄语、英语经历了此消彼长的局面,俄语教师更是经历了被弃之冷落的尴尬,有的教师不得不人过三十重学英语。由于外语教育缺少预见性和规划性,加之调整不及时,到了新世纪,俄语人才突然变得非常抢手,以至于出现乌鲁木齐建材家具市场俄语导购"一导难求"的情况,更为甚者,在后来的新疆对外汉语教学迅速扩大的时候,要找到懂俄语的对外汉语教师都十分困难。

上世纪末期苏联解体后,中亚哈、吉、塔、乌、土五国和我国的经济技术和贸易往来逐步增加,新疆已经成为我国向西开放的桥头堡。我国企业走向中亚国家发展,成为中亚国家的外资企业,中亚国家许多人开始看好我国新疆稳定的社会和贸易发展的前景,看好在中国企业的就业机会,纷纷把子女送到新疆和内地学习汉语,目前在新疆高校学习汉语的人数已经达到4000多人,足见其对汉语人才的渴求。从本地区看,虽然新疆与中亚、东欧和俄罗斯的经济、贸易、科技、文化已经开始了全面的交流与合作,对俄语人才的需求迅猛增加,新疆高校外语教育也注意到了俄语在本地区正在成为热门外语,但在语种结构调整方面,步伐还比较缓慢。俄语人才,特别是高层次俄语人才的供不应求状态没有发生根本的适应性转变。目前新疆全日制高校还没有把俄语教育恢复到公共外语的地位,无法满足市场对既懂得外语又懂得专业技术知识的复合型俄语人才的需求。新疆复合型俄语人才严重不足,已经严重影响到了对外贸易发展和国际间的经济技术合作。当前,尽管一些年轻人看好并开始学习俄语,一些民办学校也在通过自学考试方式大规模扩大俄语专业招生,但俄语高层次人才的断档已经是事实。由于高水平俄语人才缺乏,导致新疆高校有关中亚与俄罗斯研究力量薄弱。

根据我们调研,新疆高校外语学院所开设的专业,主要是英语和俄语以及数年招收一次的日语。社会对俄语专业人才的大量需求,主要由民办、社会办学力量、短训班和自考班所提供。从语种选择看,除了英、俄、日语以外,与新疆相邻国家语言的外国语种教育在全日制高校是空白。虽然新疆西邻以俄语为教育语言的中亚五国,但目前没有一所高校把俄语作为公共外语课程开设。新疆专门培养外语人才的全日制公办高校外语学院,由于种种原因,专业调整还比较缓慢。尽管俄语专业教育规模比以前有所扩大,但以英语为主的外语教育格局依然处在强势状态。在各种考试中,在就业升学中得到认可的英语考试依然远比俄语考试多得多。

回顾新疆外语教育历史,有几个问题需要思考:第一,过去的"重英废俄"以及目前的英语独大、俄语辅之的外语教育格局,是否符合新疆的实际?第二,新疆大量俄语人才需求的空白,主要由社会办学力量在填补,其质量能否得到有效的保障?第三,在中央新疆工作会议之后,新疆要建设两个特殊经济区没有周边国家小语种教育行不行?

历史的启示是,外语教育中,对语言的选择和调整,固然要考虑国家层面上教育的统一性,以及在不同历史时期出现的国际关系变化和英语所代表和承载的科学技术水准的先进性,但除此之外,作为地区性的外语教育应该有自己的特点,更多地从本地区实际出发,考虑地缘政治经济文化特点,更多地考虑本地区国际政治地理环境特点以及外语实用性。

2. 新疆对外语人才的需求领域

2010年春夏之交召开的中央新疆工作会议,对新疆的经济和社会发展具有里程碑意义,新疆正在迎来新一轮大发展机遇。大发展必将进一步提升新疆在中亚地区的影响力和辐射力。在这个过程中,外语人才的需求尤为突出。根据我们的研判,新疆对外语人才的需求表现在以下几个方面:

2.1 对外经济贸易和科技交流

近年来,新疆地区能源和原材料进口以及其他大宗贸易的发展,我国经济组织与国外合作范围不断拓展,新疆地区民间贸易逐年增长,我国企业继续走向中亚国家设厂办店。随着上海合作组织国家间经济关系进一步密切,除俄语人才需求以外,社会对其他邻近国家小语种人才也有了需求。近年来,对巴基斯坦乌尔都语也有一定量的需求,一方面是因为近年来巴基斯坦商人不断增多;另一方面,巴国每年与我国新疆的教育交流不断深化和扩大,连续多年送入新疆高校学习专业的学生一直保持在200人左右的规模,除英语以外,客观上也需要小语种人才。此外,一些口岸工作人员知识结构对小语种有非常迫切的需求,准确地说,我们的教育还没有做好充分的准备。新疆与巴基斯坦紧邻,全新疆却很难找到懂得乌尔都语的人才,懂伊朗语和普什图语等其他国家语言的人才,更是凤毛麟角。随着发展,新疆的边贸,特别是与周边国家接壤的喀什、伊犁、博乐、阿克苏、克孜勒苏、哈密等多个地州,都有边境通商口岸,对小语种的潜在需求将转变为现实需求。

对外商贸业做深做细是发展的必然。随着贸易活动的进一步扩大和交流频度的增加,涉及到法律和金融等方面的事务更多,这样,没有以外语为基础的复合型相关人才,就会影响新疆的商业贸易发展。设立俄汉商贸、俄汉法律、俄汉金融等专业方向势在必行。外语的发展,不仅可以满足市场和社会对语言人才的需求,也可以为增加就业开辟良好的路径。随着我国新疆地区向西开放的深化,对俄语人才的需求层次也会逐渐提高,从一般的翻译到有专业知识且懂俄语的复合型人才,正在成为当前的需求。

2.2 国家安全和反跨国刑事犯罪

维护国家安全和社会稳定,始终是新疆头等重要的大事。新疆要消除各种威胁国家安全和社会稳定的因素,缺少了外语人才的参与是不可思议的。对维护国家安全的国防军队来讲,外语是军事战斗力素质的一个方面,解放军和武警都需要外语人才。对于整个社会来讲,由于三股势力常常有一定的国际背景,在与新疆接壤的一些敏感地区,外国语的反分裂斗争武器的重要功能显而易见。多年来,虽然本地区原有宗教无论在人数上还是影响力上都没有发生明显变化,在本地区依然保持着原有的规模,但一些国外势力时不时地在我国新疆地区悄无声响地传播非伊斯兰教,试图用改变宗教文化力量格局的方法,使地区宗教关系复杂化。我们要在保证公民宗教信仰自由的同时,引导宗教为社会主义建设事业服务,处理好宗教事务,绝不能缺少外语人才。新疆周边一些地区贩毒猖獗,伴随着这些活动,各种刑事犯罪逐年呈上升趋势。新疆地区已经成为国际毒品走私的第四通道,本地区反刑事犯罪的国际合作日益增多。在这些合作中,需要高层次复合型外语专业人才。

2.3 国际文化研究和交流

从发展我国外向型经济出发,新疆的外语人才除了一般的从事翻译工作之外,还应该有一大批既懂得俄语,又有专业知识的技术人员或文化艺术者,只有我们的直接或间接从事外向型经济文化活动的人们掌握了外语,才能更有利于提高合作水平,扩大新的范围。新疆外语教育中,培养大批俄语人才,可以满足中亚地区外国客商来我国新疆地区进行贸易活动的需要,不仅是当翻译,更多的是直接成为兼通外语的专业人员。因此,新疆的俄语人才应该是复合型的,除了经济贸易以外,还应该在法律和经济管理以及金融等方面进行开拓。

除了经济类以外,新疆还应该有一批专门从事人文社科研究的外语人才。他们应该具备很好的俄语或英语或其他小语种语言能力,在中亚地区古代文化领域长期耕耘,深入研究中亚和新疆地区的文化历史,以适应国家软实力发展需要。一方面,把新疆多民族文化历史研究成果和真实的中国新疆发展状况介绍出去,加强周边国家与我国的文化交流;另一方面,也把新疆周边国家的历史文化研究成果介绍进来,通过文化交流维护我国与周边国家和平友好的关系,巩固新疆的社会稳定。我国的24史,是记录中亚地区古代文化交流内容最多的汉文材料。许多中亚国家和民族由于历史上缺少文字,对自己的文化活动缺少记录,而在这些史书里,却有不少零星的反映或记录。研究和利用这些成果,在过去,曾经为加强周边国家友好关系做出过贡献。例如新疆对《24史》从古文到现代维语的翻译研究成果,曾经让塔吉克斯坦人从中找到了一段失去记忆的历史,受到塔国人的高度赞赏。这是新疆文化研究推动文化交流的典型事例。新疆蕴含着极其丰富的历史文化资源,在中亚地区利用好并传播好研究成果,可以大大加深新疆地区与周边国家的文化交流,构筑好与周边国家文化交流的平台,有利于把握交流的主动权和交流的主流方向,这对于巩固国家的文化安全必不可少。此外,为适应第一语言为俄语的学生留学新疆并要求用俄语教学的需要,我们还应该培养能用俄语授课的专业课教师。

2.4 旅游观光业

新疆丰富多彩的人文历史、民族风情、文物古迹旅游资源和特殊地形地貌的自然旅游资源极其丰富,取之不尽、用之不竭。旅游业是新疆的无烟工厂,大有发展前途。目前每年进入新疆的游客大约在2000万人左右,未来目标是1个亿,要吸引更多外国人来新疆旅游观光,没有大量的外语人才是不可能的。

3. 美国外语策略给我们的启示

美国很早就把外语教育与国家安全联系在一起,非常重视外语教育的国家安全意义,有目的、有步骤地推进外语教育对国家安全目标的实现。2002 年,美国国家外语中心和美国国家安全教育项目办公室一起在华盛顿召开了"语言与国家安全"的通报会,探讨国家安全与外语教育。2003 年,美国众议员霍尔特向国会提交了《国家安全语言法案》。2005 年,美国参议员阿卡卡和另外 3 名参议员一起向美国参议院提交了《国家外语协调法案》。2005 年,美国国防部发表了白皮书:"国家外语能力行动倡议",该倡议的目的就在于适应"国家外语和文化能力战略的急迫需求"。2006 年,美国总统布什正式发布以国家安全为直接目标的外语政策——"国家安全语言启动计划"。这是美国 1957 年以来最重要的外语政策[①]。除了从政策层面明确目的以外,美国还把外语政策具体落实到外语能力规划、外语人口规划、外语语种规划、外语教育规划和外语资源利用等各个方面。纵观美国 1958 年以来半个世纪的外语政策,可以非常清楚地发现,美国外语政策有一个非常显著的特点:自一开始就具有非常鲜明的国家安全目标。相比而言,我国外语政策几乎没有明确的国家安全目标。因此,我们必须尽快建构符合我国的国家安全需要的相关外语政策。

这给我们以极大的启示:当前,我们制定外语政策不仅仅要具有传统的国家军事安全的目标,还必须具有全面的国家安全目标,因为当代的国家安全概念已经有了很大的延展,包括军事安全、经济安全、政治安全、社会安全、文化安全、生态环境安全等。国家安全不仅仅有国际因素,还有国内因素,这也是我们把握外语政策的国家安全目标时必须面对的。

根据新疆经济社会发展和与周边国家关系发展要求以及教育部未来规划纲要,新疆地区的外语教育可以做出格局结构和语种比例的调整,以适应社会需要。其必要性表现在以下方面:

第一、在上海合作组织的框架内与俄罗斯和中亚各国加深友谊和进行全方位的合作,已经卓有成效。俄罗斯自不必说,中亚国家目前还在继续使用俄语作为交际的主要工具,这样,随着合作领域不断拓宽,新疆对俄语人才的需求也在扩大。中亚地区长期继续使用俄语,有利于中亚地区的文化稳定,而中亚的稳定,有利于新疆的稳定。因此,英语独大的格局需要适度改变。

---

① 鲁子问:"美国外语教育政策的国家安全目标对我国的启示",《外语战略动态》,2009 年第 1 期。

第二、我国与中亚各国各方面的交流合作正在朝着纵深发展,中亚国家越来越认识到与我国合作的重要性和现实性,为适应各方面广泛合作的要求,他们对于汉语需求如同我们对俄语的需求一样迫切。要满足这些需求,我们应该及时培养更多懂俄语的从事对外汉语教育的专门人才。

第三、无论是规模还是层次,也无论是数量还是规格,学校都不能满足社会对俄语人才的需求。而目前新疆外语教育体系从初级到高级都是英语教育铁尺子一把,不利于培养多语种外语人才。在俄语越来越实用的新疆,本地区并不实用的英语成为升学和就业的唯一标准,导致俄语人才背着英语爬俄语山,负担很重。

第四、内地与中亚及俄罗斯的民间经济来往不断扩大,大量的民间贸易往来,对俄语专门人才的需求迅速增长,特别是懂专业(法律、国际金融、国际贸易、物流、工业技术、农业技术、科学技术等)的复合型俄语人才的需求有很大缺口。目前已经有人提出应该在新疆建立中国与中亚自由贸易区的设想,如果这个计划实施,社会对俄语人才将会有更大的需求。

第五、从长期看,既要培养熟练掌握俄语和中亚国家语言的理工类专业技术人才,也要培养精通俄语和中亚语言的人文社会科学研究人才,随时把握发展动态,以适应对中亚地区政治、经济、文化、社会、民族深入研究的需要。只有这样,我国在国际谈判和学术研究领域才能有更多的发言权。

新疆外语教育调整应该遵循两个原则。第一,从国家在西部未来的发展战略高度出发,确定发展目标,既要考虑长期的关键外语教育发展,也要考虑非关键外语人才的培养和储备。第二,坚持以培养专业加外语的复合型人才为主的方向,满足实用、好用的用人需求标准,让外语教育真正实现为社会发展和经济建设服务的目标。在这两个原则的基础上,针对新疆毗邻8国的地缘实际,摸清外语人才的社会需求,有重点、均衡地、有准备地、按需求量分清各种外语人才培养规格和数量进行教育规划。

4. 新疆周边语言发展新变化和应对策略

随着新疆对外开放发展,周边国家语言使用现状也将发生新的变化。值得注意的是:

第一、哈萨克斯坦、塔吉克斯坦等一些中亚国家相继通过政策、法律等手段正在进行"语言改革",其目的就是要提高中亚国家本民族语言的社会地位,促进本民族语言在其国内和国际各方面的发展和使用。可见,中亚国家在国际交流中,用本民族语言取代俄语的苗头已经出现。虽然在相当长的时间内,中亚国家还不会放弃俄语,但本国语言被高度重视并逐步上升到教育和国家行政语言地位的趋势正在形成。

第二、中亚五国的哈、吉、塔、乌四国语言在新疆有跨境特点。随着中亚国家"语言改革"和本族语化发展,将使历史沿袭下来的这些语言兼具外国语和新疆少数民族语两个特点的属性得到强化,这对于新疆民间经济文化交流虽然有所方便,但对于我国,特别是对于新疆人文社会层面将会产生怎样的影响和后果,需要专门研究和评估。

第三、随着向西开放步伐的加快,相邻的南亚国家,如巴基斯坦、印度、阿富汗与我国展开各方面的交流往来也必将越来越频繁,喀什在建成经济特区过程中,除了英语外,乌尔都语、阿拉伯语、印地语、普什图语、波斯语、土耳其语,必然会随着经济交往中的各种事务增多而有更多的使用。面对这种局面,传统意义上所说的小语种教育问题,将再也无法回避。

我们应当从国家语言战略的高度,观察中亚语言发展新趋势以及这些趋势带给本地区的各种影响,注意从国防安全层面、外交和国际交往安全层面、对外经贸安全层面、对外司法安全层面和国内社会公共安全五个层面考虑新疆外语教育战略,判定发展方向,趋利避害。

对策和建议:

第一、转变过去大小语种意识为关键非关键语种意识,改变目前新疆英语教育独大的教育格局,把英语独大转变为英语和俄语教育并重或以俄语教育为主、英语教育为其次,其他小语种为储备和实用的外语教育新格局。从长远战略高度考虑,把俄语、阿拉伯语、中亚五国语言和喀什周边国家主要语言确定为关键语言。调整好关键语种和非关键语种教育规模之间的比例关系,正视和重视小语种教育,让关键语言概念服务于国家安全和新疆对外开放。

第二、在高校开设公共俄语课程,把培养单纯俄汉翻译的语言人才模式转变为培养具备专业技术知识的俄语人才模式。特别是懂专业(法律、国际金融、国际贸易、物流、工业技术、农业技术、科学技术等)的复合型俄语人才的需求有很大缺口。目前新疆的国际交流与合作活动和构想中的中亚自由贸易区活动,都对俄语人才有更大的需求。

第三、在有条件的中学开始设置俄语课程,给中学生英语学习和俄语学习的自主选择权,逐渐形成俄语教育从基础教育到高等教育完整的接轨。也可在我区与周边国家交往密切的地、州、市,各选择一所学校,开设俄语课程。

第四、我区有条件的高校与北京外国语大学和上海外国语大学合作,有控制地、适度地开设急需的阿拉伯语、乌尔都语和普什图语、波斯语、土耳其语等语言的教育,为我区培养特殊语言人才创造有利条件。

第五、教育行政部门制订规划,采取专门措施,提供专项资金,支持作为"上海合作组织"协作单位的疆内有实力大学,承担好外语教育的领军任务。支持基础雄厚又有长久外语教育历史的大学,在外语人才培养规划和实施过程中,发挥其学科和层次优势,做好高级外语人才的培养工作。

第六、建议在新疆库尔勒市建立新疆外国语大学,集中并吸引优势资源办学,高水平、高规格地培养满足多层次需求的新疆外语人才。

(作者单位:周殿生,新疆大学;王莉,新疆医科大学)

域外启示录

美国"关键语言"战略
与我国国家安全语言战略①

王建勤

9.11事件深深地刺痛了美国非传统安全这根神经,语言问题被上升为国家安全问题。时间并没有使美国淡忘上世纪50年代的"空间战略"危机带来的恐惧,历史的记忆使美国对9.11事件带来的"外语战略"危机更加刻骨铭心。作为对9.11事件的深刻反省,美国提出了旨在维护国家安全的"关键语言"战略。于是,语言问题被安全化了。美国"关键语言"战略的提出,将对美国在未来的全球化竞争中产生不可估量的影响。与此同时,也将给世界各国,特别是"关键语言"区域的安全带来重大影响。有鉴于此,本文试图通过对美国"关键语言"战略的分析,深刻认识我国国家安全语言战略面临的问题和挑战,借"他山之石",谋国家安全语言战略之策。

一、美国"关键语言"战略提出的背景

美国的"关键语言"战略,实际上是一项关于美国国家安全的语言战略。这一战略的提出经历了长时间的酝酿和理论准备,且具有深刻的政治背景。

2003年,即9.11事件两年之后,美国众议院拉希·霍尔特(Rush Holt)等议员向美国国会提交了一项法案,即"国家安全语言法案"。在该项法案中,拉希·霍尔特列举了一个重要的事实:分布在世界70多个国家和地区的恐怖主义分子所说的语言(包括方言)有数百种,但是美国从高中到大学,99%的学生学习的大都是欧洲语言。显然,美国的外语教育与国家的关键语言的需求极不相称。更为严重的是,9.11事件发生两年后,这种状况仍然没有改变。因此,拉希·霍尔特大声疾呼,"如果我们再不致力于学习世界各重要地区的语言与文化,我们将无法保持国家的安全。我们在海外的军队和国内人民的安全,要求我们迅速行动起来,以解

---

① 本研究得到"教育部人文社会科学重点研究基地重大项目"(06JJD740004)的资助;同时得到"北京语言大学校级规划项目"(06GH02)的资助。

决缺乏国家需要的关键语言人才问题。在这个问题上不作为,不仅是不负责任的,而且是危险的"①。从此,"关键语言"成为美国国家语言战略的核心概念。

为给"关键语言"战略的出台做舆论准备,2004年6月,由美国国防部资助,召开了由美国政府、企业、学术界和语言协会领导人参加的"全国语言大会"。这次会议是呼吁美国政府推出"关键语言"战略的总动员。会后,即2005年1月,大会发表了白皮书《改善国家外语能力行动倡议》(*A Call to Action for National Foreign Language Capability*)。② 在白皮书中,美国认为,9.11带来的"外语战略危机"不亚于上世纪50年代美国所面临的"空间战略危机",即1957年苏联发射第一颗人造地球卫星给美国空间战略带来的军事威胁和挑战。不同的是,美国目前所面临的外语战略危机是来自非传统安全领域的威胁和挑战。因此,与会者在白皮书中号召美国民众行动起来,制定一个能够让美国民众参与的、改善国家外语能力的国策和计划。这次大会为美国国家"关键语言"战略的出台奠定了基础。

一年之后,即2006年1月5日,美国总统布什在全美大学校长国际教育峰会上,正式推出美国"国家安全语言计划"③。在该计划中,美国政府明确提出了鼓励美国公民学习国家需要的8种"关键语言"的政策④。在这8种关键语言中,汉语被排在第二位。布什在会上宣布,在2007年拨款1.14亿美元用于实施国家安全语言计划。这次峰会标志着美国"关键语言"战略的形成。

二、美国"关键语言"战略的基本内容与战略目标

美国"国家安全语言计划"集中体现了美国"关键语言"战略的基本思想和战略目标。这一计划主要是由美国教育部、国务院、国防部和国家情报主任办公室共同制定的。计划共由四部分组成:

第一部分是由美国教育部负责实施的"关键语言"计划。其中包括5个项目:(1)外语资助项目。目的是资助中小学教育机构实施"K-12"计

---

① Hon. Rush D. Holt. 2003. *Introduction of National Security Language Act*. Congressional Record: December 9, 2003. p. E2493.
② The National Language Conference. 2005. *A Call to Action for National Foreign Language Capability*. Website: http://www.discover-languages.org/files/NatlForeignLangConfWhiPpr.pdf.
③ "(美国)国家安全语言计划(译文)",《中国语言生活状况报告》,北京:商务印书馆,2006。
④ 8种关键语言包括:阿拉伯语、汉语、朝鲜语、俄语、印地语、日语、波斯语、土耳其语。

划,即从幼儿园到小学、中学实施关键语言的外语教育;(2)"K-16"计划,即资助校区及其参与合作的大学,实施从幼儿园到大学持续的外语学习与教学计划;(3)建立语言教师团。资助教育机构培养从事关键语言教学的新师资,为中小学的关键语言教学提供师资;(4)建立 E-learning 语言资源库。为外语教师和学生提供教学和学习的资料和网络课程;(5)教师学术计划。通过研讨会为教师提供外语教学经验交流的机会,提高外语教学质量。

第二部分是由美国国务院负责的"关键语言"计划。主要是为美国高中生、大学生、研究生和外语教师提供到关键语言区域的国家学习关键语言的机会。美国国务院负责的计划包括 6 个项目,即福布莱特学生基金项目,暑期语言强化培训项目,吉尔曼(Gilman)国际奖学金项目,福布莱特外语教学助教基金,教师交流项目,青年学生交流项目。

第三部分是美国国防部负责的"关键语言"高级教学项目。这些项目主要是按照美国"国家安全教育计划"培养关键语言的高级专业人才。这个项目被命名为"国家旗舰语言计划"。目前已启动 9 个旗舰语言项目,包括"汉语旗舰项目"。此外,还要建立"民间语言学家储备团",目的是为美国政府提供与国家安全至关重要的专家意见。

第四部分由美国国家情报主任办公室负责的"关键语言"计划。这部分计划是一个被称作 STARTALK 的暑期语言培训计划。目的是为美国情报机构培养掌握冷僻的关键语言人才。

从表面上看来,美国的"国家安全语言计划"仅仅是一个外语教育计划。但是这个外语教育计划是有明确的战略意图和战略目标的。

正如美国"国家安全语言计划"所指出的那样,该计划的首要目标是确保美国在 21 世纪的安全和繁荣。因为,9.11 事件使美国深刻认识到,美国外语能力的落后,特别是关键外语人才的匮乏,造成信息的不对称,这已经给美国的国家安全带来巨大的威胁和挑战。美国的第二个战略目标是通过提高外语能力,使美国在全球化竞争中提高经济竞争力。美国认识到,外语人才的缺乏,使美国的企业不能有效地开发海外市场,美国的商业竞争力受到严重的损害。因此,他们希望外语教育从幼儿抓起,充分利用所有的资源使他们受到良好的外语教育,以保持美国在未来海外市场的竞争力。美国的第三个战略目标是利用"语言武器"传达美国的意志,希望通过说"别国的话"来实现所谓"新帝国"的理想[①]。美国的第四

[①] 刘晗:"布什力推'新帝国'理想下的语言战略",《21 世纪经济报道》,2006,Website: http://www.21cbh.com/print/ id=26620。

个战略目标是为关键区域的海外战场上的军事、情报人员、外交人员装备"语言武器",以满足海外战场的需求。① 由此看来,美国的"国家安全语言计划"不仅仅是一个外语教育计划,而是具有明确的政治、经济和军事目标的语言战略计划。

三、美国"关键语言"战略的实施情况

自美国国家安全语言计划提出后,美国的教育部、国务院、国防部和国家情报主任办公室都在紧锣密鼓地实施各自负责的项目。期间,各部门不断增加经费,采取新措施,扩大学习关键语言的数量和人数。为了切实贯彻美国"关键语言"战略,2007年1月,美国国会贝尔德(Baird)、霍尔特等议员提出了一项新议案,该议案呼吁美国尽快成立"国家外语协调委员会"(National Foreign Language Coordination Council),目的主要是为了监督、协调、贯彻美国国家安全语言计划的实施和落实,制定相关政策,加强资源配置,支持关键语言教育,以保持美国在未来20年到50年的国家安全及在全球的竞争力②。值得关注的是,这一议案提出两年之后,美国国会议员阿卡卡(Akaka)以及科克兰(Cochran)(2009)再次提出相同内容的议案,要求政府建立"国家外语协调委员会",重申建立该委员会对美国的国家安全和经济竞争力的重要意义③。由此足见美国国会对实施国家"关键语言"战略的高度重视。

美国教育部负责的"关键语言"计划的5个项目共资助5700万美元,其中用于资助美国各州和当地教育机构的"外语资助项目",2006年共资助91个教育机构,1392万美元;2007年资助了20个州的校区,共870万美元;2008年资助了7个州的校区,共220万美元;2009年资助16个州的教育机构,共1240.8万美元。其他项目到目前为止合计资助3300万美元。

美国国务院负责的6个项目在2007和2008财政年度均申请2670万美元用于资助高中生、大学生和研究生到海外关键语言区域学习关键语言。其中福布莱特学生奖学金2006年资助40名,2007年增加到150名;暑期语言强化训练项目2006年资助167名,2007年从6000名申请者

---

① 王建勤:"美国关键语言战略与我国语言文化安全",《国际汉语教学动态研究》,2007年第2期。

② Baird et al. 2007. *A Bill to Establish a National Foreign Language Coordination Council*. 110thCogress 1st Session. (H. R. 747) Http://thomas. loc. gov/houme/gpoxmlc110/h747_ih. xml.

③ Akaka. 2009. *A Bill to Establish a National Foreign Language Coordinator Council*. ht tp://washingtonwatch. com/bills/show/111_SN_1010. html#usercomments.

中选拔了364名,2009年达到3000人次;吉尔曼奖学金每年资助200名学生到海外学习关键语言;福布莱特外语助教项目是从关键语言国家选派年轻教师到美国教外语的项目,2006年已选派200名,2007年300名;其他项目也在按计划执行。

值得注意的是,美国国家情报主任办公室负责的关键语言计划。为了为情报界培养懂得关键语言的专业人才,该计划在2008年资助1000万美元实施所谓STARTALK暑期外语教育计划。第一年主要培养阿拉伯语和汉语人才,以后陆续增加其他关键语言。2007年,资助240名高中生学习阿拉伯语,994名学习汉语,此外,在21个州资助600名高中和大学教师学习这两种关键语言。2011年这个项目将扩大到50州。

美国国防部的项目主要是通过"国家旗舰语言项目"培养懂得关键语言的高级专业人才。2008年提出的财政预算是2070万美元。2010年的目标是培养2000名高级外语人才。"汉语旗舰项目"下设的"中国中心"总部设在我国青岛。为了配合国家旗舰语言项目的落实,美国国防部从2006年开始在商界进行一项调查,旨在评估语言在商务中的作用,以及商务对语言的需要。2008年该项目召集来自美国各商界的38名代表参加在旧金山、西雅图、纽约和华盛顿召开的"都市语言联会",与会代表一致认为,缺乏外语技能是美国商界参与开发海外市场一个巨大的障碍。因此,无论从美国国家利益还是企业的利益,培养高级外语人才都是当务之急。

除此之外,早在实施"关键语言"战略之前,美国军方就已经开始实施提高军事人员和国防部文职人员关键区域外语能力的计划,并成立了"国防语言办公室"。为了鼓励士兵学习关键语言,国防部把外语能力作为普通军官晋升的一个重要因素。美国国会应国防部请求,最近已批准把军中外语人才的补贴上限从原来的300美元提高到1000美元。为了摆脱外语人才跟不上战争需要的窘境,美军加强了关键语言的培训力度。为此,国防语言学院正在对学校教授的外语专业进行大规模的调整。该学院目前拥有1000名教师,每年可新招3800名全日制学生。

就目前美国实施"国家安全语言计划"的现状来看,美国的确是在不遗余力地贯彻"关键语言"战略。因此,他们看到了外语教育在未来全球化竞争中将会给美国带来政治、军事、经济和文化等各方面潜在的收益。

四、美国"关键语言"战略之借鉴与启示

美国"关键语言"战略的提出,按照哥本哈根学派的说法,表明语言问题被"安全化"。也就是说,语言问题,如同环境问题、能源问题、恐怖主义

等问题,被纳入国家非传统安全的视域。语言问题被上升到国家安全战略的高度。然而,语言问题的安全化,在给我国安全带来潜在的威胁和挑战的同时,也给我国安全语言战略的制定和规划带来一些借鉴和启示。

启示之一。美国的"关键语言"战略虽然是冷战结束后国际关系发生重大变化的新时期提出的,然而,这一战略仍然把关键语言区域看作自己的"假想敌",因而仍然带有浓厚的冷战思维色彩。这种基于冷战思维的语言战略必然会导致语言问题的"安全困境"①。有鉴于此,国家必须在语言安全化的背景下,建立国家安全语言战略预警管理机制。所谓"语言战略预警管理"是指政府机构对国家语言战略的制定、实施进行动态、预控管理,以避免语言战略危机的发生。其主要功能包括对语言战略管理行为和活动的监测、诊断、预警和控制。目前我国既无明确的国家语言战略规划,更缺少语言战略的预警管理。美国提出"关键语言"战略后,我国并没有把自身面临的语言问题上升到国家安全高度,也没有提出相应的对策。据凤凰卫视报道,中俄"和平使命—2005"联合军事演习中,两军由于语言障碍难以及时沟通。尽管俄军主要指挥官都配有中方翻译,但双方仍然需要靠打手势解决问题。在海上演练中,两国海军编队由于难以及时沟通,耽误多次战机。中俄联合军演暴露出的语言问题,在本质上与美国在反恐战争中面临的外语战略危机是完全相似的。假定9.11发生在中国,我们是否有足够的关键外语人才来应对所谓的"Sputnik 时刻"呢?② 这是我国需要认真设想和思考的问题。因此,国家应该重视军队官兵外语能力的培训,建立一支能够流利地使用关键外语的军队,以有效应对未来反恐战争与国际突发事件,维护国内少数民族地区特别是跨境地区的安全。

启示之二。美国推出国家"关键语言"战略后,其国会议员多次提交议案呼吁建立"国家外语协调委员会",并建议由总统任命国家语言顾问领导该委员会,以监督和协调国家安全语言战略的实施。提出这一议案的议员们认为,如果国家没有一个协调各级机构落实关键语言战略的委员会,美国的国家和经济安全将会再次面临危险的境地③。美国国会议

---

① 门洪华:"'安全困境'与国家安全观念的创新",《河南科技大学学报社会科学版》,2006年第3期。

② "Sputnik 时刻"指1957年10月4日苏联成功发射人造地球卫星"Sputnik 1号"那一刻。美国认为苏联的科学技术优势给美国国家安全带来巨大的威胁。美国认为,9·11使美国再次面临那一刻。所以,"Sputnik 那一刻"意指安全危急时刻。

③ Akaka. 2009. *A Bill to Establish a National Foreign Language Coordinator Council*. http://washingtonwatch.com/bills/show/111_SN_1010.html#usercomments.

员的"危机意识"反映了美国"惶者生存"的观念。在语言安全问题日益严峻的情况下,我国国家安全语言战略的缺失,说明我们缺少这种危机意识。国家也没有相应的机构负责国家安全语言战略的制定、实施、监督和预警管理。在未来以语言为"武器"的竞争中,我国将处于极为被动的地位。

启示之三。在未来全球化的竞争中,国家的经济、文化竞争力将以国家的外语能力为支撑。国家外语能力的强势必须从幼儿抓起。据统计,美国能够使用双语的占总人口的9.3%;而欧盟有56%的人可以流利地使用两种语言。美国国会议员阿卡卡认为,外语技能对保持美国的经济竞争力是非常重要的。经济全球化迫使美国人去竞争工作职位,而不再有国界限制[1]。因此,美国"关键语言"战略推出了"K-12计划"和"K-16计划"。中国是英语学习的大国,据统计,中国有3亿人在学英语,但是,真正能用英语交流的人数却比较少。然而,有学者认为,中小学的英语教学冲击了母语教学,把中国学生母语水平的下降归罪于英语教学。这不仅是不符合实际的,而且是非常短视的。因此,国家必须尽快确定我国的关键语言,不仅英语教育,而且关键语言区域的小语种教育都应该从儿童抓起,为国家未来的经济竞争力储备外语人才。

启示之四。自从国家提出汉语国际传播的战略之后,国家投入大量资金推动这一战略的实施。美国为了实现"关键语言"战略,也投入了大量的资金,大力推广包括汉语在内的关键语言。然而,我们的目标并不完全一样,我们希望通过汉语传播,培养更多的了解中国的国际友人;美国则希望通过学习关键语言培养更多的"精明强干的竞争对手"。这意味着,在未来的全球化竞争中,我们面对的不再是满口洋话的美国人,而是所谓的"中国通"。总之,汉语国际传播一方面要培养了解中国、对中国友好的汉语人才,使他们能够成为沟通中西文化、消除中西"认知鸿沟"的桥梁;另一方面,我们也需要培养能够通过"说他国的话"的下一代,传达中国的声音,能够在未来的竞争中用他国语言与他国对话。

启示之五。语言的安全化使美国把语言问题上升到前所未有的高度。外语能力成为国家未来竞争力的重要组成部分。因此,美国为了顺利实施"关键语言"战略,由国防部负责建立"民间语言学家储备团",目的是赋予语言学家在国家安全方面的话语权,希望语言学家为政府提供与国家安全至关重要的专家意见。而我国在国家语言战略的制定和规划

---

[1] Akaka. 2009. *A Bill to Establish a National Foreign Language Coordinator Council*. http://washingtonwatch.com/bills/show/111_SN_1010.html#usercomments.

上,对语言专家在语言战略规划中的作用缺乏足够的认识,更谈不上建立以国家安全为目的、以语言专家为核心的语言战略研究机构,致使我国在国家安全语言战略研究上几近空白,语言战略研究人才匮乏。这种状况将直接影响我国在未来全球化竞争中在政治、经济、文化等方面的竞争力。因此,建议国家充分发挥语言学家在汉语国际传播中的作用,赋予语言学家在制定国家安全语言战略等方面的话语权,为国家语言战略的实施提供具有竞争力的专家意见。

总之,美国"关键语言"战略的实施,对我国国家安全具有潜在的威胁和挑战,与此同时,也为我国制定和规划国家安全语言战略提供了参考和借鉴。随着中国的发展,中国参与国际事务以及在国际舞台扮演的角色越来越重要。然而,国家的外语能力同样面临着诸多挑战,因为未来的经济强国必定是一个具有语言竞争力的强国。

(作者单位:北京语言大学)

摩门教的外语教育理念与实践[①]

王 正

2010年1月,笔者赴美国犹他州杨百翰大学(Brigham Young University)进修翻译技术和翻译教学,借机对摩门教的外语教育进行了深入的了解,感到收获很大。为了培养海外传教士,摩门教在其传教士培训中心和下属高校杨百翰大学大力开展外语教育,开设了大量语种,在传教的同时,也为社会培养了大量宝贵的语言人才,深受用人单位欢迎,在外语方面形成了杨百翰大学的"核心竞争力"[②]。有鉴于此,本文试将摩门教的外语特色和教学实践予以介绍,以供国内相关机构和教学单位参考。

一、摩门教背景简介

摩门教的正式名称是基督教后期圣徒教会(The Church of Jesus Christ of Latter-day Saints,简称LDS),由约瑟·斯密(Joseph Smith)于1830年成立,如今总部位于犹他州盐湖城。近年来,摩门教发展迅速,已经成为美国第四大教会,全球第6大基督教会[③]。

由于其自成一家的信仰和独特的生活习惯(禁烟、酒、茶、咖啡和婚前性行为等),摩门教在成长过程中一直争议不断。在创教之初,摩门教更是受到了其他基督教会的抨击和镇压,创始人约瑟·斯密也于1844年被反对者杀害,其余教徒于1847年在杨百翰(Brigham Young)的带领下历尽千辛万苦,来到犹他州的盐湖山谷(Salt Lake Valley)定居下来,并建立了盐湖城和后来的杨百翰大学[④]。经过100多年的苦心经营,如今的摩门教发展极为迅速,影响力日盛。这些成就,离不开遍布全球、用流畅的外语进行传教的年轻男女的努力,更离不开摩门教极富特色的外语教育理念和实践。

1. 摩门教外语教育机构简介

摩门教拥有庞大的教育培训机构,为全球144个国家120万教徒提

[①] 本研究受到上海外国语大学青年教师科研创新团队资助。
[②] 杨百翰大学语言研究中心网页 http://cls.byu.edu/。
[③] http://www.adherents.com/largecom/lds_dem.html。
[④] http://yfacts.byu.edu/viewarticle.aspx? id=211。

供教育培训①。教会每年派遣大量传教士奔赴全球各地传教,因而外语教学成为摩门教的一大重要工作。为摩门教提供外语培训的主要是两大下属机构,即杨百翰大学和传教士培训中心(missionary training center)。

杨百翰大学是全美最大的教会大学,在校生 34000 多名,其中 98% 为摩门教徒。在教会资助下,杨百翰大学资金雄厚,软硬件设施一流,2010 年《美国新闻与世界报道》排行榜中居美国高校第 71 名②。作为摩门教的文化中心,该校承担了大量的外语教学工作,可以提供的语种最高可达 87 种③,外语教学从而成为杨百翰大学的一大特色④。

摩门教的传教士培训中心遍布全球,其总部位于普罗沃,与杨百翰大学一墙之隔,主要为有志于从事传教活动的年轻人提供封闭式强化训练。对于非英语国家和地区传教的传教士,除了学习教义外,还要强化培训一门外语,因此外语培训是传教士培训中心的重要任务。借助杨百翰大学雄厚的外语师资条件,该中心开设了 50 个语种的语言培训⑤。

由于传教士培训中心与杨百翰大学合作密切,大多数接受培训的年轻传教士均为杨百翰大学的在校生,他们结束传教生涯后返校完成学业,因此本文将着重论述杨百翰大学的外语教育特色,并涉及摩门教的语言理念和规划,希望能够对国内外语类高校的人才培养有所启示。

二、摩门教的语言特色

1. 齐全的语言门类

摩门教非常重视外语教学,在传教士培训中心和下属高校中开设了多种外语,仅杨百翰大学就开设了 87 种语言的课程(不算美国手语 American Sign Language),是美国教授语言数量最多的大学之一⑥。当然,并非所有语种均同时开展教学,有的语种隔两三年开设一次,有的语种则视师资情况而定。尽管如此,该校常规开设的语言也达到了 50 种之多⑦,并提供多个语种的水平测试服务(Foreign Language Achievement Testing Service)。

国内大学开设非通用语种的行动主要取决于经济发展需求和政治外

---

① http://yfacts.byu.edu/viewarticle.aspx?id=211.
② http://colleges.usnews.rankingsandreviews.com/best-colleges/spec-accounting.
③ http://cls.byu.edu/languages.php#44.
④ 见杨百翰大学官方网页上的大学简介,http://yfacts.byu.edu/viewarticle.aspx?id=130。
⑤ http://www.mtc.byu.edu/themtc.htm.
⑥ 根据官方网站说明,美国哈佛大学也开设了 80 多种语言,但外语教学的普及程度显然远远不及杨百翰大学。
⑦ http://yfacts.byu.edu/viewarticle.aspx?id=139.

交需要,因此发达国家的语言,尤其是英、法、德、西等欧洲语言以及邻国如日本、韩国等国的语言专业招生规模较大,而发展中国家的语言则招生规模很小。相比之下,杨百翰大学语言研究中心(Center for Language Studies)常年开设的语言中,除欧洲诸重要语言外,还包括威尔士语、他加禄语、汤加语、蒙古语、美国手语等。这些语言的开设显然更多是出于传教目的。有意思的是,在南太平洋岛国汤加,摩门教徒在全国人口中所占比例竟高达32%,居全球之冠,而其他南太平洋岛国的摩门教徒比例也名列前茅①。显然,齐全的语种教学对传教工作帮助甚大。

开设了如此众多的非通用语种后,如何解决好招生与就业问题呢?摩门教的传统是,学习外语的根本目的是为了传教而不是就业。摩门教徒男性满19岁,女性满21岁时,即积极响应号召加入传教士行列,经强化外语培训后被派遣至全球各地从事传教活动。这段经历培养了他们娴熟的外语能力。以杨百翰大学为例,75%以上的学生掌握一门外语。结束两年的传教活动后,学生返校继续攻读各自的文史理工等专业,或进入相应的语言专业继续学习或作为辅修专业。值得一提的是,杨百翰大学在汉语教学方面在全美领先,拥有美国政府资助的"中文领航项目"(Chinese Flagship Program),该项目为证书项目(certificate program),各专业学生包括研究生均可选修该项目并获得证书②。因此,大多数学生并不将外语学习作为自己的主要专业,而娴熟的外语能力和长期的海外经验无疑为他们的求职和人生经历增色不少。

2. 充分重视翻译工作

摩门教一向重视翻译,《摩尔门经》本身就是创始人约瑟·斯密号称通过神示的语言能力,从先知提供的金页片上的古代文字翻译而来③。摩门教典籍中的先知也预言道"……在神赋语言能力的人帮助下,每个人都将通过自己的母语聆听到福音的全部内容。"④为了促进摩门教在全球范围内的传播,摩门教早在1851年即推出了第一个丹麦语译本。如今,《摩尔门经》已翻译为104种语言,仅中文版就分为竖排的繁体中文版和横排的简体中文版⑤。他们发行的教会材料则涉及语种多达166种,即使是普通的一份宣传手册或音像制品,翻译成十几种语言也很平常。

---

① http://www.adherents.com/largecom/com_lds.html.
② http://www.thelanguageflagship.org/chinese.
③ 见《摩尔门经》繁体中文版前言部分以及11名证人的证词。
④ 见摩门教典籍 Doctrine and Convenants (90:11)。
⑤ 见 Hughes G. Stocks. "Book of Mormon Translations", http://www.lightplanet.com/mormons/book_of_mormon/translations.html.

翻译工作在摩门教会颇受重视，于1971年成立了专门的翻译部门（Translation Services Department）。翻译人员不仅要有高超的双语能力，还要精通教义。教会重视译本的修订工作，做到与时俱进。2010年度摩门教全球大会的会场备有大量同声传译设备，用多达92种语言同步口译。大会实况配合同步口译经卫星进行全球直播，为摩门教堂和摩门教家庭收看提供了语言便利。

3. 重视外语学习环境和语言教学技术

传教士在赶赴海外传教前，在传教士培训中心接受封闭式外语培训视语种难度，培训时间从6周到12周不等。以汉语为例，这些零起点的学生接受浸入式（immersion）学习，鼓励传教士只用汉语交流（即该中心的口号 Speak Your Language），强化听说能力，并辅以自行开发的语言教学软件，仅仅三个月的时间就掌握了基本的汉语听说能力。如此迅速的语言培训效果离不开恒心和毅力，更离不开良好的语言教学方法和环境。据参与教学软件制作的人士介绍，良好的外语培训效果也引起了美国政府的重视，纷纷派员观摩。

为了营造良好的外语学习环境，杨百翰大学还推出了独具特色的外语学生宿舍（foreign language student residence），覆盖阿拉伯语、日语、汉语、葡萄牙语、法语、俄语、德语、意大利语等重要语言，为有志学习外语的美国学生提供浸入式学习环境。每个宿舍楼对应一门外语，该楼内的每间套房中至少有一名母语者，所有居住在这里的学生一天24小时一律禁止说英语，只能说所学的外语[①]。

摩门教同样非常重视语言教学技术，自行开发了语料库软件 Word Cruncher 供分析摩门教经典之用。著名的计算机辅助语言教学协会（The Computer Assisted Language Instruction Consortium，简称 CALICO）1980年在杨百翰大学成立。杨百翰大学有四大部门从事计算机辅助外语教学，即学习资源中心、David O. McKay 教育研究所、文科学习资源中心[②]和国家中东语言资源中心，在语言学习课件、计算机辅助语言教学方面处于领先地位。此外，杨百翰大学的 Mark Davies 教授开发了世界上规模最大的语料库——美国当代英语语料库（Corpus of Contemporary American English）等多种语料库。

[①] http://www.byu.edu/housing/oncampushousing/rooms/room_options.shtml#flsr.

[②] 见 Harold Hendricks, Junius L. Bennion, and Jerry Larson. 1980. "Technology and Language Learning at BYU". *CALICO Journal*. 1(3): 23.

三、摩门教外语教学的成果

1. 开拓了学生的视野,为学生增加了就业技能和竞争力。

以杨百翰大学为例,由于绝大多数学生均接受过外语培训并有过海外传教经历,在整个大学形成了重视外语、重视文化交流的良好气氛,学习不同语种的学生之间相互交流,具备了真正的国际化视野。正因为如此,毕业生备受用人单位欢迎。该校语言研究中心认为[1],师生的外语技能作为杨百翰大学核心竞争力体现在:

1) 为学生提供了广阔的就业市场;
2) 对用人单位带来显著的效益;
3) 其他院校毕业生在外语方面难以匹敌。

许多杨百翰大学毕业生在美国驻外使领馆或军队工作,或被跨国公司派驻海外,他们的外语技能得到了充分的发挥。杨百翰大学的王牌热门学院——万豪管理学院(Marriot School of Management)也以学生优秀的外语能力为基础,推出了全球管理等专业,深受欢迎[2]。

2. 促进了相关语言产业的繁荣。

由于摩门教积极推进外语教学和语言传播,促进了相关产业的发展,形成了当地以翻译和语言技术为主的特色产业。从摩门教总部所在地盐湖城到杨百翰大学所在地普罗沃的犹他山谷(Utah Valley)城市带,分布着大量语言技术公司和翻译公司,不少翻译公司都能够提供20种以上的语言翻译,如Translation One号称能够提供54种语言的翻译,而Verbatim Solutions更是声称能够提供120种语言的翻译[3]。在普罗沃附近还分布着一些语言技术公司,主要从事计算机辅助翻译软件产品的开发和应用,其中MultiLing、Lingotek两家公司均在业界占据重要地位。

3. 为美国政府培养了大量语言人才,满足了政治需求。

长期以来美国对外语教学不够重视,但近年来随着全球化的不断发展和国际反恐形势的需要,美国政府认识到外语人才的重要性。在这一背景下,熟练掌握一门外语变得愈发重要,而拥有海外传教经历,熟练掌握至少一门外语的摩门教徒变得炙手可热。美国军方和政府部门如联邦调查局等纷纷赴杨百翰大学校园招聘语言人才,西班牙语、汉语、阿拉伯语等人才尤为抢手。

由于拥有大量外语人才,杨百翰大学与政府形成了密切的合作关系。

---

[1] 见杨百翰大学语言研究中心网页 http://cls.byu.edu/.
[2] http://marriottschool.byu.edu/marriottmag/winter03/school/index.cfm.
[3] 数据源自各公司的官方网页。

例如该校的优势语言项目——国家中东语言资源中心和中文领航项目就得到了政府的大力资助,为美国培养了国家安全急需的阿语和汉语人才。在美国驻华使领馆的工作人员中,毕业于该校的摩门教徒占了不少比重。许多政府部门需要语言翻译时,也常常想到杨百翰大学。由于政府文件的保密需要,他们往往指定仅可由美国公民来从事翻译,因此大量具有海外传教背景的摩门教师生成为译员的良好人选。

摩门教的外语教学理念和实践也同样促进了中美交流和汉语的传播。犹他州不少政界人士均学习过汉语并有过在台湾或香港的传教经历,他们非常重视外语尤其是汉语的教学。前美国驻华大使洪博培(John M. Huntsman)就曾赴台湾传教,通晓汉语。2001年,在时任州长的洪博培推动下,该州率先以立法形式在全州的公立中学全面普及汉语教育。截至2009—2010学年,犹他州有84所中学开设汉语课程,占整个州中学数量的1/3强,在美国首屈一指[①]。

四、摩门教外语教学实践对我国的启示

摩门教的外语教学在美国乃至全世界独树一帜,使之在全球范围内获得了迅猛的发展。尽管取得了很大的成功,但许多方面我们无法照搬他们的做法,因为摩门教具有浓厚的宗教色彩和非功利因素。一方面,其外语教学主要为了传教目的而非就业需求,因此更重视非通用语种,重视在不发达国家的宗教渗入。另一方面,语言学习并不与就业结合起来,大多数学生并不选择所学的语言作为自己的专业,毕业后许多人也用不上这一语言,但虔诚的宗教信仰使他们对两年的传教经历无怨无悔。这些特点是我们无法效仿的。尽管如此,我们还是能够从他们的外语教学理念中学到一些可以借鉴的经验:

1. 扩大语种范围,打造语言专业特色。

我国大学教育的一大特色是分门别类的专业化高校,在外语教学方面,全国拥有10来所外语类高校,但这些高校开设的语种数量并不多。非通用语种的教学往往分散在部分外语类或综合类高校中,缺乏统一的竞争力,例如我国外语教育的总语种数量为56个,其中北京外国语大学开设49个语种的课程,北京大学外国语学院为30多个语种,上海外国语大学为24个[②]。相比之下,摩门教背景的杨百翰大学是一所综合型大学,并不以外语教学立校,却开设多达87种语言,超过我国任何一所高校。

---

① http://www.caisinstitute.org/zh-hans/node/35.
② 数据源自各高校的官方网页和招生信息。

随着全球化的发展和对外开放进一步深入,中国在国际政治舞台占有一席之地,传统的语言人才培养模式和有限的语种数量很难满足政治、经济和文化交流的需求,而国际反恐形势的发展也决定了我们在语言方面绝不能受制于人,需要建设一支结构合理、语种完备、通晓文化的语言人才队伍。

2. 语言学习与专业知识相结合,打造"外语加技能"的复合型人才。

在传教活动中,大多数学生熟练掌握了一门外语,在听力和口语方面尤其出色。两年海外传教活动结束后,他们回校继续从事专业学习,从而实现了专业加外语的结合。当然,四年大学加上两年传教,共需 6 年才能完成大学学业。这一做法我们无法照搬,但将外语和专业学习结合起来,打造双学位或双专业的教学模式,无疑对学生是非常有益的。

长期以来,我国的外语教学过于倚重英语,上世纪 90 年代的英语人才走俏导致目前全国大多数高校均设有英语专业,近年来已经显示出明显的过剩。因此在许多学校开设了"外语加专业"的复合型专业,并逐步实施双学位或双专业的教学模式,这显然是顺应市场需求的。当然,目前的双专业教学模式往往是一门专业加上英语专业,而专业加上非通用语种的复合型培养模式则较少。虽然目前非通用语种毕业生逐渐走俏,备受追捧,但缺乏专业知识将可能影响到毕业生的可持续发展能力。正如杨百翰大学 2001 届俄语专业毕业生 A. Kearns 指出,"如果你选择一个语言专业,可以考虑再修一门相关的语言作为辅修专业,最好是较为罕见的语种。这样,你就拥有更多技能,更容易被聘用。不仅如此,你还可以考虑修国际金融、商贸或政策类课程,这些课程能够让你在多个领域发挥语言能力。"[①]

在这方面,上海外国语大学的国际公务员实验班可谓一个大胆的创新,招收的学生大多来自外国语学校的非通用语种专业如法语、德语、西班牙语等,且具备英语的基本能力。这些学生入校后不仅学习国际政治、外交等专业知识,还强化学习英语和第三门外语,即三门外语加专业的创新模式[②]。这一模式为我国的外语高级人才培养开拓了一条新路。

3. 充分重视语言环境,注重海外学习。

杨百翰大学学生优秀的外语能力主要是在海外传教期间培养起来的,海外学习也是美国诸高校非常重视的教学环节。尽管它对外语教学

[①] 杨百翰大学人文学院就业指导网页 http://humanities.byu.edu/advisement/career_manual.html。

[②] 顾伟勤、梅德明:"国际型外语人才培养模式研究——谈上外国际公务员实验班本科课程体系的构建",《外语界》,2008 年第 5 期,第 71—74 页。

非常重要,但多年来,留学成本高昂,出国渠道不畅等因素制约了中国学生的海外学习。如今随着中国崛起,海外留学不再是富裕家庭的专利。对于大多数学生而言,一年期以内的短期留学有利于创造良好的外语学习环境,更可以开拓视野,了解当地文化。

当然,语言环境的构建并不限于海外学习,利用现代信息技术和越来越多的留学生资源,在国内依然可以创造良好的语言环境。杨百翰大学的外语学生宿舍就是一个非常值得借鉴的新生事物。目前国内高校留学生和本国学生往往被分在不同的生活和学习环境中,留学生往往自己在校外租房而绝少住在国内学生的宿舍当中,与国内学生接触不多。如果创造条件让留学生和中国学生合住,则必将为彼此的外语学习创造良好的条件。

此外,重视信息技术,开发语言学习软件和网站,也是营造语言环境的手段之一。利用互联网和卫星电视建立外语资源库,可以为语言学习提供良好的参考资源,对非通用语种的教学来说尤为重要。这方面部分国内高校已经进行了有益的探索,但在计算机辅助外语教学方面依然有一定差距。

4. 与业界和政府多沟通,形成良好的互动,促进共同发展。

杨百翰大学在语言方面的优势得到了美国政府的重视,他们在语言教学方面的研究获得了政府和社会基金的资助,同时也为政府提供了大量的外语和翻译人才,形成了良好的互动。与此相比,我国的高校在培养语言人才方面应更加积极主动与政府部门交流,根据政府的语言政策调整人才数量和方向,同时保持前瞻性,扩大语言门类。

五、结语

摩门教在美国诸多宗教中并不算庞大,但由于它重视外语学习以促进海外传教的发展,掌握了外语技能的传教士也在就业市场上形成了独特的竞争优势,打造了杨百翰大学在语言方面的声誉。由于其浓厚的宗教背景和教徒的奉献精神,我们在语言政策方面无法照搬其做法,但它的成功经验确有许多方面值得我们借鉴。近年来,中国经济的崛起使其在国际事务中扮演着愈发重要的角色,也面临着更多来自外部的挑战。如何培养外语人才来迎接这一挑战,将是国内高校尤其是外语类高校面临的重要话题。在这方面,摩门教的杨百翰大学无疑为我们提供了一个可资学习的榜样:结合社会需求,扩大语种门类,重视海外学习和语言学习技术,将外语学习与专业学习相结合,也许是一条可行的道路。

(作者单位:上海外国语大学)

澳大利亚20世纪90年代以来外语教育政策倾向分析及其对中国外语战略的启示

王 辉

语言政策是一个日益重要的研究领域。从学科发展来看,语言政策研究虽然历史不长,但是在应用语言学中的地位非常重要。澳大利亚是一个实施显性语言政策的典型国家。20世纪70—80年代,澳大利亚着手制定体现多元文化的明确的语言政策,产生了重要的社会影响。尤其是1987年颁布实施的由语言学家楼·必安可(Joseph Lo Bianco)撰写的《国家语言政策》(*National Policy on Languages*, NPL)被视为"澳大利亚教育中最具影响的文件之一",使澳大利亚成为"第一个拥有这样政策的国家,也是世界上第一个实施多语言的语言政策的国家"[①]。

进入20世纪90年代以来,澳大利亚语言政策的制定依然活跃,先后出台了几项重要的语言政策,其中有关外语教育的政策规定与80年代的政策相比,有明显的变化。最显著的变化在于:实行优先化语言政策,亚洲语言的学习受到空前重视。本文将对20世纪90年代以来澳大利亚的语言政策变化进行分析,并提出其对中国外语教育的启示。

一、20世纪90年代以来澳大利亚语言政策发展演变

1. "白皮书"

进入20世纪90年代,国家语言政策的范围缩小,亚洲语言受到官方的特别关注。就业、教育与培训部部长道金斯(Dawkins)在他提及语言政策的任何场合都一味强调其对亚洲语言的重视。

1990年12月13日Dawkins公布了一份文件,即"绿皮书",名为《澳大利亚的语言:20世纪90年代澳大利亚读写能力与语言政策讨论》(*The Language of Australia: Discussion Paper on an Australian Literacy and Language Policy for the 1990s*)。

"绿皮书"是澳大利亚政府1990年发布的一个语言政策讨论文件,主

---

① Australian Alliance for Languages. 2001. *Statement of Needs and Priorities for Language Policy in Australia*. p. 2.

要为 1991 年出台的"白皮书"做准备。

在"白皮书"出台之前,征求了大量的建议,总共收到 343 份建议书。

联邦政府遂于 1991 年 9 月颁布了题为"澳大利亚的语言:澳大利亚语言与读写能力政策"(Australia' Language: The Australian Language and Literacy Policy, ALLP)的"白皮书"。

在非英语语言学习(主要指外语学习)方面,"白皮书"列举了具体目标:

实施高质量、创新性的语言学习项目以满足澳大利亚国内与国际上的语言需求;提高所有语言项目的学习成效,特别是具备有效交流的能力。要求采取措施满足特殊需求。比如,建立专业的语言学校,采取措施保持机构之间语言学习的连贯性。在全国范围内为各级教育中的语言学习在课程、资源、评价和报告框架等方面提供支持。提高公众对语言学习在教育、社会、文化、职业方面的益处的认识,特别是与其他的职业技能结合起来的益处;通过教育与培训体系及远程教育机制提高语言项目的可获得性;采取支持措施鼓励所有教育部门的各级学生扩展语言技能,学习语言等。

"白皮书"对外语学习设定了一个长远的目标,即到 2000 年,学习外语的 12 年级学生的比例增加到 25%;到 2000 年,所有澳大利亚人将有机会学习一门适合他们需要的外语。这个非常高的目标表明政府对外语的发展非常有信心。

由于教学、课程和资金有限,不可能满足所有人的语言学习兴趣,必须集中力量资助一些重要语言的学习。"白皮书"将 14 种语言确定为优先语言,其中包括"国家语言政策"(1987)中列出的 9 种广泛教学的语言以及新增加的 5 种语言。"白皮书"还将这 14 种优先语言分成了几类:重要的少数族群社区语言,如土著语言、意大利语、德语、希腊语、西班牙语、越南语,6 种在区域和经济上重要的语言,汉语、印尼语、日语、韩语、俄语和泰语,还有阿拉伯语和法语这两种在经济和文化上重要的语言。

"白皮书"就优先语言的学习对各州提出了建议并对优先语言学习者进行资助。"白皮书"建议每个州和地区必须从这 14 种语言中确定 8 种作为其优先语言。联邦政府为每个参加优先语言学习的 12 年级学生提供 300 元特别资助金,最高比例达到 12 年级学生人数的 25%。

"白皮书"的颁布实施对保护和开发澳大利亚的语言资源,加强外语学习,尤其是亚洲语言的学习起到重要作用。以汉语为例。事实上每个州选择的主要语言均有汉语,因此汉语的学习发展很快。至 1995 年已有

13000多名中小学生学习汉语,教授汉语的高校达28所。

2."澳大利亚国家学校亚洲语言与研究战略"

"澳大利亚国家学校亚洲语言与研究战略"是继"白皮书"之后不久又颁布的一部明确的官方语言政策。

1992年澳大利亚又将学习亚洲语言提到国家经济发展的战略高度,并制定了具体对策与计划。当年12月澳大利亚政府联合会(the Coalition of Australian Governments,COAG)开会一致通过了一项昆士兰州提出的建议:在澳大利亚全国的教育机构中推行亚洲语言文化项目。联合会委任陆克文(Rudd Kevin)领导一个高级别工作组,负责起草这个计划报告。工作组的报告——"亚洲语言与澳大利亚经济的未来"(Asian Languages and Australia's Economic Future)强调了亚洲语言学习及其对澳大利亚经济发展的重要作用,并提出了将四种亚洲语言作为优先语言。

"澳大利亚国家学校亚洲语言与研究战略"(National Asian Languages and Studies in Australian Schools Strategy,NALSAS)(以下简称"战略")即产生于这个报告。"战略"于1994年2月由澳大利亚政府委员会签署,旨在澳大利亚学校全面实施亚洲语言和文化项目。"战略"的目标是:帮助政府学校与非政府学校促进4门亚洲语言——汉语、日语、印尼语和韩语的学习,支持通过课程来研究亚洲,提高澳大利亚同主要亚洲国家的交流能力。

选择这四种语言是基于澳大利亚贸易额的统计数据,即澳大利亚与说这些语言的国家之间货物和服务交换的全部财政价值。数据由澳大利亚外事与贸易部提供。

"战略"中包含了政府间的分摊开支十年计划(其中50%由联邦政府开支,余下的50%由各州和地区按照其在全国入学学生总数中所占比例进行分摊)。这项开支主要用于上述四种语言的教学。从1994—1995年至2002年年底,澳大利亚政府将提供超过2.08亿用于资助这项战略。政府每年将拿出120万继续支持"亚洲教育基金会",以促进通过课程对亚洲的研究。

根据Erebus Consulting Partners(2002)对"战略"所作的评估,"战略"自1994年实施以来,促进了四门亚洲语言的学习。开设这四门语言的学校越来越多,2000年大约4685所学校开设上述四门亚洲语言课程,约占全部学校的49%。学习四门亚洲语言的人数也在不断增加。2000年,全澳超过23%的学生都在学习四门亚洲语言中的一种。

3."国家学校亚洲语言与研究计划"

随着"澳大利亚国家学校亚洲语言与研究战略"于2002年年底结束,澳大利亚期待新的语言政策的出台。

2003年,澳大利亚教育、就业、培训与青年事务部长委员会(MCEETYA)在调查了澳大利亚学校语言教育的情况后,发现学校在师资、学时分配、大中小学语言学习的衔接等方面存在问题。经过努力,该委员会于2005年发布一份"澳大利亚学校语言教育国家声明"(The National Statement for Languages Education in Australian Schools, NSLEAS)。该"声明"中还包括了"2005—2008澳大利亚学校语言教育国家计划"。

2009年1月1日,陆克文政府悄然启动一项"国家学校亚洲语言与研究计划"(National Asian Languages and Studies in Schools Program, NALSSP)(以下简称"计划")。该项目与1994—2002年实施的"澳大利亚国家学校亚洲语言与研究战略"在名称上相差不大,也同样是为了支持汉语、日语、印尼语和韩语四门亚洲语言的学习。"计划"决定在两年半内斥资6240万,主要用于在高中设立更多亚洲语言课程,开展教师培训,以及为具有一定亚洲语言能力的学生开发一套专门的课程。新成立的国家课程委员会将负责监管这个项目。

"计划"的目标是:到2020年,至少12%的十二年级毕业生能够流利使用四门亚洲语言中的一种,能够胜任与亚洲的商贸工作或达到大学的语言要求。

这项语言教育政策反映出政府对亚洲语言尤其是上述四门语言的高度重视。很明显,政府清楚认识到:学习亚洲邻国的语言对于澳大利亚提高国民的外语能力,提升国家在全球化背景下的国际竞争力,对于澳大利亚未来的安全及经济繁荣都有很重要的作用。

二、20世纪90年代以来外语教育政策变化分析

20世纪90年代以来,澳大利亚的外语教育政策发生转变,亚洲语言的学习在政策上得到空前重视。

这一时期经济理性主义思潮、语言规划观及澳大利亚对亚洲的认同在澳大利亚语言政策的形成过程中有重要影响。这些因素有一个共同点是:都与经济有关。

1. 经济理性主义①的影响

20世纪80年代经济理性主义思潮开始在西方国家中非常盛行。经济学理性主义的基本观点是：人的自利本性是一切经济行为的出发点。也就是说，人在经济生活中总是受个人利益或利己的动机所驱使。经济理性主义更注重经济利益。

在经济理性主义的影响下，学校教育成为一种理性化工具，为提升国家的经济综合实力，或者为缓解短期内的政治经济难题服务②。语言政策成为一种可以用来获得经济竞争优势，促进经济发展的工具。

澳大利亚对国际贸易依赖很大。自1991—1992年到2001—2002年的十年中，澳大利亚出口的年增长率达到8%，占GDP的比例从19%上升到21%③。而澳大利亚对亚洲市场的依赖程度非常高。澳大利亚近些年来的贸易进出口市场主要在亚洲，尤其是东亚。

受经济理性主义的影响，政府公共支出的大幅减少，有限的教育资源被主要用到亚洲语言的学习项目上，以促进澳大利亚与亚洲国家的国际贸易，提高澳大利亚的经济实力。

2. 语言作为经济资源观念的影响

这一时期，将语言视为资源，成为一种主导的语言规划观，对语言政策的影响非常明显。如果说20世纪70—80年代将语言看成有价值的资源，体现了一种全面、均衡的语言资源观，这一时期则偏重于语言资源的经济价值。

"白皮书"（下篇）中强调将语言学习与职业结合起来，认为"语言知识与其他职业技能结合起来能提高就业能力。但是将语言学习与其他职业培训相结合，或者开发与职业相关的语言课程方面的尝试还很少。语言与职业的相关性对语言学习是一种越来越重要的动机"④。这是一种将外语学习与就业结合起来的非常明显的倾向。

亚洲语言就是一种在经济上重要的语言，具有非常大的经济价值。学习亚洲语言可以扩大国际贸易，提高经济竞争力。从2001年外事与贸易部对优先语言的选择上（如表1所示），可以看出其把亚洲语言中的日

---

① 经济理性主义（economic rationalism）与新自由主义（neoliberalism）是同义术语，在澳大利亚习惯于称之为经济理性主义。
② 贺武华，宋晓慧："20世纪80年代以来的澳大利亚公共教育改革：经济理性主义与新管理主义主导"，《外国中小学教育》，2009第1期，第30—35页。
③ 韩锋，刘樊德：《当代澳大利亚》，北京：世界知识出版社，2004，第221页。
④ Dawkins, J. 1991. *Policy Information ("White"). Paper on the Australian Language and Literacy Policy*, Companion Volume. Canberra: Australian Government Printing Service, p. 62.

语、汉语和印尼语排在第一等级。这表明从国际贸易角度对亚洲语言的重视。

表1 语言的优先等级①

第一等级	第二等级	第三等级
日语,汉语,印尼语	阿拉伯语,法语,韩语,西班牙语,泰语	比斯拉马语,缅甸语,粤语,波斯语,德语,希腊语,意大利语,高棉语,老挝语,美拉尼西亚皮钦语,马来语,波兰语,葡萄牙语,俄语,Tokpin②,越南语
主要优先语言	国际使用且具有重要利益的语言	具有重要利益的语言

3. 澳大利亚对亚洲的认同

1990年代澳大利亚认同亚洲的主要动因是经济利益。日本、韩国、新加坡、中国香港和台湾经济的崛起,为亚太和世界经济注入了活力。中国自1978年改革开放以后也进入了经济持续快速增长时期。澳大利亚看到了亚洲国家的力量和潜在市场,将自己的未来和亚洲紧密联系起来。自1970—1980年代以来,澳大利亚与亚洲在经贸合作等领域的合作关系不断加强,相互依赖关系日益加深。1990年代以来这种趋势更加明显。到1994年底,澳大利亚对外投资和引进外资的二分之一均与亚洲国家有关。

1991年基廷总理上台后进一步推动了澳大利亚"面向亚洲"、"融入亚洲"的政策。面向亚洲的基本方针是以经贸关系为重点,将外交关系重点转向亚洲,其中特别重视日本、中国和东盟国家发展关系。尽管1996年联盟党上台后其融入亚洲的政策有所倒退,但这只是策略上的调整,而非根本意义上的转变。

澳大利亚对亚洲的融入和认同使澳大利亚在语言政策上向亚洲语言倾斜。正如基廷总理所说的"我们在地区自由贸易、多元化文化教育及培训方面所作的努力都应该是面向亚洲战略的一部分"③。"白皮书"、"澳大利亚国家学校亚洲语言与研究战略",以及最近陆克文政府支持亚洲四门语言的计划,都反映出澳大利亚在语言政策上积极向亚洲靠拢。

---

① Lo Bianco, J. 2003. *A Site for Debate, Negotiation and Contest of National Identity: Language Policy in Australia*. p. 25.
② 巴布亚新几内亚通行的一种基于英语的克里奥尔语。
③ 张秋生:《澳大利亚与亚洲关系史》,北京:北京大学出版社,2002,第230页。

三、对中国外语战略的启示

澳大利亚自20世纪90年代以来出台了一系列明确的官方语言政策,尽管这一时期的语言政策也受到诸多批判,但依然有值得借鉴的地方。就外语教育政策而言,澳大利亚制定出明确的外语教育政策,以经济和外贸发展需求为导向,实行优先化语言政策,大力支持亚洲语言的学习,体现出很强的经济相关性和实用性,非常值得中国学习和借鉴。

外语战略可以理解为国家为了教育、文化、安全等目的而对外语资源及外语教育实施的总体性谋划。当前,中国外语战略和外语教育方面存在着以下问题:一是外语战略和外语教育政策缺失。当前国家在外语战略和外语教育政策的重要性上认识不足,并未制定出新世纪明确的外语教育政策,对于外语的地位、语种的选择、资金的投入、师资、教材、学习人数、项目等语言教育规划中的关键问题缺乏必要的科学、长远的战略规划。国家应该高度重视外语战略和外语教育政策,将之作为国家语言政策和教育中长期规划的重要组成部分。应在认真调查和分析的基础上,立足长远、科学规划,出台新世纪的中国外语战略和外语教育政策,指导和促进中国外语教育事业的科学发展。

二是外语学习与经济贸易发展没有有效结合,外语学习的经济效益和社会效益不明显。一方面某种语言(如英语)学习人数太多,造成就业压力,或是在实际工作中用不上这门语言,形成语言资源的浪费;另一方面,某些语言缺乏专门人才,在市场上供不应求。外语是一种重要的经济资源,要做好外语资源的合理开发和有效利用。外语教育政策的制定应考虑诸如政治、外交、经济、国家安全等多种因素,其中经济因素至关重要。中国当前市场经济体制已初步确立,经济快速增长,国际贸易不断发展。应该从发展经济贸易的角度出发,合理规划外语语种。根据中国商务部发布的消息,2008年中国十大贸易伙伴为:欧盟、美国、日本、东盟、香港、韩国、台湾省、澳大利亚、俄罗斯、印度。从发展经济贸易的角度出发,除英语外,日语、一些欧盟国家的语言(如法语、德语、西班牙语、葡萄牙语、意大利语)、韩语、俄语、一些东盟国家的语言(如泰语、缅甸语、越南语、印尼语)等应受到应有的重视。此外,中国、巴西、俄罗斯、印度、"金砖四国"之间的贸易依存度不断提高,在全球经济贸易中的地位逐渐提升,加强葡萄牙语(巴西的官方语言)、俄语的学习也是必要的。学习这些在经济贸易上重要的语言,对促进国际贸易、对外交流、大学生就业等有积极作用。

三是对英语的重视程度极高,忽视了对其他语言的学习。尽管英语目前是全世界最通用的语言,但仅重视英语学习是不够的。国家外语战略和外语教育政策既要考虑长远,又应该体现出实用性。要改变单一的外语语种格局,加强英语之外其他语言的学习,做到统筹兼顾,语种多样,结构合理。在政策上要根据重要性来划分语言等级,确定几门外语作为优先发展的战略语言,国家在师资、项目等方面给予大力支持。

(作者单位:宁夏大学)

亚太经合组织外语战略计划探析

沈 骑 冯增俊

1. 引言

2008年6月10日至12日,亚太经济合作组织(APEC)教育部长第四次会议在秘鲁首都利马市举行。这次教育部长会议的主题是"注重质量的全民教育:学到21世纪所需的能力和技能",为亚太地区的经济繁荣提供丰富和优质的人力资源。会议发表的《第四次亚太经合组织教育部长声明》明确提出:"21世纪每个学生必须掌握的核心能力和技能包括,批判性思维、创新能力、分析和解决问题、终身学习、团队合作、自我管理和自学能力等。为了获取这些能力,就必须进行教育制度改革、整合知识、提高技术水平和转变学习观念"。此次会议确立了教育的四个优先重点领域:数学与科学教育、语言尤其是外语学习、职业和技术教育、信息通讯技术与教育体制改革。考虑到作为21世纪重要技能的语言(外语)学习在教育中占有重要的位置,《声明》中特别提出了"学习彼此的语言"的建议,实施APEC地区"英语和其他语言战略行动计划"(*Strategic Plan for English and Other Languages*)。

2. 外语战略计划提出的背景

自进入新世纪以来,经济全球化的大潮风起云涌,各地区之间的经济交流日益频繁,竞争愈演愈烈,而各种竞争说到底是知识和人才的竞争,其核心都与人的教育密切相关。处于世界经济变革前沿的亚太地区,如何在教育领域中应对全球化带来的挑战和变化,是该区域所有22个国家和地区必须共同面对的重要任务。为此,这次会议要求各成员体就教育制度如何适应21世纪社会经济变革挑战,如何提高区域内人力资源的关键能力和技能给出明确的回答。

各国的语言(外语教育)制度和改革是这次会议的重要议题之一。外语能力,在21世纪必须掌握的能力和技能中占有重要位置。在全球化的背景下,各成员体呼唤大批具备全球化素质的人,他们不仅必须具备扎实的专业科学知识,还必须具备较高的语言应用能力,才能满足在全球化的背景下实现沟通信息、传播和应用知识、创造物质和精神财富,最终实现社会进步和发展的需要。由此观之,外语能力成为了全球化时代的一种有效社会资源。在 APEC 区域内外,掌握多种语言,精通多国文化的人才,由于能够流利地使用彼此的语言,并且在彼此交流中,具有跨文化意识,从而避免文化冲突,将对包括贸易在内的各种国际交流有利。这种具有跨越语言、文化和社会障碍的沟通能力在全球化的今天非常重要。因此,APEC 人力资源工作小组教育网络(EDNET)提出了必须培养具有高素质的外语语言技能、交流能力和具备跨文化意识的 21 世纪"世界公民"的目标。

鉴于 APEC 中各国和地区的差异,外语学习和教育的情况也是千差万别,EDNET 早在 2004 年 APEC 教育部长第三次会议上就确立了英语和其他语言教学的战略规划的基本任务。近年来,相应的工作和研究也随之展开。2008 年 1 月在我国西安召开的 APEC 教育部长预备会议上,EDNET 组织智利和我国台湾地区的部分语言专家的前期研究报告表明:所有亚太经合组织成员都致力于如何有效地培养能够使用两种以上语言进行跨文化交流的公民。非英语国家和地区面临的问题主要是英语教育,特别是有效提高学生的英语水平和在学生低年级阶段进行英语学习,而英语国家所面临的却是如何激发学生在中学阶段学习其他外语的动机以及合格的外语师资匮乏的问题。尽管各成员体的外语教学问题各异,但是,对于合格的外语教师的需求却是一个普遍和共同的问题。在这样的背景下,这次会议进一步提出了"学习彼此的语言"的建议,一致要求推进实施"英语和其他语言战略行动计划"。

3. 外语战略计划的具体内容

APEC"英语和其他语言战略行动计划"是此次部长会议"学习彼此的语言"建议的重要组成要素,该计划聚焦语言学习的每一个层面,全面规划了从宏观语言政策到微观课程与教学的主要角度,涵盖了包括语言内容标准、语言评估、语言课程与教学、师生交流和语言政策等领域,根据研究计划的框架,该"行动计划"主要是分专题分阶段进行,并对每一个专题的具体内容进行了详细的规定。其主要关注点包括四个:语言标准和评估、语言课程与教学、语言师资和语言政策的研究,现解读如下:

(1) 编制适用本区域的语言标准和评估

语言标准能够为教育者在语言教学和语言评价手段方面提供基本框架,以检测教学和学生的学习效果。语言内容标准(language content standard)是指在 APEC 区域内,各成员体确定目标群体(学生)应该掌握和精通的外语学习标准。由智利和我国台湾的专家牵头的这项研究,在

16个成员体的配合下,历时两年,目前基本完成,并已提交研究报告。该研究对区域内的语言内容标准已经进行了较为全面的搜集和调查,分析和比较了各类语言标准的差异和特点(包括英语、汉语和日语等),为制定一致的语言标准提供了蓝本,该研究得到各成员体一致的支持和资源的共享,为后续研究打下了基础。

语言评估是对学习者的语言能力、学习效果或是质量的衡量过程,也是对语言标准执行情况的测量手段。根据行动计划的前期研究显示:语言评估体系主要分为三类,一类是区域制定的评价体系,如欧盟的"欧洲语言教学与评估共同纲领"。第二类是某些国家自己制定的语言评价体系,如"美国的外语学习标准"中的语言测试指标。第三类是国际性语言测试标准,如"托福"考试,"雅思"考试等。但是,以上的三类考试只能用来借鉴和参考,不能直接照搬作为APEC语言评估标准。原因其实很简单,欧洲和APEC存在明显的地域和文化传统的不一致性;美国的外语教育状况体现了"以国家安全为取向"的鲜明特征,与APEC其他地区的实际情况不符;至于国际通用测试体制,似乎具有公平性,但是也不能体现多语多元的文化特质。因此,这项研究有待深入,其重点在于将现有评估标准与APEC实际外语生活和学习状况充分整合,得到具有一定信度和效度的语言评估系统。

(2)体现多语多元的语言课程与教学

语言课程与教学是"学习彼此的语言"建议实施的核心环节。针对的语言课程和教学理论也是多种多样。对于语言课程,有些没有官方统一的课程标准,而分权于各州(省)自己制定,如美国、加拿大和澳大利亚。"行动计划"总结了来自新加坡、韩国、文莱、墨西哥、马来西亚、印度尼西亚、新西兰、秘鲁、中国香港和智利等地区和国家的英语和其他外语的课程大纲、课程标准,积极推进各成员体官方统一的课程交流和经验分享。在英语课程方面,越来越多的国家和地区开始在小学低年级开设英语课程或是课外活动,以激发学生的语言能力。"计划"建议英语国家积极开展跨文化和多元文化课程,积极推进其他外语课程,特别要关注广大移民子女的本土本族语言的学习权利。

为了激发学生的学习动机,在教学方面,一方面,"行动计划"支持和鼓励跨国跨地区的语言交流项目的实施,截至2007年,APEC成员体内共有近30项语言交流项目。另一方面,"计划"目前致力于推广英语和汉语为主的网络语言教学体系建设(E-language learning),旨在使区域内成员体共享信息技术带来的学习外语的便利。在这方面,中美两国已经做出了较大的贡献。2002年10月两国签署"中华人民共和国教育部和美利坚合众国教育部开展网络语言教学合作项目谅解备忘录",由此展开"中美网络语言教学项目"(ELLS)的合作。2004年,经过两年的筹建,项目建成并投入使用。该项目利用现代化网络技术和先进的教学理念,为中美两国广大中学生提供优质的汉语和英语作为第二语言的网络教学课件(Chengo,汉译名"乘风"),以此缓解外语师资短缺和教材匮乏问题。2005年6月2日—24日在泰国举行的第27次APEC的EDNET会议上,中美双方联合介绍中美网络语言教学项目及其"网络语言研究联合体"可行性调研情况。"乘风"汉语引起了广大与会者的热烈反响,越南、澳大利亚当即表示愿意使用"乘风"汉语和加入"网络语言研究联合体"。目前,在APEC区域内在建和已经建成的网络语言教学项目已有十余项,韩国和日本也正在致力于韩语和日语的网络语言教学体系建设。

此外,由于亚太区域的经济和商务活动日益频繁,"计划"中对于课程教学的规划还考虑到了语言的实际应用环境,强调语言学习的实用性和沟通性特征,充分体现了学习者外语学习的"需求分析"(Needs Analysis):即调查和分析学习者、公司、企业对于外语学习的实际需求,为此,基于网络的学习者反馈体系研究也在进行之中。"计划"建议开展"英语作为专门用途"的基于内容的外语教学,如:商务英语,职业英语和旅游英语等。

(3) 建设高质量的外语师资队伍

外语教育的成败,在很大程度上取决于教师队伍的质量和素质。此次会议着重提到了提高教师专业能力的问题:在全面提高教育质量的过程中,教师的专业水平提升应当成为各优先发展领域都必须考虑并重点发展的问题。由于外语教育缺乏相对于母语学习的语言环境,学生接触外语的机会和时间也相对有限,所以,课堂外语教学质量是至关重要的,外语师资的专业能力直接会影响到学生的外语水平。"行动计划"根据调研发现,有一半以上的成员体都有较为严格的外语教师资格认证体系和评估制度,并建有正规的教师教育体系,但是各地区的教师资格审查制度差异较大。因此,"行动计划"提出了21世纪外语教师专业标准,作为制定外语教师资格审查的参照,见图一所示:

从图一可以看出,21世纪的外语教师标准涵盖了五个方面:首先,在外语知识层面上,教师不仅要有必需的课程基本知识,自身的外语教学理论和语言学(应用语言学知识),还应当理解和懂得第二语言习得理论和知识以及一定的评估学生语言学习的能力;第二,在课程知识方面,外语

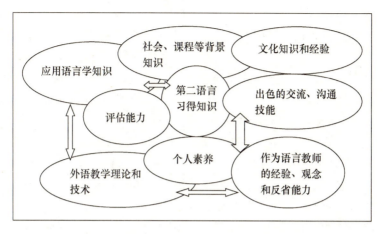

图一　APEC"21世纪外语教师专业标准"

教师需要理解自身课程和社会的背景,与实际相联系,还必须掌握作为教学过程、意识形态和语言行为的文化知识和经验;第三,在教学技能方面,外语教师应当能够积累丰富的外语教学经验,能够有效地和学习者沟通和交流,成功地组织课堂教学,熟练地掌握现代外语教学技术(如IT技术);第四,在教师素养方面,教师必须具备一系列的个人素养和能力,如:自律能力、移情能力,富有见地和激情,以及为人处世的能力,而不仅仅是单一的语言知识;最后,在教师自身完善层面,教师能够从教学实践中积累有效的经验,改变自身教师观念,提高反省能力,从而实现教师专业化。

(4) 外语政策的比较研究

语言政策是整个"行动计划"的核心,对实施"学习彼此的语言"起着根本性的支持作用。国家的外语政策指导这个国家的外语语种的选择、外语教育发展的规模,甚至外语教学方法等等。国家的外语政策反映出其外交政策、经贸往来、科技发展情况,与社会政治需求、市场因素和国家的经费、资源等因素密切相关。也就是说一个国家的外语政策,首先要服务于国家的政治、经济和社会的需要。除此以外,它还取决于国力即教育资源的多少、学生原有水平的高低、语言学习规律等因素。因此,"行动计划"要求首先了解各成员体现有的教育发展和改革动态,然后结合该成员国的政治现状、社会发展和经济变革的实际情况,分析其对外语教育政策的影响,最后总结归纳出区域内外语教育政策的共有特性和各自的特点。

具体而言,外语教育政策的比较研究主要涉及到以下几个内容:一是多语多元主义在外语政策中的地位;二是外语政策如何影响和体现着国家和地区的本土身份;三是现有的外语政策所规定的外语课程、外语学习的起始年龄、教学手段和教学内容对于学习效果的影响;四是本地区学习英语以外的其他外语的现状考察。可见,外语教育政策研究在整个"行动计划"中占有举足轻重的地位,它直接制约和影响到语言教育的方方面面,包括标准、内容、评估、课程与教学等环节,同时,也给外语教师师资建设以制度上的保障。

4. 外语战略计划的特点评析

这样的区域性研究外语教育,就其规模和覆盖面,研究深度和广度来看,在世界范围内尚属首次。该计划的特色也很明显,具体分析如下:

(1) 宏观全面地反映亚太地区外语教育和外语生活的客观基本状况

首先,从宏观层面上看,EDNET 召集来自区域内的著名语言政策和语言教育专家,采用分类、分专题、分阶段的方式来实施这一计划,研究工作面广量大,涉及亚太地区 22 个国家和地区,研究的意义重大;其次,计划涵盖了语言学习的主要阶段,从语言标准、语言规划到具体的语言评估、语言教学和课程建设,再到语言教师教育问题,可谓面面俱到;最后,该计划不仅限于简单的国别外语教育研究,也不像其他区域的相关计划只注重语言课程与教学本身,如"欧洲语言教学与评估共同纲领"。研究计划不仅要分析各地区的语言政策,还涉及到各地区的外语生活(如:商务领域、旅游领域的外语活动)。可见,该研究注重实用,因为语言生活千姿百态,外语学习涉及方方面面。只有宏观全面的研究外语,才能更为准确地制定通用的外语战略。

(2) 充分体现亚太地区多语种多元文化的地区特性

在该计划的制订过程中,专家们充分考虑到了亚太地区的语言问题的复杂性。在该区域内,英语的影响力是不言而喻的。但是,从多元文化角度分析,语言没有优劣之分,在多元文化和多种意识差异并存的今天,不少国家出现了不同的英语变体,如泰国英语、新加坡英语等。这些国家的英语教育就不应该用美国英语的标准去衡量。所以研究计划特别关注各类外语教育内容的标准调查,体现了多元文化的特征。此外,在这一区域内,汉语、日语、西班牙语、韩语等语种也受到了关注。例如汉语,随着中国的区域和国际影响力的日益加大,汉语学习热在亚太地区不断升温,因此,汉语学习的内容标准和评价体系,包括目前急缺的汉语师资建设问题,也在该计划研究的范围之内,充分凸显多语文化的特征,真正体现了"学习彼此的语言"的宗旨。

(3) 注重利用现代信息技术为发展区域内外语战略发展助力

在 21 世纪的知识经济大潮中,信息技术素养和外语能力一样,也是成为世界公民必备的基本技能。研究计划充分考虑到了信息技术能够克服时空地域限制的优势,基于这样的认识,各成员都非常重视该区域内各经济体在英语、汉语等网络语言教学的合作,重点推进基于网络信息技术的外语课程学习和评价体系建设,希望通过这类活动促进资源的共享、减少不必要的重复。因此,如何有效地将信息技术与外语学习整合,体现终身教育的理念,也是此项研究的关注点。

5. 外语战略计划对于 APEC 区域外语发展的重要作用

一位澳大利亚的军方首脑曾经在澳大利亚墨尔本举行的澳洲校长专业化发展会议上说道:"我们未来的繁荣和安全将取决于我们理解其他国家的文化和搭建与外国人交流桥梁的能力。商业联系并不会避免战争的出现,而相互的理解和尊重,摒弃偏见却能做到(避免冲突),如果希望未来是充满和平和繁荣的话,那么我们的孩子们就必须学会与来自不同文化和信仰的人们进行对话的能力"[①]。众所周知,亚太地区国情各异,民族繁多,文化多样,语言多元,在 APEC 如此多样和复杂的区域内全面规划外语教育,提出"学习彼此的语言"的建议,正是出于增进区域内的理解和沟通,促进对话平台和机制的建构,减少误解和冲突的考虑。"行动计划"对于该区域的外语教育起到了极其重要的战略意义和作用。

(1) 为 APEC 区域的外语发展设定指导框架

该计划为各地区的外语教育发展和规划设定了指导性框架,能够为各地区的外语教育政策的合理制定和完善提供参考。"行动计划"从全球化的视角全面考察了亚太地区的外语学习和生活的现状,能够比较客观地反映出外语教育的新世纪走向和趋势。对于我国外语规划和外语政策也会产生积极的影响。但是,作为 APEC 区域内的重要成员,我国目前尚没有系统的外语规划和外语政策,大中小学的外语教育缺乏衔接性,外语教育一直存在着"费时低效"的弊端。在历史上,我国的外语教育也出现过不少的波折和失误。此外,由于历史的原因,我国的香港和台湾地区的外语教育与大陆的外语教育也缺乏充分的交流。因此,通过"行动计划",我国可以借此机会,扩大与亚太地区的合作与交流,为在新时期合理的规划外语教育和政策创造条件。

(2) 为区域内外语语言课程和教学提供交流渠道

长期以来,语言课程和教学的改革之声总是"生生不息",但是课程和

---

① Ingram, D. *Standards in the context of Teacher Accreditation*. Paper presented at the APEC EDNET project seminar on language standards and their assessment. Taipei, Dec. 2007: 18.

教学却是"涛声依旧"。东方国家的外语教育的主要问题集中于英语教学的效果不尽如人意,"行动计划"的研究发现包括日本、韩国在内的不少国家存在着教学与评估不一致的问题,即课程教学提倡交际教学法和跨文化教学,但是测试考试还是侧重语法和死记硬背。而以美国为代表的西方国家,由于外语课程和教学设置不合理,导致学生学习兴趣和热情不高。为此,"行动计划"倡导利用包括网络在内的课程资源共享,积极推进课程与教学的交流和合作,如师生的互访和交流,为各成员体的外语教学输入新鲜血液,为课程改革提供国际视野。

（3）为外语教师教育和专业发展提供蓝本

师资问题始终是困扰各成员体外语教育的棘手问题,"行动计划"在提出建立统一的学习标准的同时,为合格的师资建设提供了新的标准,并提出建立统一的外语教师资格审查制度,这对于 APEC 地区外语师资的整体水平的提高是不无裨益的,充分显示出其对教师队伍建设的重视程度,该标准也全面的为各成员体提供了外语教师教育的指导纲领,具有较强的现实意义。此外,"行动计划"还积极促进各地区的教师交流和合作,鼓励外语教师踏出国门,开展国际外语教师专业的培训,有利于教师专业化能力的加强。

虽然"APEC 地区英语和其他语言战略"的开展时间不长,行动计划本身还有不少的研究正在进行之中,但是,从计划的制订和前期的研究成果可以预见,未来的 APEC 地区的外语教育必将会更为适应 21 世纪全民教育质量提高的目标,通过培养更多的"学习彼此的语言"的世界公民,为区域的繁荣、稳定、和平的发展发挥积极的作用。

（作者单位：沈骑,上海外国语大学；冯增俊,中山大学）

韩国外语教育政策的考察与思考

高陆洋

韩国具有近代意义的外语教育始于 1883 年,至今已有 127 年的历史。韩国历来重视外语教育,在相关方面取得了不菲的成绩,同时也暴露出了不少问题。这些都是值得我们借鉴和参考的。

1. 韩国教育制度概观

对教育制度的考察,有助于我们从上位范畴出发,掌握韩国外语教育政策的特点。1948 年 8 月 15 日,韩国政府成立后,文教部将"民主主义的树立"和"国土和思想的统一"作为教育发展的主要课题。当时的韩国政府将"弘益人间"作为教育的基本理念,同时强调"民主主义民族教育"、"一民主义"①,体现出了当时韩国政府对民主主义建设和民族统一问题的关注。

1949 年,韩国根据教育法,仿效美国模式,建立起了"6-3-3-4"学制。目前韩国的学制基本延续了这一模式。韩国实施的义务教育制度为 9 年,包括初等教育(小学 6 年)和中等教育(初中 3 年)。具体学制情况参照表 1。

表 1 韩国学制表②

年龄(岁)	学制		教育类型
27	大学院(博士、硕士)		高等教育——相当于大学和研究生教育
26			
25			
24			
23			
22			
21	大学校	(4 年)	
20			
19		专门学校 (2—3 年年)	
18			

---

① "一民主义"是由 1949 年当时的韩国总统李承晚提出,并经韩国首任文教部部长安浩相理论化的教育理念,其核心是发展民主主义,排斥共产主义。这一理念与"弘益人间"理念对韩国的教育政策影响巨大。

② 整理自:尹宗革(音译):《南北韩教育体制变化和整合方案》,韩国教育开发院,2008,第 106—114 页。(相关名称使用韩国称法)

续表

年龄(岁)	学制	教育类型
17	高等学校(3年)	中等教育——相当于初中(义务教育)和高中教育
16	高等学校(3年)	中等教育——相当于初中(义务教育)和高中教育
15	高等学校(3年)	中等教育——相当于初中(义务教育)和高中教育
14	中学校(3年)	中等教育——相当于初中(义务教育)和高中教育
13	中学校(3年)	中等教育——相当于初中(义务教育)和高中教育
12	中学校(3年)	中等教育——相当于初中(义务教育)和高中教育
11	初等学校(6年)	初等教育——相当于小学教育(义务教育)
10	初等学校(6年)	初等教育——相当于小学教育(义务教育)
9	初等学校(6年)	初等教育——相当于小学教育(义务教育)
8	初等学校(6年)	初等教育——相当于小学教育(义务教育)
7	初等学校(6年)	初等教育——相当于小学教育(义务教育)
6	初等学校(6年)	初等教育——相当于小学教育(义务教育)
5	幼儿园	学前教育
4	幼儿园	学前教育
3	幼儿园	学前教育
2	托儿所	学前教育
1	托儿所	学前教育

2. 韩国外语教育政策的特点

2.1 初等和中等外语教育

从光复至今,韩国的中等教育共经历了九个发展阶段,分别为:一、美军政时期的教育(1945—1954),二、第一次教育课程期(1954—1963),三、第二次教育课程期(1963—1973),四、第三次教育课程期(1973—1981),五、第四次教育课程期(1981—1988),六、第五次教育课程期(1988—1992),七、第六次教育课程期(1992—1998),八、第七次教育课程期(1998—2009),九、第八次教育课程期(2009—)[①]。韩国教育部[②]在每个教育课程期都出台相应政策,对包括教学大纲等在内的学校教育、成人教育、学术研究等的相关政策法规进行改革和完善。

---

① 目前,第八次教育课程期刚刚开始,针对第七次教育课程期的政策改革还没有结束。而且,作为过渡,部分第七次教育课程期的政策还将在一段时期内得以沿用。因此,本文的考察对象将以第七次教育课程期为主。

② 现在,韩国政府掌管教育的部门全称为"教育科学技术部",主要负责人力资源开发、教育行政、科学技术基本政策的树立等事务。这一部门的母体是光复后设立的文教部和科学技术处。1990年,"文教部"更名为"教育部",2001年更名为"教育人的资源部"。科学技术处于1998年改编为"科学技术部"。2008年,两部合并为"教育科学技术部"。

1948年,韩国开始在初中实施外语教育。尽管理论上可以从英语、德语、法语、汉语中任选其一,但由于当时美军政统治的政治背景和教师资源紧缺等主、客观条件限制,实际上只能选择英语。1963年,英语正式成为第一外语。1974年以后,英语被定为初中和高中的必修科目,每周达到4—5学时。1997年,小学三年级开始开设英语课。受这一政策的影响,大部分幼儿园也开始教授英语。

表2、3分别是2006年度韩国初、高中各科目教师人数统计表。这些数据显示出英语教育在师资、专业设置等教育资源的分配和社会受重视度等方面的绝对优势,也从一个侧面反映出了韩国政府对英语教育的政策倾斜。

表2 2006年韩国初中各科目教师人数情况[①]

项目	国语	外语(英语)	数学	科学	社会(国史)	技术家庭	体育	道德	音乐	美术	其他
国立	53	50	48	43	37	35	29	19	18	16	44
公立	11,680	10,680	10,290	9,940	8,761	7,071	7,003	4,373	3,642	3,585	11,573
私立	2,741	2,402	2,336	2,256	2,051	1,655	1,618	966	869	840	1,976

表3 2006年韩国普通高中[②]外语科目教师人数情况[③]

项目	英语	日语	德语	法语	西班牙语	汉语	俄语	阿拉伯语
国立	99	9	8	8	—	4	—	—
公立	7,009	1,079	79	70	23	578	7	1
私立	5,914	904	98	91	8	322	2	—

上世纪末本世纪初,随着世界化、信息化时代的到来,韩国开始强调培养国民作为"世界市民"的素质和修养。李明博出任总统后,进一步推出了一系列旨在推动义务教育阶段英语教育发展的举措。其中包括:从2010年起,初、高中的英语课改为全英语授课方式;截至2013年,将新聘用23,000名专职英语教师。此外,国家还将每年派遣3,000名英语教师出国接受培训等。李明博政府的未来五年英语教育发展预算更是高达4万亿韩元(相当于30多亿美元),其中用于聘用专职英语教师的金额为

---

① 出处:韩国教育统计服务网(http://std.kedi.re.kr)。
② 韩国高中大体上可分为两大类:普通高中和职业高中。普通高中的高一主要教授共同课目(国民教育基础科目),从高二开始分文理科。参加修能考试(高考)的学生主要在这类学校中接受教育。职业高中以教授技术为主,可分为工业、商业等类型。此外,广义的职业高中还包括教授设计、饮食、演艺等技术的高中。(出处:韩国知识检索网站 http://www.naver.com)。
③ 出处:韩国教育统计服务网(http://std.kedi.re.kr)。

1.7万亿韩元,现任英语教师出国进修费用为4800亿韩元,对辅助性英语教师的支援金为3,400亿韩元,对外籍英语教师的支援金为2300亿韩元。有报道评价:李明博政府对英语教育的重视程度已经达到了前所未有的水平①。

在重视英语教育的同时,韩国也表现出发展第二外语教育的热情。如中学教育的第二外语数量已由第一次教育过程期的汉语和德语两种,增加至目前的七种,具体情况如下表。

表4 第一至七次教育过程期中韩国中学第二外语选定情况②

教育课程期	第二外语选定情况
第一次教育课程期(1954—1963)	汉语,德语
第二次教育课程期(1963—1973)	汉语,德语,法语,西班牙语
第三次教育课程期(1973—1981)	汉语,德语,法语,西班牙语,日语
第四次教育课程期(1981—1988)	汉语,德语,法语,西班牙语,日语
第五次教育课程期(1988—1992)	汉语,德语,法语,西班牙语,日语
第六次教育课程期(1992—1998)	汉语,德语,法语,西班牙语,日语,俄语
第七次教育课程期(1998—2009)	汉语,德语,法语,西班牙语,日语,俄语,阿拉伯语

但是,实际学习第二外语的中学生总数却在逐年减少。这主要是政府相关部门在制定教育政策时,更偏重英语教育造成的。第六次教育课程期的外语教学大纲建议高中英语课和第二外语课在以往基础上增加10个课时。但由于第二外语被排斥在大学修能考试③必选考试范围之外,实际上大部分学校只给第二外语配置6—10个课时。而且,在第七次教育课程期,初一至高中一年级被定为"国民共通基本教育课程期",学生学习的科目基本相同,主要是国语、道德、社会(国史)、数学、科学、技术和家庭、体育、音乐、美术、外语(英语)等十个国民教育基础科目。同时,普通高中的二、三年级采取选修为主的教育课程体制,在选修科目中加入第二外语。虽然这种制度的目的在于赋予学生更多的对科目的选择权,但将第二外语排除在十个国民教育基础科目之外的政策举措,使学生只有在高中二、三年级时才能接触到第二外语教育,加之各学校受自身条件限制等因素的影响,开设第二外语的种类也不尽相同,有些学校甚至不具备

---

① 出处:韩国教育统计服务网(http://std.kedi.re.kr)。
② 整理自:柳东春:"韩国中学汉语教育的现况和对策",《中语中文学(第35辑)》,2005。
③ 相当于中国的高考,主要考察应试者是否具备在大学学习的能力。1994年开始实施,每年11月进行。考试对象为第二年毕业和已经毕业的高中生,以及持有同等学历者。

开设第二外语的条件。这些因素实质上导致了第二外语地位的降低,致使第二外语教育发生了退步。

表 5-1　2006 年韩国普通高中外语选修课开设情况——英语[①]

项目	英语Ⅰ		英语Ⅱ		英语会话		英语读解		英语作文	
	学校	学生	学校	学生	学校	学生	学校	学生	学校	学生
国立	13	3,923	10	2,604	2	837	7	1,910	—	—
公立	722	239,342	551	158,061	285	98,031	513	153,863	22	5,433
私立	602	205,153	515	162,046	238	76,118	450	141,998	58	14,856

表 5-2　2006 年韩国普通高中外语选修课开设情况——第二外语[②]

项目	德语Ⅰ		德语Ⅱ		法语Ⅰ		法语Ⅱ		西班牙语Ⅰ		西班牙语Ⅱ	
	学校	学生	学校	学生	学校	学生	学校	学生	学校	学生	学校	学生
国立	5	427	5	217	6	602	7	321	—	—	—	—
公立	82	8,096	65	4,530	73	7,560	62	4,607	22	3,761	17	1,839
私立	103	12,481	63	6,446	86	11,811	64	5,757	2	124	2	121

表 5-3　2006 年韩国普通高中外语选修课开设情况——第二外语[③]

项目	汉语Ⅰ		汉语Ⅱ		日语Ⅰ		日语Ⅱ		俄语Ⅰ		俄语Ⅱ		阿拉伯语Ⅰ		阿拉伯语Ⅱ	
	学校	学生	学校	学生	学校	学生	学校	学生	学校	学生	学校	学生	学校	学生	学校	学生
国立	6	586	3	255	9	1,645	6	445	—	—	—	—	—0	—	0	—
公立	480	75,268	385	36,500	673	159,722	506	73,073	7	781	4	418	—0		—0	
私立	295	45,968	217	20,708	532	135,090	389	61,862	—	1	35		—0		—0	

表 5-1、2、3 显示了 2006 年韩国普通高中开设外语选修课的情况。英语所占的科目比例、开设学校数和选修人数等都是其他外语不能企及的。

此外,在第二外语的内部也存在着不均衡的现象。表 6 是 1997—2001 年度高中第二外语选修情况统计表。2001 年,日语以 51.5% 的比例占据了最高选修率,其次是德语、法语、汉语、西班牙语等。其中,德语和法语的选修比例基本合理,而汉语、西班牙语等的选修比例过低。1997—2001 年度各语种选修比例变化也表现出相似的特征。但综合表 5 所示,德语和法语的选修率在逐年降低,而日语和汉语的选修率则逐年稳步提高。截至 2006 年,汉语的选修率已经超过了德语和法语,仅次于日语。2008 年,汉语的选修率与日语持平。而西班牙语、俄语、阿拉伯语的选修率仍保持在过低的水平。

[①] 出处:韩国教育统计服务网(http://std.kedi.re.kr)。
[②] 同上。
[③] 同上。

表6　第二外语选修学生数的变化①

年度	日语	德语	法语	汉语	西班牙语
1997	790,264(43.6)	587,044(32.4)	323,229(17.8)	93,267(5.1)	19,481(1.1)
1998	731,416(45.4)	477,287(29.6)	289,154(18.0)	93,808(5.8)	18,232(1.1)
1999	625,655(45.4)	397,424(28.8)	242,864(17.0)	95,376(6.9)	16,942(1.2)
2000	581,329(47.3)	332,136(27.0)	208,386(17.0)	92,890(7.6)	13,143(1.1)
2001	555,304(51.5)	255,556(23.7)	159,796(14.8)	95,951(8.9)	11,566(1.1)

纵观各教育课程期的外语教育政策,其核心内容就是不断巩固和提高第一外语②——英语的地位,这直接导致了韩国全民性的、持续性的英语教育热潮。韩国的英语学习者年龄不断降低,早期海外留学现象也愈演愈烈,由此产生的问题也成为近年来韩国外语教育研究领域的热点问题。与此同时,作为过分强调英语教育的间接结果,第二外语教育受到了巨大的冲击。

2.2　高等外语教育

韩国外国语大学作为以外语专业为主的文科类大学,成立于1954年,是韩国专业外语教育的代表性院校,其发展历程代表了韩国高校专业外语教育的基本走向。表7是韩国外国语大学各时期的语种增设情况。

表7　韩国外国语大学各时期增设语种情况③

时期	增设语种情况
二十世纪五十年代(初创期)	英语、德语、法语、汉语、俄语、西班牙语
二十世纪六十年代	日语、意大利语、阿拉伯语、葡萄牙语、泰语、越南语
二十世纪七十年代	荷兰语、印度尼西亚语、土耳其语、瑞典语、伊朗语
二十世纪八十年代	印度语、波兰语、罗马尼亚语、捷克语、匈牙利语、南斯拉夫语、斯瓦希里语
二十世纪九十年代	斯堪的纳维亚语、阿塞拜疆语
二十一世纪	蒙古语

除专门性外语院校外,韩国的普通高校也开设有外语专业和外语选修课程。此外,学生还可以通过"教养科目(选修科目)"等形式接受外语教育。统计显示(参照表8),在普通高校开设的外国语言文学专业和入

---

① 出处:韩国教育统计年报(1997—2001)。
② 本文所使用的"第一外语"和"第二外语"是对韩国语相应词汇"제1외국어"和"제2외국어"的直译。所谓"第一"和"第二"是从所受重视度的角度出发,对外语地位进行的划分。这与中国的从专业和非专业角度进行划分的"第一外语""第二外语"有本质的区别。
③ 整理自韩国外国语大学网站内容(www.hufs.ac.kr)。

学人数方面,英语语言文学专业占据了绝对的优势。表8是2008年度韩国普通高校开设的语言文学专业的数量和入学人数,其中英语英美文学专业甚至超越国语文学,占据首位。而且,尽管没有规定非英语专业学生必须选修英语,但是选修英语或辅修英语的学生还是超过了其他语种。学生在选择海外语言进修时,也多选择英语国家[①]。

表8　2008年韩国普通大学语言文学类专业的数量及入学人数情况[②]

专业名称	专业数量	入学人数
语言文学类总计	938	26,021
英语,英美文学	233	6,734
国语,国语文学	169	4,055
汉语,中国文学	130	3,368
日语,日本文学	100	2,824
德语,德国文学	65	1,299
法语,法国文学	52	1,226
其他亚洲语言及文学	40	1,278
其他欧洲语言及文学	40	1,279
俄语,俄罗斯文学	25	505
西班牙语,西班牙文学	16	445
语言学	8	64

3. 对韩国外语教育政策的思考

在韩国,英语教育在从小学到大学的外语教育过程中所占的比重是任何一种外语都无法比拟的。这是韩国外语教育政策过度偏重英语所造成的结果。英语的强势地位具有其客观必然性。但是这种情况可能造成的外语教育,乃至国家发展上的问题,是值得学者和决策者思索的。

首先,重视英语不能成为忽视其他语种教育的借口。

进入21世纪,自由贸易协定(FTA)、东亚新兴工业化国家(Asian NICS)、欧盟(EU)等地区经济圈之间的相互依存性不断增强,同时,国家之间的竞争也日益激烈。而且,随着交通、通讯以及互联网技术的迅速发展,物理距离已经不是国家之间交流与合作的主要障碍,语言与文化的差异正在成为人类发展道路上最大的"绊脚石"。在这种新形势下,保证国家竞争力的重要一环就是外语人才的培养。英语作为最具影响力和最具

---

① 参考:李勤:"提高第二外语选择多样化和教育力量的方案",《国际化时代的外语教育》,2003。

② 出处:韩国教育统计服务网(http://std.kedi.re.kr)。

发展潜力的国际通用语,在韩国受到包括政策导向在内的全方位、深层次的重视是不难理解的。而且,这种局面还将持续相当长的时间。但是,这不应成为忽视"第二外语"教育的借口。21世纪,全球化成为发展主流,英语等通用性强的语言地位固然重要,但在世界各地区内部,使用区域性语言增加亲密度、信赖度的需求并没有减少。马蒂亚斯(2004)指出:全球化过程加强了族群认同的动力机制。全球化不会影响民族国家和政府成为全球政治系统的主要构成成分。总而言之,全球化程度越高,地区、族群内部的认同需要更加强烈,这就需要语言发挥其交际工具的功能,拉近人与人之间的关系,从而进一步促进全球化进程。同时,世界各地区和国家的全球化程度并不平衡,各国发展态势不尽相同,这使国际间交流的"个性"因素更加突出。在这种形势下,能够主动、有效地应对复杂的国际关系的能力成为各国所追求的目标之一。这也正是加强"第二外语"教育的必要性所在。

其次,重视科学的英语教育。

韩国从1997年起在小学三年级开始导入英语教育,迄今为止已有十几年的历史。这一政策旨在提高英语教育力度,使国民英语水平由外语向双语发展,以适应国家对全球化人才的需求。然而,大量学者对早期英语教育提出了质疑,原因之一是英语早期教育会影响母语教育,甚至会影响儿童树立正确的民族意识。由于受到国家早期英语教学政策导向,以及国内英语教学质量不高等因素的影响,大量韩国家庭选择在幼儿园阶段让儿童接受英语教育,甚至将小学阶段的儿童送到国外接受留学教育。这些现象已逐渐显出其负面影响。一方面是母语教育的缺失造成了儿童母语能力的下降,以及由此产生的民族认同意识的淡化。另一方面是早期留学所带来的巨大经济负担已经给社会稳定造成了威胁。此外,早期英语教育,特别是早期英语留学教育忽视了语言作为手段的学科地位特点,过分强调语言的功能性,是"本末倒置"的举措,使儿童教育中的其他部分受到语言教育的冲击,影响了儿童智力的正常发育。

此外,还有学者对英语早期教育的效果提出了质疑[①]。在韩国,影响早期英语教育效果的主要障碍是英语教师的水平问题。束定芳(2004)也曾针对上海地区早期英语教育质量等问题指出:早期英语教育有别于其他阶段,需要有过硬的师资队伍作保证,最好由英语使用能力相当于英语为母语者来担当。而且,鉴于儿童的心理特点,早期英语教育的教师还要

[①] 有报道称韩国的英语教育投入位居OECD国家之首,而英语水平仅倒数第二。但该说法尚未得到证实,学界也对此种说法持谨慎态度。

掌握教育学、心理学、幼儿教学法等基础知识，才有可能胜任。这是因为越是入门阶段的教学，越要讲究科学性。尤其是小学阶段，教学环节中的任何问题，都有可能导致学生在今后的外语学习中的失败。因此，如果没有过硬的师资队伍作保证，早期外语教育不但不能保证质量，甚至可能造成极大的负面影响。然而，尽管韩国相关部门在小学实行了专职英语教师制度，并且通过语言文化进修等举措不断强化英语教师的素质建设，但英语教师的师资水平仍然无法满足早期英语教学的需要。

在初高中阶段，韩国英语教育存在的问题主要是源于应试教育和实际应用教育之间的矛盾。为了准备高考，学校无法进行以会话为主的外语教育，学生们不得不在学校中学习考试用英语（书面语为主），而英语会话、托福考试等实用性英语只能通过参加进修班等途径进行补充。这无形中增加了学习负担，降低了英语学习的效率。

值得关注的是，2008年开始执政的李明博总统提出了更为激进的英语教育政策，其中最为突出的当属针对义务教育过程中英语教育内容应试性倾向过强、应用性差的问题，提出了"实用性"英语教育计划。"实用性"英语教育计划的核心是实施"全面浸润式英语教育"，其目标是使学生在高中毕业时达到使用英语自由对话交流的程度。为达到这一目标，该计划已初步提出了一些建议，如：进入小学高年级阶段后，除英语课外，包括国语和历史在内的其他科目都应逐步实现全英语授课。该计划还建议：义务教育阶段的学校可以聘用非师范院校毕业的、精通英语的人士担任专职英语教师，承担正规教学任务，这些"英语专业人士"包括国内外英语教育课程的结业者、取得英语国家硕士以上学位者、退任外交官，以及公司等机构的驻外工作人员等。此外，还可以选拔精通英语的家庭主妇、大学生、海外侨胞、外国留学生等担当辅助英语教师。而且，该计划还提出在修能考试（高考）中删除英语，代之以体现英语实用性的英语等级考试制度，从而从根本上解决英语实用性教育需求性差的问题。结合2008年三星经济研究所的《政策报告书》可知，李明博政府的实用性英语教育政策的实质目的是将国民的英语水平提升到双语的高度，进而在全国范围内将英语的使用地位提升至通用语的高度。这种政策的出发点是所谓的"英语经济学"原则，即国民英语沟通能力不仅关系到国家的英语教育支出，而且与吸引海外投资、扩大出口经济规模等左右国家经济整体竞争力的重大问题有着成正比的关系，提高国民英语能力就是提高国家竞争力。

李明博政府的这一政策一经发表，就引起了社会各界的巨大反响，其中包括学者在内的大部分人士对此持反对意见。据悉，李明博也迫于各方的压力,发言表示:从小学阶段开始,国语、历史等科目全部由英语授课不仅不现实,而且会不利于学生母语的学习,甚至影响其民族观、价值观的树立,因此无法也不能加以实施。笔者认为这种举措很可能导致国民母语能力的下降,而国语能力的低下将直接影响国民综合语言能力和民族认同意识的形成,后果严重。而且,外语人才培养的目标不应仅仅定位于"实用性",应该具有多层次、前瞻性。而且,在目前的全球化形势下,更应当注重培养兼通语言与文化的高级外语人才。

4. 结语

外语教育政策的制定,一般是由教育行政部门作出的,学校往往没有更多的选择余地。但作为学者,有责任为政府部门的决策提供意见参考。

改革开放以来,我国的外语教育得到了迅猛发展,质和量均有显著的提高。而且,随着我国与世界接轨的步伐越走越大,社会对多语种、多层次的外语人才需求不断增大。因此,进一步提高国民外语素质势在必行。然而,在充分肯定我国外语教育取得成绩的同时,我们也不得不面对一个现实问题,就是相对于目前新的形势和要求,我国的外语教育所存在的问题。

我国高度重视英语教育,尤其是在大纲的编写、教材的编撰,以及测试等方面取得了令人瞩目的成绩。但过分地强调英语教育,尤其是在中等教育阶段,学生几乎没有选修其他外语的余地(除部分地区可选日语或俄语外),这一点导致了中小学与大学外语教育的脱节,而且不利于培养多语种外语人才的社会需求。此外,以英语为代表的外语教育还存在着许多诸如理论基础薄弱、师资水平有限、应试倾向明显等缺陷,以及外语教育越早越好、外语学习年限越长越好等的认识误区[①]。这些问题的解决,需要政府决策机关和教育学者们的共同努力。

(作者单位:上海外国语大学)

---

① 参考:束定芳,《外语教学改革:问题与对策》,上海外语教育出版社,2004,第1—12页。

印度尼西亚外语政策变迁

周庆生　白　娟

一、社会历史语言背景

印度尼西亚(以下简称印尼)位于亚洲东南部,地跨赤道,与泰国、马来西亚、澳大利亚、巴布亚新几内亚等多国为邻,境内有多个重要海峡,据有重要的战略位置。印尼是一个多民族、多语言的国家,使用的语言超过700种。印度尼西亚语是官方语言,通行于全国,使用人口最多,在商业、管理、教育和媒体中广泛应用,但还不是大部分印尼人的第一语言。印尼人的母语是其他当地语言,如爪哇语等等。从语言地位和使用人群的角度看,印尼的语言大致可分为国语、民族语和外语三类。

印尼在1945年正式独立之前,曾长期处于荷兰、日本等国的殖民统治之下。在荷兰殖民统治的几百年里,政府并不注重在印尼推广荷兰语。因此,上世纪以前,荷兰语只是印尼少数贵族精英学习和使用的语言。1907年印尼引进西式小学,初中开设英语课程;1918年高中也开始进行英语教学[①]。还开设法语、德语等其他外语课程,不过,其他外语课程在第二次世界大战期间被相继取消。

上世纪初,荷兰政府开办了荷兰语学校,招收印尼人入校学习。对印尼人来说,学习荷兰语,是获取知识和技能并改变自己的社会地位的最佳途径。当时印尼任何一种本土语言的声望和地位都无法跟荷兰语相比,因此,荷兰语是最有可能成为印尼通用语的。但是,荷兰政府担心印尼人由此途径接受西式教育,并进而要求政治地位上的平等,威胁到自己的统治,就严格限制印尼人对荷兰语的学习和使用。在1928年开始的印尼独立运动中,马来语被更名为印度尼西亚语,并成为唤醒民族独立意识的口号之一[②]。日本1942年至1945年在印尼统治期间,取缔了荷兰政府的种

---

① Allan Lauder. 2008. *The Status and Function of English in Indonesia: A Review of Key Factors*, Makara, Social Humaniaora, Vol. 12, No. 1, JULI, pp. 9—20.

② 当时提出的口号是:"satu nusa, satu bangsa, satu bahasa(One Land, One Nation, One Language)"1928年10月28日,70余名来自印尼各地的青年在巴达维亚的一个俱乐部集会,奠定了印尼独立革命的基础。但是还没有确定哪一种语言是官方语言。直到1945年,才将马来语更名为印度尼西亚语,并以宪法的形式加以确定。

种殖民教育政策,代之以日本国政策。但是由于语言不通,不得不选用印尼语取代荷兰语作为教学用语。这就为印尼语的传播和发展创造了有利的客观条件。1945年,印尼摆脱日本的殖民统治后,宪法规定印尼语是国语,是各级教学机构中的教学用语。

印尼自独立以来,一方面在全国范围内大力开展印尼语教育,通过统一的语言凝聚统一的民族意识,取得了很大成就;另一方面,印尼政府也不压制其他本土语言的发展,采取了较为宽松的政策,各地可以依据本地实际情况,制定相关语言教学政策,从而有效保持了印尼的多民族、多语言和多文化状况。

印尼语虽然被定为国语,但从语言本身来讲,印尼语中引入了大量的外语借词,如荷兰语、英语、汉语及其他民族语借词,印尼语的现代化程度还不能完全满足社会各层次各领域的需要。另外,印尼当时政局不稳,内忧外患,需要大力增强民族意识,政府更要借助种种场合来提升印尼语的地位和声望。因此,外语教学在当时显得并不那么重要,外语政策的制订还不能很快提上议事日程。

二、国民教育中的外语政策及其实践

1. 独立后的外语政策(1950—1989年)

1950年,独立后的印尼面临着选择何种语言为第一外语的问题:荷兰语还是英语。其他外语在印尼都没有深厚的基础。荷兰语因为是殖民国的语言,刚刚独立的印尼官方自然弃而不用。而英国、美国、加拿大等同盟国处于与日本、德国等法西斯国家对立的位置,英语的影响越来越大,所以英语就成为印尼的第一外语。对于刚刚独立、百废待兴的印尼来说,英语是与外界沟通的一条重要渠道,英语教学的目标就是使学生掌握英语知识,能从外界获取信息、技术等等。该目标显然是与当时印尼的发展需求相一致的。

该时期,英语以外的其他外语,如日语、荷兰语、阿拉伯语、德语、法语、汉语等,由于各种原因,也在外语教学中占有一席之地。譬如,阿拉伯语因其宗教上的作用而存在,汉语则为广大印尼华侨所使用,日语等则主要是出于发展对外关系的需要。总体来说,英语是唯一一门必修的外语课,其余均为选修课。英语课一般从初中开始上,其他外语课则从高中开始选修。

在此期间,国家教育法中尚未正式规定学校外语教育的地位及目标等。少数接受过荷兰语教育的精英主张荷兰语作为国家的第一外语,但大多数人主张用英语,最终还是英语成了第一外语。这种结果一方面与印尼的国际关系和对外政策有关,另一方面也与印尼当时的教育重点在普及基础教育和职业教育等方面,而不在外语方面有关。

1975年之前,英语教学大纲规定,英语教学重点放在学生掌握英语语言知识上。1975年发布的新英语大纲表明,教学重点是发展学生的交际能力。但在实际教学过程中,侧重的仍然是语言知识的掌握,而非交际能力的培养。语言教学大纲也只是罗列了语言结构和由部分话题组织起来的词汇项目。[1]直到1984年,印尼的外语教学大纲发生了重要变化。

印尼教育部研究和发展办公室课程中心(*Curriculum Development Centre of the Office for the Ministry of National Education*)于1984年重新修订了外语教学大纲,将教学的重点定为"意义和交际功能"。大纲详尽描述了教学材料,将教学重点由单一地注重语言形式转向语言形式和语言运用并重。语言形式划分为语音和拼写、结构、词汇等;语言运用则划分为读、说、听、写等技能。对于各学期的学习目标也有各不相同的安排。在语言材料的组织上,各门外语略有不同。英语是初中阶段的必修课,最为普及,所以教学大纲也最为详尽。英语语言材料的组织顺序是:结构、阅读、词汇、对话、写作、其他兴趣活动等。其他外语只在高中阶段开设。德语语言材料的组织顺序是:阅读、词汇、结构、对话、写作。法语同德语略有不同:阅读、结构、词汇、对话、写作。日语则是:词汇、结构、阅读、对话、写作。阿拉伯语是:阅读、词汇、结构、对话、写作。总之,1984年的大纲更侧重语言形式的输入,在技能的培养上,更重视阅读,对于说和写的技能训练较为薄弱[2]。

在大学,除了开设上述外语课程外,还开设了汉语普通话和荷兰语课程。

印尼独立后的外语教学发展得到美国的大力支持。从上世纪60年代到80年代,印尼通过美国获得了世界银行和福特基金的贷款,并在美国一些大学的支持下,先后开展了英语师资培训、教材开发等项目,培养了一批合格的教师。1965年至1989年间,相继有14所公立大学设有英文系[3]。

---

[1] P. W. J. Nababan. 1991. *Language in Education: The Case of Indonesia*, International Review of Education, Vol. 37. No. 1. pp. 115—131.

[2] P. W. J. Nababan. 1991. *language in Education: The Case of Indonesia*, International Review of Education. Vol. 37. No. 1. pp. 115—131.

[3] Dewi Candraningrum. 2008. *The Challenge of Teaching English in Indonesia's Muhammadiyah Universities*. Berlin: Transaction Publishers.

2. 1989年《国民教育法》

尽管早在1967年印尼教育部长就发布了第096号法令,将英语定为印尼学校中的第一外语[①],但是英语作为第一外语的官方地位,是在1989年的《国民教育法》(National Education Law)中予以确认的。

印尼从上世纪60年代末开始调整经济结构和产业结构的举措,到了80年代中期以后,取得明显成效,经济有了长足发展。该时期,印尼与其主要贸易国——日本、欧共体、美国等的关系进一步加强,这些国家在印尼的投资也大幅增加。在这种大环境的影响下,对教育的投入和管理也有所加强。提高国民的外语水平也是进一步发展对外贸易关系、增进国际交往的需要。

在这种背景下,印尼教育部于1989年颁布了《国民教育法》。该法明确规定英语是第一外语,并将其定为中学的必修课。同时也允许小学四年级就开设英语课。如果是出于培养学生能力的需要,可使用英语作为教学用语。此外,也可以开设除英语以外的其他外语课程。1990年第28号政府文件对该规定做出更明确的说明。

在此之前,虽然英语是名副其实的第一外语,但英语尚未获得作为第一外语的法律地位,这似乎是公认的事实和前提,无须特别规定。在此期间,华文还没有解禁。其他外语,如前所述,仅在高中阶段开设。另一值得注意的变化就是教学用语不再仅限于印尼语。应该说,这是一个重大突破。印尼独立后,官方曾明确表示,印尼语是教学用语,其他民族语作为教学用语只允许在小学的前三年使用,以实现从民族语到国语的过渡。如果说印尼独立后的几十年里,推广国语是增强国民语言认同的需要,那么经过几十年的努力,这一目标已基本实现,自然也就放松了对教学用语的限制。

鉴于以往的外语教学大纲在认识方面的某些偏差,教育部门于1994年修正了外语教学的目标和原则,将其定为"交际语言原则(Communicative Language Principles)"。此原则意味着教学要培养学生在真实语境中理解和表达意义的能力,教学材料应满足学习者的实际需求。比较而言,1994年的大纲是对1984年大纲的修正,总的方向是以培养学生的交际能力为主。

3. 现行外语政策(1999年至今)

随着印尼政局的变化和社会的发展,苏哈托(Suharto)总统于1998

---

① Mochtar Marhum. *English Language in Indonesian Schools in the Era of Globalization*, Tadulako University.

年下台,尔后,印尼政治开始向民主化方向发展。与政治紧密相关的教育也随之发生转变。由原先的教育权力高度集中转为权力下放,建立以学校为管理单位的发展机制;教育的目标转为重视宗教和道德观念、智力发展和民主意识[①]。政府对语言教育的力度不断加大,尺度越来越宽。在外语教育方面,逐步放开了对华文教育的禁令;其外语政策也进一步放开。2003年,教育部颁布了第20号法令,指出:外语,尤其是英语,可作为对外交往的手段。同时,出于提高学习者能力的需要,外语也可作为教学用语[②]。

与1989年的《国民教育法》相比,2003年的《国民教育法》有一点值得注意,那就是没有特别强调英语的突出地位,而是以外语统称。这表明除英语以外的各门外语在印尼社会中的地位在提高。以日语为例,日本作为印尼的第一贸易大国,日语教学更是紧随英语之后,是印尼人学习外语的首选。根据日本政府对海外学习日语者的调查,2003年印尼中学教育改革后,学习日语的人数增长在三年中增长了3.2倍,截至2006年有超过27万的印尼人学习日语,其中近90%是中小学学生[③]。印尼的华文教育自1999年以来逐渐升温,中国国内对此研究较多,在此不赘述。

目前印尼的主要外语——英、日、汉等语种,都有明确的教学大纲。各类大纲的共同点之一就是将语言技能的顺序定为听、说、读、写。而1994年的大纲,则是读、听、说、写。这显示了外语教学对听说能力的重视。

对许多国家来说,印尼对其在东南亚的经济、政治、军事等方面都具有重要的战略意义,因此,他们都相当重视与印尼的合作,积极在印尼拓展本国市场,同时进行语言、文化等方面的宣传和推广,或是在各方面予以援助,借此加强在印尼的影响力。针对印尼的英语教学现状,澳大利亚除了向个别学校派出英语教学专家以外,还利用澳大利亚在英语教学包括课程、教材和教学法等方面的优势,为印尼提供帮助[④]。美国和欧盟在这方面也有各自的方案。

---

① Raihani. 2007. *Education Reforms in Indonesia in the Twenty-first Century*, International Education Journal, 8(1): pp. 172—183.
② Act of the Republic of Indonesia, Number 20, Year 2003 on National Education System.
③ The Japan Foundation: 2006 Survey of Overseas Organizations Involved in Japanese-Language Education.
④ Australian Agency for International Development: Indonesia Education Program Strategy 2007—2012.

三、外语政策对印尼社会的影响及原因

在殖民统治时代,印尼语中的借词主要来自荷兰语,受其影响,印尼语的发音系统已与最初的马来语有了些许差异。印尼独立后,英语成为第一外语,因而也成为印尼语借词的第一来源。印尼语与英语都使用拉丁字母,这也是英语借词增多的一个重要原因。其他如阿拉伯语、汉语、梵语等也是印尼语词汇借用的对象。上世纪60年代华文教育被印尼当局取缔以后,印尼语中新增的汉语借词较少;而从华文解禁以来,又有增长的趋势。据印尼教育部2009年公布的数据显示,5年内印尼语的词汇增加了17%,其中相当一部分来自外语[①]。这直接反映了语言政策的影响。

印尼各历史阶段采用不同的外语政策,主要是受到当时政治、经济、外交等因素的影响,同时也是语言教学本身不断发展和完善的结果。

1. 政治环境的影响

如前所述,印尼外语政策中对第一外语的选择、对教学语言的选择等,无不受到当时政治因素的影响。出于对民族感情的考虑,而放弃使用曾经是殖民语言的荷兰语,又出于急需印尼各民族对印尼语形成统一的语言认同的考虑,而要求印尼语必须是教学用语。再加上印尼当时与在二战中处于同盟军位置的英美等国关系密切,权衡种种利害之后,其外语政策中的一系列决策显得顺理成章。当统一的语言认同初步形成,政治环境进一步宽松以后,在外语政策方面就表现出较为明显的改革和民主意识。

2. 国家实力的影响

印尼外语政策还受到国家实力的影响。独立以后,印尼国内还处于政局不稳的党争阶段,民生凋敝,百业待兴。教育虽然亟须振兴,但其重点不是提高国民外语水平,而是普及教育、培养职业人才为工农业服务等。上世纪80年代以后,随着国家经济实力的增强,政府在继续扩大国民的受教育面、普及义务教育的同时,也顺应对外贸易和交流的需求,进一步放开了外语政策的限制。可以说,这与印尼经济实力的增长是分不开的。

3. 语言教学理论的影响

最初的外语教学法遵循的是语法—翻译法的路子,更重视学习者的阅读能力;到了上世纪70年代,教学的重点逐渐转移到重视培养学习者

---

① 岳月伟:《印尼语5年增加17%新词汇》,新华网2010年2月4日。

的交际能力上来,注重听说能力,在教学目标、语言材料的组织等方面也都体现出交际法的特点,这也正反映了第二语言教学理论的发展历程。

四、印尼外语教育存在的问题

尽管印尼政府对教育的投入逐年上升,但总体来说,教育经费在国民生产总值中只占很小的比例。因此,经费不足在很大程度上成为印尼各类教育问题的源头之一。政府投入不足导致教师工资少、待遇差;在私立学校,教师没有公立学校教师所享有的补贴,待遇更差。上述原因直接导致了师资缺乏、水平不高等问题。此外,虽然有较为合理的大纲作为指导,但在实际操作中,还是产生了种种问题。据 2001 年之前的一项调查显示,印尼的高中毕业生大部分不能流畅地用英语进行交际。主要是因为班级人数过多、教师水平低下、教师待遇过低和缺乏好的课程[①]。此外,2008 年"美国国际开发署"(United States Agency for International Development)对印尼初级中学教育进行了一次调查,结果显示:不管是印尼语考试,还是英语测试,往往都以阅读技能为主,鲜少涉及学生的听、说、写技能[②]。根据最近的一则报道,印尼的许多外交官因为英语水平太差而常常以各种借口逃避正式的外交会议[③]。这也从另一侧面反映了印尼外语教育的弊病。

以上事例说明,尽管印尼的外语政策的趋势是将培养学习者的交际能力作为教学重点,但在实际教学和考试指向上还有待同步贯彻和落实。

(作者单位:中国社会科学院)

[①] Andy Kirkpatrick. 2006. *Teaching English Across Cultures*, What do English language teachers need to know to know how to teach English? EA Journal. Vol. 23. No. 2.

[②] Stuart Weston. 2008. *A Study of Junior Secondary Education in Indonesia*, USAID.

[③] 中新网:《印尼外交官由于英语水平差 装病逃避外交会议》, http://www.chinanews.com.cn/gj/gj-yt/news/2010/02-21/2129457.shtml。

编者后记

外语战略研究的回顾与展望[①]

赵蓉晖

从国家战略角度探讨外语规划和外语政策问题,在我国是一个新兴课题,在国外的语言规划研究和实践中也不多见。对此问题的关注程度是随着经济全球化进程的逐步深入和国家安全形势的日益复杂化而不断提高的。

在实践中,外语战略的制定和实施过程体现为外语规划活动,其具体成果则体现为外语政策,因此,现有的研究和实践中,常常使用"外语规划"、"外语政策"这两个概念,而隐藏在其背后的指导思想和全局性的谋划,即"外语战略"却不太被人提及。我们在此用这三个概念分别强调外语战略的不同侧面。

西方国家的外语战略目前主要有三种类型:

第一种类型,把外语作为维护文化多样性和人权手段的外语战略,这一理念主要体现在欧盟的一系列政策中。欧洲委员制定的《欧洲语言学习、教学、测试的参考性共同框架》(2001)和欧盟语言政策署发布的系列文件中均明确阐述了上述思想。

第二种类型,把外语作为国际化生存必需能力的外语战略,主要体现在荷兰、英国、澳大利亚的外语政策中。荷兰的《1968年大法案》(1968)、《荷兰国家行动计划》(1990),英国教育技能部推出的《语言学习》(2002)和《全民的语言:生活的语言——英格兰的战略》(2002)等重要文件中,均贯穿着国际化定位的国家希望通过提高国民的外语能力来提高其竞争力的指导思想。荷兰学者博姆加茨(T. Bomgaerts)在《外语政策展望》(1997)一书中不仅分析了荷兰的国家外语政策"国家现代外语行动纲要",还探讨了它的制定模式。

第三种类型,把外语作为国家安全要素的外语战略,其代表是"9·11事件"后的美国。美国国家外语中心发布的报告《外语与国家安全》(2002)、众议员霍尔特(R. D. Holt)提交的《国家安全语言法案》(2003)、

[①] 本文受教育部哲学社会科学研究重大课题攻关项目"新形势下国家语言文字发展战略研究"(批准号:10JZD0043)及上海外国语大学211工程三期项目基金资助。

参议员阿卡卡(Akaka)等提交的《国家外语协调法案》(2005)、国防部发布的白皮书《国家外语能力行动倡议》(2005)等都阐明了这种指导思想，并提出了具体的行动方案。

在我国，对外语战略的研究和探讨基本上围绕着以下四个主题开展。

主题之一：评介国外外语战略思想和外语政策，提炼值得我国借鉴的经验和做法。其中，探讨美国"关键语言"战略的有《美国外语政策的国家安全目标对我国的启示》(鲁子问，2006)、《美国"关键语言"战略与我国国家安全语言战略》(王建勤，2010)；评价英国外语战略和教育政策的《英国外语教育发展战略述评》(程晓堂，2006)、《后殖民时代英国外语教育的多元文化认同研究——〈全民的外语：生活的外语——外语教育发展战略〉评析》(潘章仙，2010)；探讨欧盟外语政策的有《论欧洲联盟的语言多元化政策》(傅荣，2003)、《欧盟语言多元化政策及相关外语教育政策分析》(傅荣、王克非，2008)、《他山之石：社会发展视域中的欧洲外语政策及其启示》(周晓玲，2010)；此外还有《以色列社会现实与多语言教育政策分析》(江文清、王克非，2008)、《亚太经合组织外语战略计划探析》(沈骑、冯增俊，2009)、《日本明治维新时期的外语教育》(夏天、沈骑，2009)、《联合国教科文组织"语言多元化"教育战略评析》(沈骑，2009)、《德国外语教育政策研析》(张建伟、王克非，2009)、《法国外语教育与社会发展的互动》(戴东梅，2009)、《法国外语教育政策与教学体系考察》(戴冬梅，2010)、《澳大利亚外语教育对我国外语教育的启示》(张沉香，2009)、《近20年澳大利亚外语教育政策演变的启示》(王辉，2010)、《韩国外语教育国际化考察》(张贞爱；王克非，2010)等。其中有不少成果来自北京外国语大学王克非教授主持的研究课题"外语教育与社会经济发展——多国外语教育政策比较研究项目"。这些成果都突出了外语在国家发展中的重要作用，分析了因国情、文化传统、观念的不同造成的各国外语政策，特别是外语教育政策，认为外语发展与国家的经济文化发展应保持良性的互动关系，并呼吁中国尽快制定外语战略，积极应对新形势的挑战。这类成果的特点是以讲述国外情况为主，对我国的具体情况和应对策略的探讨不深。

主题之二，外语教育的宏观研究。这一领域应看做是外语战略的具体领域之一，主要包括两个专题：(1)对我国外语教育历史的总结与回顾；(2)对我国外语教育规划的战略性思考。属于第一个专题的成果比较丰富，主要有《中国外语教育史》(付克，1986)、《中国近现代外语教育史》(李传松、许宝发，2006)、《中国外语教育发展研究(1949—2009)》(戴炜栋、胡文仲，2009)、《晚清洋务学堂的外语教育研究》(高晓芳，2007)等等。属于这类成果的不仅有对中国外语教育发展历史的整体追溯,还有对个别语种的专项教育、教学史研究,如《中国英语教学史》(李良佑,1988)、《中国专业俄语教学回顾与展望》(赵爱国、王仰正,2001)、《大学英语教学:回顾、反思和研究》(蔡基刚,2006)、《中国阿拉伯语教育史纲》(丁俊,2006)等。此外,有一些历史性的研究是按照教学对象的层次和类型划分的,如《基础外语教育发展报告(1978—2008)》(刘道义,2008)、《高职高专外语教育发展报告(1978—2008)》(刘黛琳,2008)、《高校大学外语教育发展报告(1978—2008)》(王守仁,2008)、《高校外语专业教育发展报告(1978—2008)》(戴炜栋,2008)等。这些成果的贡献在于翔实地记录了史料,并在此基础上总结了历史发展的经验和教训,但多局限于教育(教学)的具体问题。

对外语教育规划进行宏观的战略性探讨主要是近几年的事,成果数量不多,代表作是《新中国六十年外语教育的成就与缺失》(胡文仲,2009)、《从战略高度,以科学发展观规划我国外语教育》(陈琳,2009)、《对经济全球化背景下我国外语教育规划的再思考》(戴炜栋、王雪梅,2011)、《关于我国外语教育规划的思考》(胡文仲,2011)。胡文在论及新中国60年外语教育的缺失时,把整体规划缺失列为所有问题之首。陈文结合国家方略和国内外形势明确提出了"要从战略高度,以科学发展观规划我国外语教育"。戴文在探讨经济全球化和软实力关系的基础上,分析了外语教育规划在提升国家文化软实力中的作用,讨论了外语教育规划的原则和方法,以及语言规划、学科规划、人才培养、教师教育、学术研究等问题。这一方向的成果基本都来自外语教师,他们对外语战略和政策的思考过去偏重于具体的教学问题,更像是战术和策略的讨论,但越来越显示出开阔的视野和全局性思考的特点。

主题之三,外语国情研究。这类研究以田野调查为基本手段,客观描写我国外语生活的实际情况,为了解语言国情、制定战略方针提供了第一手资料。《中国语言文字使用情况调查资料》(2006)中提供了迄今为止最为详细的外语人口数据,表明:中国的外语人口数量庞大,使用频率差别很大,不同语种的学习和使用情况差别极大。《中国内地外语使用情况调查分析》(魏日宁、苏金智,2008)根据这次调查数据对外语的使用情况进行了比较详细的分析。《中国语言生活状况报告》(2006,2008,2009,2010)则提供了一些个案调查报告,内容涉及北京奥运会、上海世博会、外企职场、浙江义乌小商品城等,反映了当前外语生活的实情,还涉及了"英语热"的表现和背后的原因,并特别分析了当前社会上关于外语的种种争论。其中的两篇报告《中文菜单英译规范问题》和《赵 C 人名事件》唤起了人们对外语标准与管理法规制定的注意。由上海外国语大学中国外语战略研究中心完成的报告《全国外文使用情况调查报告》（罗雪梅、赵蓉晖，2009)、《上海市公共领域外文使用情况调查》(赵蓉晖，2010)和《全国外文法规调查报告》(赵蓉晖，2010)，由上海市语委组织撰写的《公共场所英语标识语错译解析与规范》(2010)、清华大学杨永林等人撰写的《北京地区双语公共标识的社会语言学调查——理论方法篇》(2007)、《双语公共标识文本的跨文化研究——来自北京地区的报告》(2008)、《双语公共标识的文本性研究——来自北京图书大厦的报告》(2008)、《双语公共标识文本的信息性研究——来自北京地区的报告》(2008)等，分别涉及了外语在公共领域的使用、外语规范与管理等问题，为外语研究提供了新的视角。这类研究是外语规划的基础性工作，对政策制定来说非常重要，但目前成果数量不多，需要不断加强。

主题之四，外语规划的跨学科探讨。战略的宏观性、全局性特点决定了战略研究的跨学科性质，这类研究因此是最接近战略学本质的，此类研究成果近几年刚刚出现，具体包括五个方向：(1) 政治学角度：《中国的话语权问题》(李宇明，2006)中首次从争取国际话语权的角度探讨了中国外语战略；《语言意义与国际政治——伊拉克战争解析》(孙吉胜，2009)探讨了语言在国际政治中的本体意义和国际关系中的语言建构，突显了语言的政治意义。(2) 历史学角度：研究外语与中国社会发展的成果主要有"语言障碍与晚清近代化进程"丛书(季压西、陈伟民，2007)(包括《中国近代通事》、《来华外国人与近代不平等条约》、《从"同文三馆"起步》)和《英语与中国》(牛道生，2008)，前者结合晚清近代化过程中语言障碍对国家发展的影响和突破语言障碍的努力，说明借助外语能力打破语言障碍对国家的重要意义，牛道生的著作侧重论述英语对中国近现代社会历史进程的重要影响，以及 21 世纪英语文化和汉语文化的相互影响及交融。(3) 政策学角度：国家哲学社会科学基金项目"外语政策与国家安全和社会发展——美国、欧洲外语政策的启示"(鲁子问，2005)把外语政策作为一种公共政策，就其内涵、功能、制定、执行和评价这五个方面进行了系统探讨；《1919 年以来的中国翻译政策研究》(滕梅，2009)探讨了中国现当代翻译政策的演进，强调了政治、文化等因素对翻译活动的影响。(4) 教育学角度：《全球化语境下的外语教育与民族认同》(陈新仁，2008)结合心理学知识研究了英语教育对中国大学生民族认同的影响，发现中国学生对母语文化的认同普遍高于外语文化，外语文化对中国学生的文化行为有较高的影响;《世界性与民族性的双重变奏——世界化视野中的近代中国基础外语教育研究》(粟高燕,2009)探讨了世界化语境嬗变中的近代中国外语教育与中国对外开放间的关系,透析了世界性与民族性在外语教育中的辩证互动规律;《我国高校外语教育政策的全球化取向》(沈骑,2010)认为,要以提升国际素养和国际化能力为政策变革取向,要实施跨文化教育战略,树立全球本土化培养目标。属于此类研究的成果还有《语言教育规划视角中的外语教育》(魏芳、马庆株,2010)、《全球化背景下我国外语教育政策研究框架建构》(沈骑,2011)等。(5)宏观社会语言学角度,即语言规划角度:《论语言资源》(陈章太,2008)指出,外语资源应属于中国语言资源体系,但因其特殊性质应看做是一种副资源;《中国外语规划的若干思考》(李宇明,2010)认为,中国由"本土型国家"向"国际型国家"的转变提出了许多新的外语需求,必须制定科学的、全方位的外语发展规划;《国家安全视域的中国外语规划》(赵蓉晖,2010)认为,新时期的国家安全需求给中国的外语规划提出了明确的战略目标,外语规划必须紧扣国家安全的主题,从外语的地位、语种、教育等方面入手开展规划,使之成为维护国家安全利益的有力手段;《世博会外语环境建设研究》(赵蓉晖,2010)从城市外语规划的层面提出了城市外语战略的制定原则与方法,并以上海为例进行了实际的探索。

上述四个方面共同构成了我国外语战略研究的基本框架。相关成果仍在不断涌现,反映出学者们对"外语与国家"这一主题的深切关注。需要进一步改进之处在于:

(1)对国外经验的考察集中在欧洲和北美,且以英语国家为主,而对日、韩等亚洲国家和俄语区、法语区、西班牙语区的国家关注较少,不利于我们打开视野,集思广益。同时,不少研究者在通过评介国外情况为中国外语发展提出建议时,往往只停留在政策、现象的表面,缺少对历史、文化理念、社会结构等深层次因素的考虑,这样很容易得出一些片面的结论。

(2)有助于准确把握外语国情的实证性研究太少,可供战略制定参考的数据支持非常缺乏。战略制定的第一步是对战略需求和现实情况的精确把握,需要开展大量实证性的调查和研究,否则就可能使结论流于空泛。这个问题在当前是比较突出的。

(3)战略决策所依赖的跨学科研究尚显不足,多学科、多角度的探讨亟待加强。由于从事这一研究的大多是从事外语教学和研究的学者,他们的知识结构、理论素养和方法训练与语言规划研究的要求还有不少差距。政治学、社会学等领域的学者通常会认为语言问题过于微观而不去关心。近年来倒是有一些教育学者对外语教育的研究颇为令人关注。

从学科属性上看，外语战略研究应属于宏观社会语言学，是语言规划研究的组成部分之一，也可看做是广义应用语言学的有机一员，而后者在我国有着广阔的发展前景。北京外国语大学的文秋芳教授在2011年世界应用语言学大会期间曾说过，我们应该认真思考如何让中国应用语言学"顶天立地"的问题。"顶天"就是要进行理论创新，让中国应用语言学真正走向世界，为世界所认可；"立地"则要求我们的研究者具有强烈的社会责任感和良心，走进语言生活实际，解决现实问题。方兴未艾的外语战略研究，应该就是外语研究立足本土、走向社会现实的一个重要方向，也是一个不断发展、富有前景的领域。

本书中收录的文章，大多是"2010中国外语战略论坛"的参会论文，这次会议由上海外国语大学中国外语战略研究中心主办，会议主题为"国家战略视角下的外语与外语政策"，下设四个分议题：(1)外语战略研究的理论、方法与目标，(2)历史进程中的外语及其作用，(3)外语教育与测试研究，(4)外语与社会生活。会议邀请了来自语言学、政治学、社会学、传播学、教育学、历史学等学科的120余名学者，语种涵盖汉语(及其方言)、中国民族语言和多种外语。是一次联合多方力量，共商中国外语发展战略的尝试。会后，我们从参会的一百多篇论文中针对不同专题选取了一些论文，另又特别补充了几篇以充实个别专题，组合成五大基本板块(基本理论问题、外语与国家发展、外语国情与外语生活、外语教育规划、域外启示录)，力图展现我国学者在外语战略研究方面的基本思路和基本观点，同时促进该领域的研究。在此对各位作者的支持表示深深的感谢！由于主题和篇幅、内容结构所限，还有不少精彩的文章没有收录，作为此书的编者，我对这些文章作者的理解和支持同样表示诚挚的感谢！另外，还要感谢我的同事沈骑在此书编辑过程中给予的帮助和建议！感谢上海外国语大学的支持！感谢北京大学出版社张冰、宣瑄老师为此书的出版付出的努力！感谢我的家人多年的理解和支持！不足之处，敬请读者们批评指正。

赵蓉晖

2011年9月初于上海